NEW CLASSIC SERIES

霊的スランプ

信仰の回復

D・M・ロイドジョンズ 著
石黒 則年 訳

いのちのことば社

Originally published in Great Britain in 1965 by Pickering and Inglis Ltd, under the title:

Spiritual Depression

Published by permission of Zondervan, a subsidiary of HarperCollins Christian Publishing, Inc. through Tuttle-Mori Agency, Inc., Tokyo

アンにささぐ

まえがき

本書に収められている説教は、元来ウェストミンスター・チャペルで日曜日の朝に毎週続けてなされたものであるが、実際に語られたままに、本書に再現されている。

これらの説教は、牧会活動の中でその必要が生じたものであるが、今書籍として出版されるのは、この形で公表してほしいという度重なる要請があったためである。

現代に最も必要なのは、活気を取り戻し、喜びに満ちた教会だと、私は確信している。そこで、この説教集に取り扱われている主題はきわめて重要だと思われる。控え目な言い方をすれば、幸福感を持たないクリスチャンはキリスト教信仰を推薦するには不向きである。また初代のクリスチャンたちの持っていた「喜び」がキリスト教の伝播拡大における最も強力な要素の一つであったことは、ほぼ疑うことができない。

とはいうものの、主題の取り扱い方は必ずしも完璧ではない。私は、苦悩の最も一般的な原因と思われる事柄に努めて焦点を当てるようにした。ある点においては（たとえば身体と精神と霊性との相互関係について）、問題をもっと徹底的に論述したかったのだが、説教の中ではほとんどそれができなかった。ともかく、説教は「学者たち」のためでなく、助けを必要としている「普通の人々」のためのものである。

そのような人々のために、神がこの書物を祝福してくださるようにと祈るものである。

本書を通して助けや励ましを得たすべての人は、初めに説教を速記してくださったハッチングス夫人と、字句の修正や校正などの手伝いをしてくれた私の妻に、私と共に感謝をささげていただきたい。

一九六四年九月　ウェストミンスター・チャペル

D・M・ロイドジョンズ

目次◉霊的スランプ

一　一般的考察

わがたましいよ
なぜ　おまえはうなだれているのか。
私のうちで思い乱れているのか。
神を待ち望め。
私はなおも神をほめたたえる。
御顔の救いを。

（詩四二・五）

わがたましいよ
なぜ　おまえはうなだれているのか。
なぜ　私のうちで思い乱れているのか。
神を待ち望め。
私はなおも神をほめたたえる。

私の救い　私の神を。　（詩四二・一二）

「五巻から成る詩篇を一言で言い表せば、イスラエルの、霊感された祈りと賛美の書であると言えよう。それは抽象的なものでなく、人が日常に用いることばによる真理の啓示である。啓示されたこの真理は、神の民が遭遇する情況によって刺激され、その感情、願望、また苦悩の中に再現される。」

詩篇が幾世紀にもわたってつねに神の民、つまりイスラエルの民とキリスト教会の両方にとって大きな慰めと励ましの源泉であり続けたのは、それが偽りのない現実を描いているからである。私たちはそこに、自分の苦悩や、自分自身と格闘している高貴な信仰者の姿を見ることができる。彼らは自分自身に語りかけ、その心をさらけ出し、問題を分析し、自分を叱責し、あるいは勇気づける。ある瞬間には意気揚々とし、またある時には意気消沈する。だが、彼らはいつでも自分自身に正直である。それゆえにこそ、もし私たち自身が自分に正直であるならば、詩篇は私たちにとって実に価値あるものとなるのである。

今私たちが考察しようとしているこの詩篇において、作者は幸福感を失っており、悩みの内にある。「わがたましいよ／なぜ　おまえはうなだれているのか。なぜ　私のうちで思い乱れているのか。神を待ち望め。私はなおも神をほめたたえる。私の救い　私の神を」と彼が劇的なことばで叫ぶのは、そのためである。

この詩篇に二度現れる先ほどの言い回しは、次の四三篇にも認められるものである。ある学者は、四二篇と四三篇は元来一つの詩であって、別個のものではないと主張する。これは根拠の乏しい見解で、たいした問題ではない。しかし、事実これら両方の詩篇中に同じような表現が繰り返されており、四三篇の末尾にもその表現が認められるのである。

この詩篇の作者は、幸福感のなさ、たましいの嘆き、さらに彼がこの詩を書き記した時に遭遇していた情況について述べ、その不幸の原因を語っている。その時彼は、他の人々と共に神殿での公の礼拝に加えてもらえない境遇にあったようである。またそればかりでなく、明らかに、敵対する人々によって攻撃されてもいた。また、彼を意気消沈させようと躍起になっている人々がいるということにも言及している。しかしながら、私たちが特に関心を寄せるのは、彼がその情況に対処した仕方と、自分自身に対する対処法である。

別な言い方をすれば、ここで取り扱う課題は「霊的スランプ」とでも呼べる状態の原因と、それを克服する方法である。このテーマが聖書に頻繁に取り上げられているのは興味深いことである。この事実から見ても、このスランプ状態が非常にありふれたものであると結論できる。それは、まさに初めから神の民を苦しめた問題であったと思われる。というのは、それが旧約聖書にも新約聖書にも言及され、また取り上げられているのを見るからである。このこと自体が、読者の目を霊的スランプ状態に向けさせる十分な理由であろう。だが私がこれに注目するのは、それが様々な意味合いにおいて多くの信仰者の悩みであり、特に現代において、信仰者を当惑させている問題だと思うからでもある。

そこには多くの原因がある。一つの大きな原因は、疑いもなく、私たちがこの世紀に身をもって体験した恐るべき出来事、つまり二つの世界大戦とそれに続くいくつかの戦争である。決してそれが唯一の理由ではないが、私は、これが理由の一端であることには疑いを抱いていない。さて、原因が何であれ、幸福感を喪失したように見えるクリスチャンが多くいるという現実は確かにある。彼らは失望し、そのたましいは「思い乱れている」。そして、そのゆえにこそ私はこの主題に注意を喚起したいのである。

この課題を詳細に分析していくに際して、私たちは二つの線に沿って進まなければならない。まず第一に、この件に関する聖書的な教えを学ぶことである。その後に、さらに進んで聖書中にある、このスランプ状態の著しい実例ないしは例証を研究し、問題の人物がどのように行動し、神が彼らをどのように取り扱われたかを調べるのである。これは信仰生活上のどんな問題と取り組む時にも好ましい方法である。聖書教理から始めるのはつねに正しい方法である。そこには、あらゆる問題についての明確な教えがある。また同じ資料にある実例と例証を調べるのも、良いことである。

この二つの方法論によって大きな助けが得られる。このところではまず、その両方に従うことの重要性を強調しておきたいと思う。ある人たちは聖書物語の進展あるいは例証にだけ関心を抱く。しかし、もしその物語によって例証されている原則的な教理を注意深く学び取らないならば、おそらく状態を悪化させてしまうだけだろう。実例や例証を調べることによって大きな益を得ることができるが、その前に教理そのものを学んでおくことが非常に重要である。程度の差はあるが、他の人々の信仰に依存して教会に通い、あるいは他の人のすばらしい信仰経験を羨望するあまりに悩んでいる人たちが多くいる。そんな人々がしばしばあまりにもひどく信仰の横道にそれていくのは、最初に聖書教理を把握する代わりに、いつでも他の人々の信仰経験に目を奪われてしまうためである。このような時、私たちは聖書の知識によって自戒し、その危険から身を守らなければならない。この主題を研究していく間に分かってくるように、聖書は二通りの働きをするからである。聖書には簡潔明瞭で大切な信仰の教理がある。さらに神は恵みによって具体的な例も示してくださる。大切な教理的原則が実践の場でも役に立つことを私たちが知るためである。

この課題と取り組むことが非常に重要だと考える理由を、くどくどと説明する必要はないであろう。そう考える理由の一つは、スランプ状態にある人が現に存在するからである。この詩篇の中に作者が如実に描き出しているような、幸福感を失い、思い煩い、平安を奪われ、過度に緊張した苦悩の状態から、人々が解放されるためである。この世界にあって、人生の大部分をスランプの状態の中で生きるクリスチャンがいるという事実を思うと、たいへん悲しくなる。しかし、それは彼らがクリスチャンでないという意味ではない。そうではなく、彼らはこの詩篇の中にこれほど明瞭に描き出されている霊的スランプ状態の全貌を――たとい自分だけのためであっても――探求することの大切さを、見過ごし、軽視しているのである。

さらにもう一つ、もっと重大な理由がある。私たちがこの問題に正面から取り組まなければならないのは、ほかならぬ神の国、神の栄光のためだという点である。ある意味において「憂うつそうなクリスチャン」とは、矛盾した存在であり、福音を推薦する者としては全くふさわしくない。私たちが生きているのは現実主義的な時代である。現代人が最初に関心を持つのは真理そのものでなく、むしろ実際的な結果である。人々が発する問いはただ一つ、「実際に役に立つかどうか」である。人々は、目の色を変えて自分の益になるものを探し回り、また追い求めている。

私たちは、神が御国を拡大するのにその民を用いられる領域があると信じており、また神はしばしば何の変哲もない普通のクリスチャンの素朴な生活を媒介として、教会史の中で実に偉大なみわざを成し遂げられたことを知っている。しかるに今日最も重要なことは、私たちに注目している周囲の人々に、クリスチャンとは幸福感を失った悲しみの人で、憂うつな顔の人であると知らせ、また「喜びを軽蔑し、苦悩の多い日々を送っている人物である」という印象を与えているような状態から、私たちが解放されることである。そのようなクリスチャンの姿を見て、クリスチャンになりたくないと思ったり、自分がかつてキリスト教信仰について持っていた関心を放棄してしまう人々が確かに多くいる。彼らは次のように言うのである。「クリスチャンを見ろ。あのざまを見ろよ。」そして彼らは、世俗社会にあって自分たちが信じている事柄――それが何であるかはともかく――によって目を輝かせている人々と、私たちクリスチャンとを比較することがとても好きなのである。世の人々はスポーツの試合に叫び声をあげ、自分が見てきた映画について語り、様々な刺激に心を躍らせ、それをすべての人に伝えたいと願っている。他方クリスチャンはと言うと、しばしば際限のない憂うつ感をかかえているように思われる。幸福感を失い、自由がなく、喜びを喪失していることがあまりにも多いのである。大勢の人々がキリスト教への関心を失うようになった主要な理由がこの点にあることは、全く疑問の余地がない。

私たちは虚心坦懐《きょしんたんかい》に、彼らの態度には正当な一面があること、またその評価は公正なものだと告白しなければならないことをまず認めようではないか。そういうわけで、自分のためばかりでなく、神の国と、私たちが信じているキリストの栄光のためにも、私たちに期待されているのは次のことである。つまり、必ずしも敵対していない世の人々が私たちを観察する時、環境や情況がどうであろうとも、魅力を感じ、惹きつけられるような方法でキリストとそのことば、メッセージ、権能を表すことである。人々が「あのクリスチャンのようになりたいものだ。神よ、できることならあの人のような生活を送り、この世の中を生き抜かせてください」と告白したくなる、そのような生活を私たちは送らなければならない。もし私たちが意気消沈しているならば、決してそのような機能は果たせないであろう。

しばらくの間、この主題全般に目を向けていこう。まずその原因を一般的に探求し、考察していきたい。さらに、それが現実の苦悩であるならば、自分の内にあるこの状態をどのように克服するべきかを概説的に述べたい。一般論を見た後で、スランプ状態の詳細な考察へと進んでいこう。私はそうすることの大切さを強調しておきたい。もしあなたが教会史における最も有名な人たちの業績や著作物――特にこの問題に関する労作――を調べるならば、彼らがつねにこのような仕方でこの問題を取り扱ったことが分かるだろう。それが今日流のやり方でないことは承知している。現代人はすべて、とても性急であり、すべてを一瞬のうちに手に入れたがっている。人々は、すべての真理が数分間で語り尽くせるものと思い込んでいる。その態度に対して、私は、それは不可能だと答えなければならない。また今日、あまりにも多くの人たちが形ばかりのクリスチャン生活を送っているのは、彼らが自己吟味の時間をさこうとしないからである。

一つのたとえを示そう。医師に指示された治療法を実行するのに困難を感じるということを時折聞くことがある。患者は病院へ行き、医師は治療法を教える。患者は自分が何をすればよいかを正しく理解したと思い込んで、家路につく。ところが、その療法をいざ実行しようという段になって、医師が十分に詳しい具体的な指示を与えてくれなかったことに気が付く。具体的な詳細が全く記されていないのだ。そこで彼らは途方にくれてしまう。自分がどうすればよいかも分からず、どのように処置すべきかを正確に思い出すこともできないからである。同じことが教育の場にも当てはまる。賢明な教師はいつでも最初に一般的な原則を提示するが、それを細部にわたって述べることも決して軽視しない。一般的な概説だけでは十分なものとは言えない。具体的な点にも言及しなければならないのである。しかしながら、しばらくの間、まず一般論を述べてみたいと思う。

まず第一に、この状態の全体的な印象を概観してみよう。詩篇作者がここで述べている以上に適切な描写は、どこにも見当たらない。それは霊的スランプをまことに正確に表出している。この詩を一読しただけで、この作者が落胆し、絶望している様子が浮かんでくる。

五節と一一節との違いに注目してほしい。一一節には、「わがたましいよ／なぜ　おまえはうなだれているのか。なぜ　私のうちで思い乱れているのか。神を待ち望め。私はなおも神をほめたたえる。私の救い　私の神を」とある。他方五節では、「わがたましいよ／なぜ　おまえはうなだれているのか。私のうちで思い乱れているのか。神を待ち望め。私はなおも神をほめたたえる。御顔の救いを」と述べている。五節において彼は、神の御顔こそが救いであると宣言する。だが一一節ではそれに加えて「私の（顔の）救い」について語っている。別なことばで言えば、落胆し、平安がなく、悲しんでいる者、幸福感がなく抑圧されている者は、つねにそれが顔に現れてくるということである。一見してその人が悩みを持っていることが分かり、また心配事があると分かる。一目見れば、その状態が察せられるわけである。まことに詩篇作者は見事に言い当てていると言えよう。

一方、心から神を仰ぐ時、心は晴れ、顔も輝き始める――神は「私の（顔の）救い」である。その時、人は疲れきってやつれたような、当惑し、苦悩に満ち、困惑し、沈んだような様相から、落ち着いた平静さを取り戻し、バランスのよい明るい顔つきになる。それは、仮面をかぶってそうなるのでなく、必然的な変化なのである。もし私たちが憂うつ感を持ち、不幸だと感じているならば、望むと望まないとにかかわらず、それは顔に現れてしまう。一方、もし神との正しい関係が保たれ、正しい霊的状態にあるならば、それもまた必然的にその人の顔に現れるに違いない。とはいうものの、私が提言しているのは、ある人たちが真のクリスチャンの喜びの表れとして必要だと考えるような、意味のない微笑をいつも顔にたたえなさいということではない。何も特別に付け加える必要はない。それは自然に現れてくるものである。それは必ず表面に現れてくる――神は「私の（顔の）救い」である。

この不幸な人を別な側面から見てみよう。彼はあたかも全世界を一人で背負って運んでいるかのようである。彼は見捨てられ、悲しみと悩みを持ち、困惑している。そればかりか、涙を流しているとと述べている。「昼も夜も　私の涙が／私の食べ物でした」（三節）。彼は嘆きの涙を流しているが、それは非常な当惑と恐れのただ中にいるためである。作者は自分の身を案じ、その身に起ころうとしている出来事にとまどい、彼と神とに攻撃をしかけて中傷する敵のことで悩んでいる。いっさいが自分の上にのしかかるように感じている。だから自分の感情を制することができないのだ。さらには、それが食欲にまで影響を及ぼすとさえ言っている。「私の涙が　私の食べ物でした。」このような状態はよくあることである。心が乱れ、心配事がある時は、人は食欲を失い、食べ物を受け付けなくなる。それが高じると、食物を見ると不快感を催すほどになる。

これは肉体的あるいは医学的な見地からしても興味深い状態であるが、そこにとどまらず、それがどのような様相を呈するかを十分に学ばなければならない。この状態に伴う問題は――しばしば私たちはその状態に陥ってしまうのであるが――自分が他の人にどんな印象を与えるかに気づかないということである。この印象にこそ、私たちは関心を払うべきであり、その概観的な姿を調べてみることが肝要である。もしも他の人々がどのような目で私たちを見ているかを知るならば、それはしばしば問題の克服と解放への大きなステップとなるだろう。自分自身の姿を客観的に想像し、自分が他の人々の前にさらしている姿がどんなものであるかを努めて考えてみるのは、良いことである。つまり、憂うつ感を持ち、涙を流し、嘆き、食物を受け付けず、だれにも会いたいと思わず、自分のすべての悲惨に圧倒された人、そのような人が露呈する様相と印象は、活気がなく意気消沈した姿なのである。

これまで問題の状態を一般的に描いてきたが、次にその一般的な原因について述べる過程に進むことができる。ためらうことなく何よりも第一に言及したいのは、気質についてである。この世には多種多様なタイプの人がいる。これを第一に取り上げることに驚く人がいるかもしれない。「クリスチャンについて語ろうとする際には、気質とかタイプなどを持ち出すべきではない。キリスト教信仰はそんなものとは無縁であり、このような場にその種の考えを持ち込むべきではない」と主張する人がいるかもしれない。これは非常に大切な反論であるから、私はまずそれに答えなければならない。

最初に、気質や心理学的傾向や性格は、救いという点においては全く差異を生じないと言明することから始めよう。感謝なことに、それは私たちクリスチャンの主張のまさに基本である。どんな気質の者であるかは問題とはならない。私たちすべては、神の御子、主である救い主イエス・キリストを通して、同じ神のわざによって、同じ方法で救われる。これが、心理学の研究からしばしば引き出されるキリスト教批判に対する私たちの返答である。この点を明確にしておこう。あなたがどんな背景を持つのかは問題ではない。この世であなたに与えられた気質がどんなものであるかは、問題ではない。これらすべては救いに関して全く差異を生じない。私たちはそれを「宗教的コンプレックス」とは認めない。教会史を見れば、あらゆるタイプの気質を持つ人々が生ける神の教会に属していることが十分に立証される。また今日でもそうであるという事実を喜ぶことができる。根本的な救いとの関連においては気質は全く差異を生じないという点を、私は声を大にして強調する。だが他方、実際のクリスチャン生活という経験において、それはまことに大きな違いを生じるという事実を、同じように強調しておきたい。霊的スランプという状態を分析しようとする際、それは第一にふれるべき要素であり、最初に検討されなければならない事柄である。

ことばを換えて言えば、私はこの件についての聖書の教えを次のように理解している。第一に、極力早い機会に、遅滞なく自分自身の性格を知ることが重要である。実際、私たちすべては同じようにクリスチャンであるが、一人一人は異なった性格の持ち主であり、またそれぞれが直面する問題や困難、当惑や試練の種類や程度は気質や性格の違いによって大きく左右される。共通の救いにあずかる時、私たちすべてが同じ戦いを経験し、また共通の基本的な必要を持つのは当然である。しかしながら、苦悩の現れ方は場合によって異なり、人によって様々である。この状態を論じる際に、すべてのクリスチャンはどの点においても同一であるという仮定に基づいて考察するのは、明らかに無益である。私たちは実際、同じ者ではなく、同じ者として意図されてもいないからである。

ここで再び別な領域からの例を用いて、私が主張する点を適切に実証することができる。私たちすべては人間であり、したがって、すべては基本的に同じ構造を持っている。しかし同時に、その中に同じ者は二人としておらず、実のところ一人一人は多くの点について異なっていることを私たちはよく承知している。さて、この根本的な現実を全く無視した生活様式や病気の治療法を主張する人々に出会うことがしばしばある。だが、それは明らかに間違っている。彼らは全世界の人に同じ規定食をとらせようとする。すべての人を健康にするという、普遍的な食事療法を勧めるのである。しかし私は主張する。それは不可能であり、根本からして間違っている。食事療法の基本的な第一条は次に示すような古い格言であると、私は折にふれて言ってきた。「ジャックは豪華な食事をとってはならず、その妻は粗食で済ませてはならない。」全くそのとおりである。これは奇妙に響くかもしれないが、食事療法をする者にとっては非常に大切な基本原則である。体質的に言って、夫と妻とは異なっている。だから、同じ食事が二人にとって最善であると提案することは根本的に誤りであり、間違った考えである。彼らは二人とも等しく人間であるが、別個の人間として、その性質には差異がある。

別の例として、学校ですべての子どもたちに同じ体育運動を強要する傾向を取り上げてみよう。そこでもまた、同じような誤りを見ることがある。すべての者は身長や足の長さなどに差がある。どのタイプの子どもにも、一括して困難で一定した運動をさせることは不合理である。ある者はその運動をこなす素質を持っているが、それができない者もいる。だから、すべての者が同じ種類の運動を行うべきだと提言することは、すべての者に同じ規定食を強いるのと同様、間違っている。私たちすべてに運動が必要であるが、決して同じ方法や同じ量においてではない。

以上は、画一化に向かう傾向があることを例証によって示したものである。ここで主張する要点は、人間が機械であるかのようにこの種の普遍的な規定を設けることはできないということである。すでに示したように、それは物理的観点からして間違っており、ことに霊的領域においてはなおのこと大きな誤りである。

明らかに、人間は二つの大きなグループに大別できる。いわゆる内向的な人々と外向的な人たちである。いつでも自分の内側を見ているタイプの人と、つねに外界を注視しているタイプの人が存在する。自分がこれら二つのグループのどちらに属するかを知り、さらに霊的スランプ状態の影響を受けやすい側はどちらかを知ることが、きわめて重要である。つまり、まず自分自身を知り、自分を理解することから始めなければならないのである。

特に霊的スランプに陥りやすいタイプの人がいる。それはその人々が他の人々よりも罪深いという意味ではない。確かに、教会史において最もすばらしく傑出した人々はしばしば今考察しているスランプに陥りやすいタイプの人々であった。これには十分な実例をあげることができる。最も偉大な聖徒の多くは、内向的なグループに属している。一般的に言って、外向的な人はどちらかというと浅薄とも言えよう。この世界の中には、いつでも自分を分析し、行った事柄一つ一つを分析し、自分の行動が人々にどんな影響を及ぼすかについて思い煩い、いつも昔を思い出し、つねにむなしい後悔に浸り込む傾向を持つ人がいる。ただ一度だけ行われたことであっても、その人はそれを放置しておくことができない。しかし行ってしまったことは修正できず、いつまでも自分を分析し、さばき、非難することに時間を費やしている。そのようなタイプの人を知っているだろう。

この性向すべてが霊的領域に影響を及ぼし、信仰生活にも持ち込まれる。違う言い方をすれば、この種の人々は、明らかにうつ気分になりやすい危険を持っている。先ほど私はその実例をあげることができると言ったが、確かに、偉人の一人ヘンリー・マーティン〔訳者注・十九世紀初頭にイギリスから派遣された東インド会社所属の牧師兼宣教師〕は、このタイプに属していた。その伝記を読めばすぐに、この神の人が内向的な性格を持っていたことが分かるだろう。彼は内向的な人物であって、うつ病と内省への傾向によって苦しんでいたことは明白である。

この二つの用語を見ると、次のことが想起される。つまり、この人々の根本的な問題は、正しい意味での自己吟味と、間違った内省との間に必ずしも注意深く境界線を引いていないことにある。時として自分自身を吟味しなければならないということについては、だれもが賛成するであろう。しかし同時に、病的な内省とうつ病は好ましくないという点にもみな同意するだろう。それでは、自分を点検することと内省的になることとの違いは何であろうか。私は自己吟味と病的な内省とを区別することを提案したい。後者は、ある意味において、自分を点検ばかりしていて、その自己吟味が生活の中心になり、究極的な終着点になることである。周期をおいて自分を点検するのは正しいことである。だが、もし絶え間なくそれを続け、あたかもつねに自分のたましいを皿の上に載せて、それを解剖しているようであるとすれば、それは病的な内省である。また、もし人々に向かって自分の問題や悩みごとについて語ってばかりいて、いつでも不機嫌そうな顔をして人々のところへ行っては、「私は大問題にぶつかっている」と言い続けているとすれば、それは多分いつでも自分を世界の中心に置いているということを示すものであろう。それは病的な内省であり、つまるところ、うつ病と呼ばれる状態に至らせるものである。

そのようなわけで、考察の出発点とすべきポイントがここにある。私たちは自分自身を知っているだろうか。自分に特有の危険をわきまえているだろうか。また特に陥りやすい誘惑を承知しているだろうか。聖書はそれに関する教訓で満ちている。聖書は、自分の長所また弱点について注意深くあるようにと警告している。モーセという人物を取り上げてみよう。彼はこれまでの世界史に登場した最も柔和な人物であったと教えられている。しかしながら、彼の大きな失敗はまさにその点との関連で生じた。つまり、自分の意向に固執し、怒りを燃え上がらせたのである（参照出エジプト三二・一九、民数一九章）。

私たちは自分の長所を知り、また欠点を知らなければならない。知恵の第一歩は、己に関する基本的な性質を悟ることである。もし生まれつき内向的な者であるならば、それにつねに注意を払い、それに対して自分に警告しなければならない。さもなければ、無意識のうちにうつ状態に落ち込んでしまうだろう。同じように、外向的な人も自分を知り、その性質に特有の誘惑に対して自戒しなければならない。ある人々は生まれながらに自分が属している性格のタイプによって、他の人々以上に霊的スランプと呼ばれる信仰上の病にかかりやすいのである。エレミヤ、バプテスマのヨハネ、パウロ、ルター、その他の大勢の人々もこの同じグループに属している。実に大集団である。まことに、このような種類の試練に著しく屈しやすいという性質を持たない者は、この群れに属することがないのである。

さて、第二の大きな原因として身体の状態を見ることにしよう。ここでもまた驚く人がいるかもしれない。クリスチャンであるかぎり、身体の調子がどうであるかは問題ではない、という見解を持っている人がいるかもしれない。もし今そう信じているならば、すぐに正されることになるだろう。身体の状態はこの問題とのかかわりにおいて大切な役割を果たしている。この点と前述の原因との間に境界線を引くことは、大変難しい作業である。というのは、ある程度まで気質は身体の状態によって左右されるし、体質的に(ほとんど物理的意味合いにおいて)この状態に陥りやすい人たちがいるからである。ことばを換えて言えば、ある種の身体的な不快感は憂うつ感を促進させる傾向がある。

私の想像によれば、トーマス・カーライルはこの顕著な一例である。あるいは十九世紀にロンドンで四十年近くも宣教に携わった偉大な説教者チャールズ・ハッドン・スポルジョンをあげることができる。彼は歴史上、真に偉大な説教者の一人である。この偉人は霊的スランプに陥りやすかった。彼の場合のおもな理由は、疑いもなく、究極的に彼を死に追いやった痛風で苦しんでいたことである。彼は霊的スランプという問題に、しばしば最もつらい形で直面しなければならなかった。痛風にはひどい憂うつ感への傾向が必ず伴うものであり、彼はそれを父祖から遺伝的に受け継いだのである。私は、多くの人々が私のもとに来て、自分の状態について嘆くのを耳にしてきたが、悩みの原因が主として身体の調子に起因することが実に明らかに感じられる場合もあった。一般的に言って、過労、過度の緊張、闘病生活、あらゆる種類の病気をここに含めることができる。霊性と身体の状態を完全に分離することは決してできない。私たちは身体と心と霊から成る有機体だからである。偉大ですばらしいクリスチャンが霊的スランプの攻撃に最も屈しやすいのは、肉体的に弱った時である。そして、この端的な実例は聖書の中にもある。

ここで一言警告しておこう。私たちは悪魔《サタン》の存在を忘れてはならない。そのわなに陥って、本来身体的な問題を霊的な問題と勘違いしてはならないのである。この区別をすることにおいては、その両方に注意を払わなければならない。なぜなら、もし身体の状態のみに偏るならば、霊的な側面で落ち度が生じるからである。身体の状態が自分の信仰状態にかかわる部分があるかもしれないことを知り、その可能性を悟るならば、もっと適切に霊的な困難を克服できるようになるだろう。

霊的スランプのもう一つのありふれた原因は「反動」と呼び得るものである。つまり、大きな祝福の後の反動、特別で例外的な体験の後にくる反動である。ここでしばらく、エニシダの木の陰にいるエリヤの姿に注目してほしい。彼の最大の悩みはカルメル山での出来事の後の反動であり、彼はそのゆえに苦しんでいたと、私は少しの疑いもなくそう考えている（参照Ｉ列王一九章）。アブラハムも同じような経験をした（参照創世一五章）。だから、劇的な経験をした人々がやって来て、それぞれの体験を述べる時、私は一方では彼らと共に喜び、神に感謝するが、同時にそれ以後の変化を注意深く見守り、つねに視線を注ぎ、彼らのことを気づかうようにしている。反動が生じないためである。それは起こる必要のないものであるが、その危険に気づいていなければ、反動が生じてしまうであろう。神がよしと見て私たちに特別な祝福を与えられた時、その後はことのほか慎重でなければならない。これをわきまえていれば、そこにしばしば生じてくる反動を回避できるだろう。

さて、次の原因の考察へと進もう。最後の分析として、ある意味では霊的スランプ状態の究極的な原因となるものを指摘しよう。それは私たちのたましいの敵、悪魔である。彼は巧みに私たちの気質や身体の状態を利用しようとしている。悪魔が働きかけると、私たちは気質をとどめるべきところにとどめきれず、気質によって翻弄され、引きずられてしまう。悪魔が霊的スランプを引き起こす道には際限がない。私たちはいつでも彼の存在を覚えていなければならない。悪魔の一つの目的は、神の民を抑圧しておいて世の人のところへ行き、「ほら、そこに神の民がいる。おまえもあんなふうになりたいのか」と言うことである。信仰者の敵また神の敵の策略は、明らかにクリスチャンを抑圧し、この詩篇作者が幸福感を失っていた時のような姿にすることである。

結論として私は次のように断言することができる。すべての霊的スランプの究極的な原因は不信仰にある。もし信仰が確立しているならば、悪魔といえども何ら手出しができない。私たちが悪魔の前に倒れ、その攻撃に屈するのは、神に聞き従う代わりに悪魔に聞き従うからである。だからこそ、この詩篇の作者は自分に向かって、「神を待ち望め。私はなおも神をほめたたえる……」と繰り返しているのである。彼は自分自身に神を思い起こさせる。なぜだろうか。それは抑圧の中で神を忘れてしまい、そのために神と神の力への信仰を失い、また神との正しい関係と信仰が本来の姿からはずれていたからである。確かに以上の事柄を要約し、究極的また根本の原因は不信仰にほかならないと結論付けることができる。

これまで私たちは原因を探求してきた。大まかな解決法については、どうだろうか。ここで一言だけ言えば、この詩篇作者が習得した事柄を最初に学ぶべきである。つまり、自己を制することを学ばなければならないのである。この人物はただ身を横たえて自分を哀れむことに終始しなかった。何事かを行い、自分をコントロールしようと努力している。さらに、もっと大切なことをしている。つまり、自分の自己に語りかけているのだ。彼は自分自身に向かって、「わがたましいよ／なぜ　おまえはうなだれているのか。なぜ　私のうちで思い乱れているのか」と尋ねている。彼は自分に話しかけ、自己に向かって語っている。しかし、ある人はこう言うかもしれない。「私たちの大きな問題は自分のことに多くの時間を費やしすぎることだから、それは避けるべき事柄ではないか。確かに、これは以前に述べたことと矛盾している。あなたは病的な内省とうつ病とを避けるようにと警告したが、今度は自分に向かって語らなければならないと教えているではないか。」

どうしたらこの二つの事柄をうまく調和できるだろうか。次のようにしてである。私が言うのは、「自分の自己」が語るのを許す代わりに、私たちが、自己に語るということである。私の言う意味が理解できるだろうか。この霊的スランプという課題における最大の問題点は、ある意味において、私たちが自己に向かって語る代わりに、自己が語るのを放置している点にある。私はここで、故意に逆説を説こうとしているのではない。これこそ、この問題における知恵の根本なのである。信仰生活における幸福感の喪失のほとんどは、自己に語る代わりに自己に聞き従っていることに起因することを洞察してほしい。

朝、目覚める時に浮かんでくる思いを取り上げてみよう。あなたがその源ではないのに、その思いが語り始め、きのうの問題などを持ち出してくる。だれかが語っている。だれがあなたに語りかけるのだろうか。語っているのは、あなたの自己なのである。それに対して、この詩篇作者の対処法はどうだろうか。彼は自己が語るのを許さず、彼のほうから自己に語りかけている。「わがたましいよ／なぜ　おまえはうなだれているのか」と問いかけている。彼のたましいは彼を抑圧し、意気消沈させていた。そこで彼はきっぱりと、「自己よ、しばらく耳を傾けよ。私がおまえに語る番だ」と宣言する。私の言う意味が分かるだろうか。

意味のある信仰生活を送る「秘訣」は、自己を制する方法を知ることである。自分自身をコントロールし、自己に語りかけ、説教し、自己に問いかけるべきである。自分のたましいに向かって、「なぜ　おまえはうなだれているのか。なぜ　私のうちで思い乱れているのか」と尋ねなければならない。抑圧され、喜びを失った境遇にあって、嘆く代わりに自己と対決し、自己を非難し、訓戒し、自己に宣告し、「神を待ち望め」とさとさなければならない。さらに進んで自己に神を思い出させ、神とはだれか、神はどんなお方で、何をされたか、また何をすると約束されたかを思い起こさせなければならない。そうした後に、この大切なことばで締めくくるがよい。つまり自己を退け、他の人々のことばを退け、また悪魔とこの世とを退け、この詩篇作者と共にこう言うがよい。「私はなおも神をほめたたえる。私の救い　私の神を。」

一言で要約すれば、以上が克服法の基本的な要素である。この問題の考察を進める中では、それを詳しく論述していくだけである。スランプを克服する上での基本的な要素は、自己つまり自分の内にいるこの別人格をコントロールする方法を習得することである。自己に聞き従ってはならない。彼と対決し、彼に語りかけ、彼を叱責し、非難し、訓戒し、彼を励まさなければならない。自己に聞き従うことに安住し、自己があなたを失望させたり抑圧したりするままに任せず、あなたが知っていることを自己に思い出させるがよい。なぜなら、自己に主導権を渡すならば、あなたはいつでもスランプに陥《おとしい》れられるからである。悪魔は自己を捕らえ、私たちを抑圧するためにそれを利用する。私たちはこの詩篇作者のように固く立って、次のように断言しなければならない。「なぜ　おまえはうなだれているのか。なぜ　私のうちで思い乱れているのか（それを中断せよ）。神を待ち望め。私はなおも神をほめたたえる。私の救い　私の神を。」

二　正しい基礎

人は律法の行いとは関わりなく、信仰によって義と認められると、私たちは考えているからです。（ローマ三・二八）

前章で考察した大切なテキストの教訓を手がかりとして、冒頭のみことばを考察していきたいと思う。

霊的なスランプ状態が非常にありふれた病であることは、疑う余地がない。それについて考察を進め、また語れば語るほど、確かにそれがどんなに蔓延《まんえん》しているかがますます分かるようになるだろう。私たちがこの状態を考察していくのには、前にも述べたように、少なくとも二つの大きな理由がある。第一に、だれであれ、このような状態にとどまるのはとてもつらいことだからである。第二の理由はさらに重要で、また重大である。つまり、そのような人たちはキリスト教信仰の代表者としては、全くふさわしくないからである。

多くの悩みと混乱、困難と悲しみが待ち受けている現代世界に生きる時、最も重要なのは、クリスチャンであると自称し、キリストの御名を宣べ伝える私たちが、ここにこそ解決と答えがあるという印象を与えるような仕方で、他の人々の前に自分の信仰を現すことである。すべてが徹底的に堕落してしまった世界の中にあって、私たちクリスチャンは情況に圧倒されず、逆境をものともしないで、失われることのない喜びと確信とを特徴とする信仰者として、それぞれ生き抜かなければならない。それこそ、旧約新約を問わず、聖書のあらゆる箇所で神の民に期待されている姿である。これについてはあなたも同感であろう。神を信じる人たちは、そのように固く立ち続けた。また彼らは、環境や情況がどのようであれ、意気揚々と生活し、征服者にもまさる姿で過ごすことができる秘訣を心得ていた。したがって、この霊的なスランプ状態を詳細にわたって研究することが私たちに求められているのである。

私たちはすでにその状態を概観し、おもな原因のいくつかを考察してきた。かの詩篇作者の教訓によれば、対処法の基本として、自己を正しく取り扱うことが大切である。別のことばで言えば、自己が語り続けるのを押しとどめ、私たちが、自己に向かって語らなければならない。自己をコントロールし、あの詩篇作者が自分のたましいに語りかけたように自己に語りかけ、「なぜおまえはうなだれているのか。なぜ　私のうちで思い乱れているのか――おまえにはそんな権利はない。なぜ、おまえは圧倒され、意気消沈しているのか」と問わなければならない。彼は自分自身に向かい、自己に語りかける。そして自己と議論を交わし、自己を信仰の位置に連れ戻す。神に信頼せよと自己に勧告し、祈ることができる状態まで立ち返らせるのである。

この詩篇作者によって提唱される方法を取り上げてみよう。根本原則は、自己を直視し、自己を吟味することである。また、もし私たちが今までに救いの喜びと主にある幸福感を一度も経験しなかったとすれば、その原因を解明しなければならない。これには数多くの原因が考えられる。その一つ一つを取り上げ、詳細に調べてみることが解決の第一歩であると思われる。物事いっさいを当然のことと考えてはならない。確かに、スランプのおもな原因が物事を当然のことと受け止める致命的な傾向にあることは、容易に立証できる。うつ気分の原因について他の人々と話せば話すほど、私には、ますますこの点が落とし穴であることが分かってきた。根本的な事柄、つまり最初に明確にしておくべき基本的な事柄をはっきりと理解していないために、本当のキリスト信仰に立ち至っていないと思われる人たちが実に多くいるのである。

誤解を恐れずに言うならば、ここで取り扱うような問題は、私の見たところ、宗教的な習慣や伝統の中で成長しなかった人たちよりも、むしろ宗教的な習慣の中で育てられてきた人々の間により多く見られる。この問題は、クリスチャンホームで育てられ、習慣的に教会に連れて来られていた人々に対して、そうでない人たち以上に影響を与えているようなのである。

そこには、シェイクスピアが「陰気と悲惨の中に幽閉された状態」と呼んだような生活を続けている人たちが多い。そこから一歩も外に出たことがないような人々がいるようにも思われる。彼らは教会の交わりの内におり、信仰にかかわることに大きな関心を寄せてはいるが、ひとたび彼らを、キリストを信じて新生した人についての新約聖書の描写と比べてみるならば、そこに大きな相違があることがすぐに分かる。確かに彼らは自分でそれに気づいており、それが抑うつ感とスランプの主要な原因となっている。そのような人々は喜びを持っている他のクリスチャンを眺め、「はて。私にはあの人のような感激がわいてこない。あの人は私が持っていない何かを持っている」とつぶやき、その人が持っているような喜びを得られるものならば、いっさいをなげうってもよいとさえ感じている。偉大なクリスチャンの伝記を手にし、キリスト教会の歴史をはなばなしく彩った様々な聖徒たちの生涯を知り、そしてまた自分がそのような者でないことを認識する。自分は決してその人たちのようではなく、その人々が明らかに享受し、自分がまだ一度も経験したことがないような何かがあることに、彼ら自身が気づいているのだ。

かなりの数に上る者たちが、この幸福感を失ったスランプ状態にある。彼らには信仰生活が絶え間ない悩みの種と思われ、いつでも、「なぜ私はここから抜け出せないのだろうか。なぜ、あの人のようになれないのだろうか」という同じ問いを繰り返している。そしてクリスチャン生活のあり方について洞察を与えるために著された書物を読みあさり、様々な集会や研修会に参加し、自分がいまだに見出していない何かを探すためにつねに奔走している。その結果、意気消沈し、そのたましいは絶望し、心の内に思い乱れているわけである。

そのような人々と会話する時、彼らがキリスト教信仰の根本とも言うべき最も基本的な原則について明確に理解しているかどうかが、決定的に重要になってくる。人々との話し合いの中で私は、本当の問題はこの点にあるという例を何度となく見てきた。私は何も、その人たちがクリスチャンではないと言うつもりはない。そうではなく、彼らは「みじめなクリスチャン」とでも呼べるような状態にとどまっていると言いたいのである。その原因は、救いの道を正しく理解していないということである。そのことのために、彼らの努力も信仰も何の役にも立たなかったのである。その人たちはしばしば聖化という課題に意識を集中するが、それは何の助けにもならない。なぜなら、まだ義認について十分に理解していないからである。彼らは自分が正しい道にあるものと思い込み、自分がなすべきことはこの線に沿って進み続けることだと思い込んでしまっている。

このような人が本当にクリスチャンであるか否かという点は、神学的に興味深い問題である。私自身は肯定的な見解を持っている。典型的な例は、あのジョン・ウェスレーである。ジョン・ウェスレーが一七三八年まではクリスチャンでなかったと主張することに私はためらいを感じる。だが同時に次のことも確信している。つまり、ジョン・ウェスレーは救いの道が信仰のみによる義認であることを一七三八年までは悟っていなかった。ある意味で彼は聖書のすべての教理に同意していたが、そのすべてを理解してはおらず、完全に把握もしていなかった。もし質問されたなら、彼は主の死について正しく答えたであろう。私はそれを疑わない。しかしながら彼は、信仰による義認を体験的に知るには至っていなかった。ウェスレーがこの根本的な教理を真実に理解するようになったのは、モラビア兄弟団に属する人々との出会いの結果であり、特にロンドンからオックスフォードへの旅の途上、ペーター・ベーラーという人物との交わりによるということを思い出すことができよう。彼は、オックスフォードの囚人たちに説教し、自分の大学での交わりを捨てて、ジョージア州の異教徒たちに伝道するために大西洋を渡るという思い切った冒険をし、善行によって自分のクリスチャン生活における幸福を見出そうと努めてきた。ウェスレーは、そういった生き方をすることで充実感を得ようと苦闘していたのである。

だが実のところ彼の本当の問題点は、信仰義認の教えを十分に悟っておらず、把握していなかったことにあった。つまり、私たちが今考察しようとしているこの聖句――「人は律法の行いとは関わりなく、信仰によって義と認められると、私たちは考えているからです」――の真義を十分に理解していなかったのである。特別に敬虔な家庭の中で育てられ、その全生涯と時間のすべてをキリスト教宣教にささげたほどの人物が、初歩的で、これほど根本的な教理の点について間違っており、土台そのものが正しくなかったということは、ほとんどあり得ないことのように思われる。しかし、事実そうであった。

私が言いたいのは、これが今なお大勢の人たちの現実だということである。根本的な事柄について自分は正しいものと思い込んでいるが、実は義認の理解について正しくない場合がある。悪魔《サタン》が混乱を引き起こすのは、まさにこのところにおいてである。このような人々が聖化やきよめやその他の様々なことに気をとられているのは、サタンにとって好都合である。だが、この義認を正しく理解していないならば、決して充実した信仰生活を送ることはできない。だからこそ、私たちはここから論述を始めなければならないのである。もしも基礎が正しくかつ十分でないならば、上部の建築構造に手をつけても無益である。したがって、この重要な教理から考察を始めよう。

この種の混乱は古くからの問題である。ある意味では、これはサタンの得意わざである。この点で混乱しているかぎりにおいては、サタンは私たちが努力することを奨励しさえするであろう。現在、教会内の普通の人が、ただ良い働きをしているという理由だけで――信仰義認という根本的な点については全く正しくない場合であっても――その人たちをクリスチャンと見なしがちだという事実からして、サタンがそのような働きかけをしていることは明白である。

これは古くからの問題であり、ユダヤ人たちの根本的な大問題でもあった。それは主イエスがパリサイ人に向かって絶えず語っておられた点である。また確かに使徒パウロがユダヤ人との間で論争した最大のポイントでもあった。彼らは律法の受け止め方について全く誤っており、したがって最大の課題はその正しいとらえ方を示すことであった。ユダヤ人たちは、律法は神が定められたもので、それを守ることによって自分を救うために与えられたのだと信じていた。人に要求されるのは律法を遵守することであり、もし律法を守るならば自分を義とすることができる。また自分の生涯を律法に従って送るならば、神はその者を受け入れ、その人は神の目に大いに喜ばれる存在となると彼らは考えていた。さらに自分たちにはそれが可能であると信じていた。それというのも、律法を十分に理解していなかったからである。彼らは律法に自分なりの解釈を付け加え、それを自分たちが遂行できる範囲のものに改変してしまった。そのうえで、自分たちの行動すべては申し分ないと考えたのである。これが福音書や新約聖書の至るところに示されているパリサイ人の姿である。これはユダヤ人にとって根本的な問題点であったが、今日なお、多くの人たちの苦悩の本質となり続けている。充実したクリスチャン生活を楽しみたいと願うならば、完全に明らかにしておかなければならない事柄があることを、まず知るべきである。

この第一のポイントは、ローマ人への手紙三章の内容全体の解説によって詳しく述べることができる。きわめて重要で力強いこの手紙の冒頭の四つの章は、まさに、このテーマ一つに費やされている。パウロが明らかにしたいと切望したことは、イエス・キリストへの信仰によって与えられる神の義についてのメッセージであった。

すでに一章一六、一七節でパウロは次のように言っている。「私は福音を恥としません。福音は、ユダヤ人をはじめギリシア人にも、信じるすべての人に救いをもたらす神の力です。福音には神の義が啓示されていて、信仰に始まり信仰に進ませるからです。『義人は信仰によって生きる』と書いてあるとおりです。」確かにそのとおりである。しかし問題は、なぜすべての人がそれを信じなかったかである。最もすばらしい良い知らせが伝えられたのに、なぜ、それを耳にした人々すべてが自動的に受け入れなかったのだろうか。それに対する答えは、彼らが信じなかったのは、その必要を認めなかったためであるということに尽きる。間違った義の概念を持っていたのである。パウロが主張する義とは、神との正しい関係のことである。神との関係が正しくないならば、究極的な幸福はなく、平安もなく、喜びも与えられない。

この点にはすべての者が賛同する。幸福感を失ったクリスチャンも、確信に満ちたクリスチャンと同様に、それに同意する。しかし両者の相違は、前者つまり憂うつ顔のクリスチャンが、どのようにすれば神との正しい関係が得られるかという考え方において正しくない点にある。それはまたユダヤ人の問題でもあった。すでに言及したように、彼らはこの義が、自分たちの理解に基づいて律法に従い、それを一生懸命に守ることによって得られるものと考えていた。だが、その律法についての見解は全く間違っていたのである。彼らが律法を曲解したために、神が救いの道を備えようとして与えられた律法そのものが、その手の中で救いへの大きな障害物になってしまったのである。

それでは、この信仰義認の教えとはいったいどのようなものだろうか。キリストによる救いを享受しようと望む前に、明瞭に知っていなければならない原則がいくつかある。第一は、罪を認めることである。私たちは自分の罪深さについて、完全に明らかに知っていなければならない。

私はここで使徒パウロにならって、想定される反対意見を取り上げてみたい。だれかがただちに次のように述べる姿が想像できる。「あなたは私たちに、罪について説教するのか。罪を認めよと勧めるのか。あなたの目的は私たちを幸福にすることだと言ったのに、もし罪の認識について説教し始めるならば、それは確実に幸福感をさらに失わせることになるだろう。あなたは故意に私たちを、もっとみじめで、もっと哀れな者にしようとするのか。」それに対する答えは簡単である。しかり、そのとおりである。それが、この数章における大使徒パウロの教えである。逆説的に響くかもしれないが――表現自体は問題ではない――どんな疑惑が起ころうとも、これが基本であり、そこに例外はない。真実のクリスチャンの喜びを知る前に、あなたはみじめな者とされなければならない。まことに、憂うつ顔のクリスチャンの究極的な問題点は、自分の罪を十分に認識せず、それを心から悲しんだことがない点にある。その人は、喜びに至るために避けることができない基本的な段階を経ておらず、願う資格のない事柄を願い続けでいるのである。

これを、聖書のみことばによって別の形で示したいと思う。幼子の主イエス・キリストを抱いて立っている年老いたシメオンの姿を思い出してほしい。「この子は、イスラエルの多くの人が倒れたり立ち上がったりするために……定められています」と語った時（ルカ二・三四）、彼は非常に深遠な真理を述べていた。つまり、まず初めに倒れることがないかぎり、再び立ち上がることはあり得ない。これは絶対的な原則である。だが悲しいことに、今日多くの人はこれを忘れ去り、さらに多くの人々は表面的にしか受け止めていない。しかし、聖書には独自の順序がある。もし私たちがキリストによる救いの特権にあずかろうと望むならば、この順序が守られなければならない。結局のところ、人がキリストのもとへ導かれ、キリストのみに信頼するようになるのは、ただ罪の正しい認識によるのである。正しい信仰生活が送れないのは、自分の罪を正しく認識していないからである。そして私は、これが信仰的な雰囲気、つまりキリスト教的な習慣の中で育てられた人々にほぼ共通する問題だと見ている。彼らの最大の問題点は、誤った罪の概念であることがしばしばある。

ある時、そのような背景を持つ一人の女性がこの点をきわめて印象的にあかししたのを、私は覚えている。彼女は非常に信仰的な家庭で育った女性で、いつも礼拝に出席し、教会活動にも熱心に、かつ積極的に参加していた。そのころ彼女はある教会の教会員であったが、その教会のかなりの数の人たちは、この世の様々な悪しき生活――泥酔や、それに類するもの――から劇的に悔い改めた人々であった。その女性が次のように語ったのを、私はよく覚えている。「ご承知のように、私は自分が今まで成長してきたような環境の中で育てられなかったほうがよかったと思っています。できることならば、あのようなすばらしい経験をするために、あの人たちのような堕落した生活をしてみたかったと願うほどです。」

彼女はいったい、何を言いたいのだろうか。実質的に言っていることは、自分が罪人であるとは一度も考えたことがないということである。なぜ、それが分からないのだろうか。そこには多くの理由がある。このような人は、ただ行動に表された罪、いわゆる犯罪行為だけを罪と考えている。そこで、自分は特別な犯罪を犯していないから全く罪人ではないと考える傾向を持っている。確かに、時として彼らははばかることなく次のように明言する。「私は自分自身が罪人だなどとは、一度も真剣に考えたことがありません。でも、私の生涯は初めから保護されていたので、それは驚くことではないのです。私は、重大な罪を犯すように誘惑されたことも全くありません。ですから、自分が罪人であると少しも感じないのも、無理もないことなのです。」このことばの中に、誤りの典型的な例を見ることができる。彼らの罪概念は、悪い行いや特別な違反行為についてだけであり、他の人々やその前歴などとの比較にすぎない。この理由のために彼らは正しい意味での罪の認識に至ることができず、それゆえ自分にとって主イエス・キリストが絶対的に必要であることを悟ることができないのである。彼らはキリストが自分たちの罪のために死なれたという説教を耳にし、それを信じていると言明する。しかし実際には、それが自分に絶対的に必要であることを悟っていないのである。

それでは、この人々はどのようにしたら罪を認めるようになるのだろうか。それこそローマ三章でパウロが強調する点である。実を言えば、二章全体もそれを取り扱っている。罪についての彼の主張また論述は次のことばに要約されている。「義人はいない。一人もいない。……すべての人は罪を犯して、神の栄光を受けることができず」（ローマ三・一〇、二三）。ここで言う「すべての人」とはいったいだれのことだろうか。パウロは続けて、異邦人だけでなく、ユダヤ人も含まれると言っている。もちろんユダヤ人たちは、異邦人が確かに罪人であり、神の国の外におり、神に逆らう罪人であるということに同意するであろう。「しかし、彼らばかりでなく、あなたがたも同じように罪人である」と、パウロは声を上げて主張する。ユダヤ人たちがキリストを憎悪し、十字架につけた理由、「十字架のつまずき」の原因、またパウロがキリスト教信仰を嫌悪する同国人たちに迫害された理由は、キリスト教が、ユダヤ人も異邦人と同様罪人であると主張したためである。キリスト教信仰は、ユダヤ人――つまり自分がつねに正しい信仰的な生活を送ってきたと考えるような人々――も罪人であり、異邦人の中にいる最もはなはだしい罪人と同じだと断言する。「すべての人が罪を犯した」のであり、ユダヤ人も異邦人も等しく神の前で非難されているのである。

今日でも同じことが言える。私たちが罪の認識について考える際に、最初に、罪を特定の違反行為に限定することをやめなければならない。罪を認めるのは、すべての人にとって非常に困難なことである。私たちはだれでも先入観というものを持っている。罪を違反行為に限定し、それを犯していないという理由から、自分は罪人ではないと考えがちである。しかし、それでは罪を正しく認識することができない。

ジョン・ウェスレーが自分は罪人だと悟ったのは、そんなふうにしてではない。では何が彼に罪を認識させたのだろうか。それは彼が大西洋の真ん中で暴風雨に遭遇した時、モラビア兄弟団の人たちが振る舞う姿を見たことに始まった。ジョン・ウェスレーは嵐を恐れ、死ぬことを恐れたが、モラビア兄弟団の人たちはそうではなかった。彼らは太陽が輝いていた時と同様、ハリケーンと嵐のただ中にあっても平安に見えた。ジョン・ウェスレーは自分が死を恐れているのを実感した。彼はその時、兄弟団の人たちが神を知っているようには自分は神を知っていないと、何となく感じたのだ。別な言い方をすれば、自分には欠けているものがあると気づき始めたのである。このことがウェスレーの罪認識の始まりであった。

だが、自分が罪人であると悟るのは他人との比較によってではないという点が重要である。ただ神の律法と向かい合うべきである。それでは神の律法とは何なのだろう。十戒には「殺してはならない。盗んではならない」とある。するとあなたは、「そんなことは一度もしていない。だから私は罪人ではない」と答えるだろう。しかし、それは神の律法のすべてではない。あなたは神の律法とは何かを知りたいと思うだろうか。それはこれである――「『心を尽くし、いのちを尽くし、知性を尽くし、力を尽くして、あなたの神、主を愛しなさい。』（これが第一の命令である）第二の戒めはこれです。『あなたの隣人を自分自身のように愛しなさい』」（マルコ一二・三〇、三一）。

泥酔やそのたぐいの罪のことを、すべて忘れるがよい。現在あなたが新聞や雑誌で読むような人々のことをすべて忘れるがよい。私たちが自分を吟味する問いは、これである――「私は全身全霊をもって神を愛しているだろうか。」もしそうでないなら、あなたは罪人である。それが自分を点検する規準である。「すべての人は罪を犯して、神の栄光を受けることができず」とある（ローマ三・二三）。神は私たちを創造し、ご自身のために私たちを造られた。神は人をご自身の栄光のために創造し、ひたすら神のために生きるようにとの意図を託された。人間は神の代理者となり、神との交わりの内に生きるべきであった。そして宇宙の管理者となり、神の栄光を現すべきであった。ウェストミンスター小教理問答書にもあるように、「人間の究極的目的は、神の栄光をたたえ、永遠に神を楽しむことである」。もしそのようにしていないならば、それを知り、またそう感じているか否かに関係なく、あなたは最も極悪な罪人なのである。

あるいは次のように言うこともできる。私はそれがこの主題へのまことに意味のあるアプローチの仕方だと思う。神は私が自分自身の体験を語っていることを知っておられる。私自身が宗教的な環境の中で育てられたからである。今自分の体験を述べるのは、同じような環境で育てられた人々を助けなければならない者としてでもある。人間は神を知るように意図されている。そこで質問したい。「あなたは神を知っているだろうか。」

私が尋ねているのは、神の存在を信じているかどうか、また神について一定の事柄を信じているかどうかではない。クリスチャンとは永遠のいのちを持つ人のことである。ヨハネの福音書一七章三節で主イエスは、「永遠のいのちとは、唯一のまことの神であるあなたと、あなたが遣わされたイエス・キリストを知ることです」と言っている。私たちはこのことを自己吟味のポイントとしなければならない。「私はあれや、これを行ったか」ということではない。自分を吟味するための問いは、もっと積極的に、「私は神を知っているか。イエス・キリストは私にとって最も大切で現実的なお方であるか」ということである。問題なのは、神に関する事柄を知っているかどうかでなく、神ご自身を知っているかどうか、神との交わりを喜んでいるか、神が自分の生活と全人格の中心になっているか、最も大きな喜びの源泉になっているかどうかである。神はそのことを望んでおられる。神が人間を創造されたのは、神とのそのような関係に置くためである。人間が神との交わりの内に生き、神を喜び、神と共に歩むことが御旨であった。私たちはそのように意図された者である。

もし現在そうでないなら、それは罪である。それが罪の本質である。そうでなくてもよいと言う権利は、私たちにはない。そう言うことは最も深い、最も悪質な罪である。別なことばで言えば、罪とは、人間がひたすらに神の栄光を目指して生きていない状態のことである。犯罪的な行為を行うならば、もちろん神の前に罪を増し加えることになる。しかし、すべての表面的な罪について潔白であったとしても、この恐るべき点において罪を犯しており、自分の生き方に自己満足し、自分の業績を自慢し、他の人たちを見下し、自分は他の人々よりも善良だと感じている場合がある。これ以上にひどい罪は何もない。なぜなら、人々よりも自分のほうが神に近いとうぬぼれていること、実はそれこそが完全な誤りだからである。

もしも、このような態度でいるならば、あなたは、神殿で自分が取税人などのような者でないことを神に感謝すると言ったパリサイ人と同じである（ルカ一八・九～一四）。このパリサイ人は罪の赦しの必要を全く悟らなかったのだが、それ以上に恐るべき罪はどこにもない。「実のところ、私は自分が罪人だと感じたことが一度もないのです」と語るような人より罪深い人間は、どこにもいない。それこそ極悪の罪である。なぜなら、その人は神についての真理と自分自身についての真実を全く認識していないからである。使徒パウロのことばを味わってほしい。そうすれば、彼の論理が必然的で、反論できないものであることが分かるだろう。「義人はいない。一人もいない」、また「私たちは知っています。律法が言うことはみな、律法の下にある者たちに対して語られているのです。それは、すべての口がふさがれて、全世界が神のさばきに服するためです」と言われている（ローマ三・一〇、一九）。もし神の前で自分の罪と有罪性を全く認めないならば、キリストにある喜びを味わうことも決してないであろう。それは不可能なことである。イエスが来られたのは、「正しい人を招くためではなく、罪人を招くため」である。「医者を必要とするのは、丈夫な人ではなく病人です」（マルコ二・一七）とあるとおりである。

第一に必要なこと、それは罪の認識である。もしも罪を認めず、自分が神の前に価値のない者であることを悟らず、神に滅びを宣言された完全な失格者であることが分からないならば、それが分かるまで、この悟りに至るまでは、他の何物にも注意を向けてはならない。なぜなら、罪について正しく理解できるまでは決して喜びを見出すことはできず、抑うつ感を克服することもできないからである。罪の認識は、まことの救いの経験に至るために避けられない第一歩なのである。

次に、二番目の原則を見ていこう。真のクリスチャンになるために知らなければならない第二の点は、キリストにおける神の救いの方法である。これは実に喜ばしい知らせである。「私が宣べ伝えているのは、この神の義、イエス・キリストにおける神の義である」とパウロは懸命にローマ人に訴えている。彼は何について語っているのだろうか。必要であれば、それを問いの形で言い表すことができよう。つまり、「キリストについてあなたはどう考えているのか。なぜ、主は世に来られたのか。神はキリストにおいて何を成就されたのか。主イエスは単なる教師、また模範とすべき人物、そのたぐいの者であるのか」。このような見解が益をもたらさないことを示すのに、私は多くの時間を費やそうとは思わない。そうでなく、信仰者が知っているのはもっと積極的な事柄、つまりイエス・キリストにおける神の義である。救いはすべてキリストのうちにある。他のいっさいのものを捨ててもよいと思うほどに自分自身がキリストに結び付けられていると感じないならば、あなたはクリスチャンではない。そんなことでは、幸福感を持てなかったとしても不思議ではない。

「イエス・キリストにおける神の義」とは、神が律法を尊重し、同時に人の罪が赦されるためにキリストを世に遣わされたことを意味している。神に対して全く従順であったお方が、ここにおられる。この方こそ肉体をとった神、人間の性質をとられた神、また人間として神に完全な服従と完全な忠誠と完全な従順とを果たされたお方である。イエスは神の律法を一点の落ち度もなく完璧に守り通された。だが、それだけではない。パウロは、よく知られた贖罪についての言明の中で他の要素にも言及している。「神はこの方を、信仰によって受けるべき、血による宥《なだ》めのささげ物として公に示されました。ご自分の義を明らかにされるためです。神は忍耐をもって、これまで犯されてきた罪を見逃してこられたのです。すなわち、ご自分が義であり、イエスを信じる者を義と認める方であることを示すため、今この時に、ご自分の義を明らかにされたのです」（ローマ三・二五、二六）。これが意味するのは、次のことである。人間が神と和解できるため、人が神を知ることができるようになるには、前もってその者の罪が除き去られなければならない。神は罪を罰すると断言し、罪の刑罰は死と神の御前からの追放であると宣言されていた。この点が解決されなければならない。

そして、何が起こったのか。神はキリストを宥めの供え物とされたと、パウロは語っている。これこそ、神がとられた手段である。キリストが私たちの罪のために「宥めのささげ物」になるとは、神がキリストに私たちの罪の責任をとらせたということを意味している。神は罪をキリストの上に置き、そこで罪を処理し、処罰されたのである。したがって、キリストにおいて、十字架上の主イエスのからだにおいて私たちの罪を罰せられたからこそ、神は正当に私たちを赦すことができるのである。あなたはこれを、あまりにも崇高な教理だと見るかもしれない。使徒パウロが語っているのは大胆な内容である。だが、それは語られなければならないものであるから、私はそれを繰り返して述べよう。神は義なる方、聖また永遠であるので、罪を罰しないままに人間を赦すことはできなかった。神は罪を罰すると宣言されていたので、それを罰しなければならない。しかし感謝すべきことに、神は罪を罰し終えられたのである。神は義であり、同様に、イエスを信じる者たちを義とされるお方でもある。罪は罰せられてしまった。だから、正しく、また義である神は罪を赦すことができるのである。

それでは、これはどのように機能するのだろうか。次のようにである。神はこのキリストの義、つまり神がすべての点について尊重される律法と照らし合わせてみて、落ち度のない完全な義を受け入れてくださるのである。主イエスは律法を遵守し、それに従順に従われた。また、主は罪の刑罰を身に負われた。つまり律法は完全に履行されたのである。神の救いの方法はこれだとパウロは言う。神は私たちにキリストの義を与えられる。もし私たちが罪の赦しの必要を悟り、神のもとへ行き、それを言い表すならば、神はご自身のひとり子の義を与えてくださる。神は主イエスに信頼する者たちにキリストの義を転嫁し、私たちを義と見なす、主にあって義であるという判定を下し、義と宣言してくださる。これが救いの道、クリスチャンの救いの道、信仰義認による救いの道である。

これには次のようなことが伴ってくる。つまり、救われた者は主イエス・キリスト以外の物や人物に目を奪われたり、信奉したり、それらに依存したりしなくなる。私はパウロのその言い回しが気に入っている。彼は次のように質問している。「それでは、私たちの誇りはどこにあるのでしょうか。それは取り除かれました。どのような種類の律法によってでしょうか。行いの律法でしょうか。いいえ、信仰の律法によってです」(ローマ三・二七)。パウロは言っている。愚かなユダヤ人たちよ、あなたがたは自分が割礼を受け、神のみことばを持ち、自分たちが神の民であることを誇りとしている。しかし、それをやめなければならない。自分たちが律法の伝承を受け継いでおり、またイスラエルの子孫であるということに頼ってはならない。誇るべきものは何もない。ひたすら主イエス・キリストとその完全な働きに依存すべきである。この点においては、ユダヤ人が異邦人よりもすぐれているとは決して言えない。「すべての人は罪を犯して、神の栄光を受けることができない」からである。私たちはキリストに、ただキリストのみに頼るべきである。どんな点についても自分自身をあてにしてはならないのである。

以上の事柄を現実に当てはめるために、言いたいことがある。本当にそれを信じているかどうかを知るために、まことに手短な自己吟味の方法がある。私たちは自分が口にすることばによって本性を露呈するものである。「人は心に信じて義と認められ、口で告白して救われる」と言われている（ローマ一〇・一〇）。これは何と真実なことばだろうか。

しばしば私は信仰義認の教理について人々と語り合ってきた。私は信仰によって義と認められる道を説明し、どのようにしていっさいの罪がキリストにおいて処罰され、また神がキリストの義を私たち信仰者に着せてくださるのかを説明してきた。そのすべてを説明したあとで、私はその人にこう質問する。「さて、以上の内容について、あなたは満足だと思いますか。それを信じますか。」すると彼らは「はい、信じます」と答える。さらに続けて、「それでは、今や自分がクリスチャンであると言う準備が整ったはずです」と私が言うと、人々はためらう。それで、彼らがいまだに十分理解していないということが分かるのである。さらに続けて、「いったいどうしたのですか。なぜ、しりごみするのですか」と尋ねると、彼らは次のように答える。「私は自分がこれで十分だとは思えないのです。」するとすぐに、ある意味において、私が語ってきたことは徒労であったと気づかされるのである。彼らは今なお、自分自身のことだけを考え続けている。自分の力で自分を変えて善良な者にならなければクリスチャンにはなれない、またキリストと共に受け入れられることはあり得ない、と考えている。自分が、それをしなければならないと思っているのである。

「私はいまだに完全な者になっていませんから」ということばは、とても謙遜に聞こえるが、それは悪魔の偽りであり、信仰の否定にほかならない。つまり、自分で自分が謙遜だとうぬぼれているのだ。しかし、人が完全無欠の者になることは決してないであろう。落ち度のない人物となった人は、これまでに一人もいない。キリスト教信仰の救いの本質は、キリストこそが完全なお方であり、自分は主イエスの内にあると信じて告白することなのである。

自分自身について考え続け、「ああ。確かにそうなりたいものだ。しかし、私は十分ではない。私は罪人であり、大罪人だ」と言い続けるかぎり、あなたは神への信頼を否定しており、また決して幸福にはなれないだろう。そして意気消沈し、心の内に思い乱れる生活を続けていくだろう。時には少しはましになったと感じるかもしれないが、再び自分が、考えたほどには善良な者ではないことに気づくであろう。あなたは偉大な信仰者の伝記を読み、そして自分が入り込むすきなどはないと悟る。そして、「いったいどうしたらよいのだろうか。今もって十分に善良だとは感じられないのだが……」と自問自答し続けることになる。自分自身のことを忘れ、自分に関するすべてのことを忘れるがよい。確かに、あなたはいまだに完全な者ではないし、そう言いきれるほどの者にもなれないだろう。

クリスチャンの救いの道をあなたに教えよう。あなたがどんな者であったかは問題でなく、どんなことを行ってきたかも問題ではない。どうすれば、この点を明らかに示せるだろうか。私は日曜ごとに説教壇からそれを示そうと努力してきたが、それは、このことが多くの人々から信仰の喜びを奪い去っている原因だと考えるからにほかならない。あなたが、地獄での滅びに向かっていた人間であったかどうかは問題ではない。殺人の罪や不道徳の罪を犯したかどうか――そんなことは神との関係における義という見地からすれば、それほど重大な問題ではない。この世の、自分の義に頼って生きようとする最も尊敬すべき人が絶望的でないのと同様、あなたも絶望的ではないのだ。このことを心から信じることができるだろうか。

自分を吟味するもう一つの良い方法がある。救い、つまり神との関係における義という見地からすれば、習慣の違いなどは一掃され、廃棄されてしまう。また自分が罪人であるか否かを決定するのは、その人の過去の行為ではなく、神との関係であることを、あなたは確信できるだろうか。それゆえにこそ、ただキリストのみに信頼し、他のものや人物に目を奪われないこと、また個々の罪や人々の姿へのこだわりを捨てることを快く承知し、はっきりとそう告白することが自己吟味のポイントだと、私は言うのである。他の何物にも、どんな人物にも目を奪われず、ひたすらにキリストに信頼して言うがよい。

主イエスの血潮と　その義のほかには
望みを求めず　ただ御名に頼る。
岩なるキリスト　堅きわがもとい
　堅きわがもとい。

（『教会讃美歌』三一七番）

あなたはこう確信して前進し、聖なる大胆さをもって次のように言えるようにならなければならない。

律法と神の恐れは
　もはや私を害しない。
救い主の従順と血潮は
　私のとがを覆ってしまった。

あなたが霊的スランプから解放されたいと望んでいるのならば、そのためになすべき第一のことは、もう一度、決定的に自分の過去に別れを告げることである。過去の罪がキリストにあって覆われ、消し去られてしまったことを認めるがよい。決して再び自分の罪を振り返ってはならない。「それは終わった。今やキリストの血潮によって覆われ、赦されている」と確信するがよい。それが第一歩である。そうすることによって、つぶやいている自己および過去の罪との関係を断ち切り、神の恵みに思いをはせ、主イエス・キリストを仰ぐがよい。その時にこそ、本当の幸福と喜びとがあなたにやってくる。あなたに必要なのは、より善良な生活を目指す処世訓を作成したり、断食や誓願を始めることではない。そうでなく、ただ次のように告白するがよい。

私の信仰は、ただ主にかかっている。
主は私の罪を贖うために十字架につけられた。

この最初のステップを踏み出すがよい。そうすれば、あなたはすぐに、これまでの人生に味わったことがないような喜びと自由を体験し始めるだろう。「人は律法の行いとは関わりなく、信仰によって義と認められると、私たちは考えているからです。」神の御名をほめたたえよう。神は、望みを断たれた罪人のために、こんなにもすばらしい救いの道を備えてくださったからである。

三　歩く木のような人間

彼らはベツサイダに着いた。すると人々が目の見えない人を連れて来て、彼にさわってくださいとイエスに懇願した。イエスは、その人の手を取って村の外に連れて行かれた。そして彼の両目に唾をつけ、その上に両手を当てて、「何か見えますか」と聞かれた。すると、彼は見えるようになって、「人が見えます。木のようですが、歩いているのが見えます」と言った。それから、イエスは再び両手を彼の両目に当てられた。彼がじっと見ていると、目がすっかり治り、すべてのものがはっきりと見えるようになった。そこでイエスは、彼を家に帰らせ、「村には入って行かないように」と言われた。

（マルコ八・二二〜二六）

今私たちが関心を寄せている問題、つまり「霊的スランプ」とでも呼べるテーマの考察の一環として、この聖書テキストの出来事に注意を促したいと思う。

この問題を考察していくのは、クリスチャンの一部に幸福感を失っている人々がおり、それが悲しく悲劇的な状態であるという理由からだけではない。悲しいことに、それが今日の教会の全体的な傾向だからでもある。再び私はためらわず次のように断言する。現代の世界においてキリスト教会がそれほど大きな貢献をしないでいる理由の一つは、あまりにも多くのクリスチャンが霊的なスランプ状態にあることである。もし、すべてのクリスチャンが新約聖書の中に要請されているように生き始めさえすれば、教会の前に立ちはだかっている伝道の障害はなくなるだろう。すぐにも、その問題は自然に解決するだろう。教会が目立った働きをせず、また、主イエス・キリストを介して神に引き寄せられる人々があまりにも少ないのは、私たちの日常生活において、また生活態度とあかしとにおいて、クリスチャンらしさが欠けているからである。そこで、この最も切迫した理由だけからしても、この霊的スランプという問題の解決が、今求められているのである。

すでに私たちは、この状態にある人の姿を概観した。また二章では、その具体的な一面を考察した。そこで知ったのは、あるクリスチャンが抑うつ状態にあるのは、信仰義認という中心的な教理を十分に理解していないためだということである。実のところ、それは確かに宗教改革の背景にあった混乱の最も大きな原因であった。プロテスタントの宗教改革は、初代教会以来全く見られなかったほどに教会生活に平安と幸福感と喜びとをもたらしたのであった。そして、そうなったのは信仰による義認という中心的な教理が再発見されたことによっている。それを知ったマルティン・ルターは喜び、また賛美を歌い上げた。その結果、彼は他の人々がこの偉大な真理を見出す媒介者となった。歓喜をもたらしたのは、この真理なのである。私たちは、この教えを十分に理解していない人たちはクリスチャンでないと断言することはできないが、彼らがひとたびそれを悟った瞬間、憂うつ顔のクリスチャンではなくなり、喜びのあるクリスチャンになることは確実である。

さらに次のステップに進み、理解を深めていこう。

マルコの福音書八章二二～二六節に記されている主イエスの宣教生涯におけるこの特異な出来事を調べながら、考察を進めていきたい。ここで取り扱うのはいっぷう変わった情景であることに、すぐ気づくであろう。また私たちが洞察を深めるのには、この場面を見るのがきわめて有効である。この出来事は、いろいろな意味において、救い主イエス・キリストによって行われたすべての奇蹟のうちで大変際立ったものの一つである。イエスがこの目の見えない人に対してなされたことの詳細を思い起こしてほしい。イエスは目の見えない人の手を取り、町の外に連れ出された。そこで、その人の目につばを付け、その上に両手を置いた後、何か見えるかと尋ねられた。すると男は、「人が見えます。木のようですが、歩いているのが見えます」と答えた。そこで主イエスは再び両手をこの男の両眼の上に置き、もう一度目を開くよう命じられた。すると今度は男の視力が回復し、「すっかり治り、すべてのものがはっきりと見えるようになった」。

これは明らかに非常に深い意味を含んだ出来事である。この場面で起こったことは偶然ではない。イエスが目の見えない人を癒やされたという例はほかにもある。ただ彼に、「目が見えるようになれ」とことばをかけるだけでこの男を即座に癒やすこともできたことは、全く疑問の余地がない。主はその力を持っておられた。主に不可能なことは何もなかったのである。ある場面ではそうされたこともあり、ここでも同じようにできたはずである。だから、イエスがここで行われたことは、明らかに重要な意図と特別な目的を持ってのことである。

主が行われたことの中には、たまたまそうなったとか、偶然ということは一つもない。その行動のすべては意図的であった。主が方法や手段を変えられたのは、つねにそれなりの十分な理由があったからである。この場面についても、特に困難と思える問題はなかった。その処置の仕方が異なるのは、困難があったからではない。ここに記されるような方法で癒やしを行われたのは、主ご自身が決定された計画に従ってであり、何らかの教訓を与え、メッセージを伝えるためであった。ことばを換えて言えば、主のすべての奇蹟は単なる出来事以上のものであり、ある意味では比喩的であった。とはいえ、この出来事が歴史的な事実ではなかったと言っているのではない。ただ、奇蹟が比喩を含んでいると言いたいのである。もし、すべての奇蹟についてそう言えるとすれば、この出来事については特にそうである。なぜなら、ここでイエスがその過程に変化を持たせられたのは、明らかに、大切で重要な教訓を引き出し、また教えるためだからである。

ここでの最大の教訓は弟子たちのために意図されていると見る考えに、私は喜んで賛成する。この直前にあった出来事を思い出してほしい。弟子たちは舟に乗り込んだ時、十分な食物を持ってくるのを忘れていた。そのため、舟にあったのは、ただ一かたまりのパンにすぎなかった。彼らはこのことに心を痛め、全くみじめな気分になっていた。主イエスは舟の中で弟子たちに向かって、「パリサイ人のパン種とヘロデのパン種には、くれぐれも気をつけなさい」と語られた（マルコ八・一五）。すると彼らは互いに議論し、「自分たちがパンを持っていないから、そう言われたのだ」と語り合った。主が「パン種」ということばを口にされたので、きっと食物のパンについて語っておられるに違いないと考えたのである。彼らには、主のことばを文字どおりにしか受け取れなかった。霊的な理解力に欠けていたのである。「パン種」ということばを聞いた時、彼らはパンのことだと思い込み、自分たちが食物を持ってこなかったことを言われていると考えたのである。そこで彼らは幸福感を失い、心を痛めた。するとイエスは一連の問いを投げかけ、最後に、「まだ悟らないのですか」と言われた（二一節）。

つまり、主は次のように語っておられるのである。「ここにわたしがいます。わたしはあなたがたに説教し、ずっと教えてきたのに、まだ分かっていないようです。あなたがたはパンが少ないことで心を乱しています。だが、ほんのわずかなパンと小魚とで五千人あるいは四千人の人たちが満腹できることを証明する奇蹟を、あなたがたは二度も目撃したのです。それなのに、どうして悟れないのですか。」イエスが目の見えない人をあのような仕方で癒やされたのは、弟子たちに自分たちの姿を教えるためであったと私は考えている。今見ている場面において、主イエスがこのような手段を取られたのは、弟子たちに自分たちの現実の有様を悟らせるためであった。

だがここには、それ以上の意図がある。この出来事はまた、いつの時代にも神の民への恒久的な教訓である。それは背筋がぞっとするようなメッセージである。この出来事に注意してほしいと願うのは、この目の見えない人に似たような人々が多く、この男が癒やされる過程での最初の段階にあるような人たちが数多くいるからである。先ほど見たように、イエスはその人の両眼につばを付け、「何か見えますか」と尋ねられた。すると彼は、「人が見えます。木のようですが、歩いているのが見えます」と答えたのであった。その状態が理解できるだろうか。この男を一言で描写するのは容易ではない。彼は目が見えないとは、もはや言うことができない。見えるようになったからである。ところが一方、彼は目が見えると断言するのにも、ためらいを感じる。なぜなら、人間が、歩いている木のようにしか見えないからである。するとどうなるのか。彼は盲人だろうか、それとも盲人ではないのだろうか。彼は盲人ではないが、同時に盲人である、と言わなければならないだろう。つまり彼は決定的にどちらか一方であるとは言えない状態にある。

それこそまさしく、ここで取り上げたいと思う情況である。今関心を持っているのは、鮮明な理解がないために心が乱れ、幸福感を持てない、みじめな気持ちになっているクリスチャンについてである。その姿を明確に定義するのはほとんど不可能である。ある時、このような人と話してみると、「この人はクリスチャンだ」と思われる。ところが、もう一度その人に出会うと、すぐに疑わしい気持になり、「こんなことを口にしたり、あんなことを行ったりするからには、彼は絶対にクリスチャンではない」と言いたくなる。そしてその人物に会うたびに異なった印象を受ける。ついに、その人がクリスチャンであるか否かについて、全く確信が持てなくなる。目が見えていると断言するのもしっくりせず、かといって、目が見えているとも言えない気がする。

さらに問題なのは、その人について人々がそう感じるだけでなく、その人自身が自分についてそう感じる点である。そんな人たちに次のことばを贈りたい。彼らが幸福感を持てないのは、自分自身のことを明瞭に知らないからである。ある時彼らは礼拝に参加し、「確かに私はクリスチャンであり、私はこれを信じている」と考える。しかしいったん事が起こると、「私はクリスチャンであるはずがない。もし真のクリスチャンであるならば、こんな考えは持つはずがない。今行っているようなことをしたいと願うはずがない」とつぶやき始める。そこで、他のクリスチャンたちがその人を見て当惑するように、その人自身も自分の姿を見て当惑してしまう。つまり、自分はクリスチャンであると感じ、同時にクリスチャンではないと感じるのである。その人たちは、この世の楽しみを放棄してよいと思うほどにキリスト教について知っているのであるが、自分の現実について幸福感を持つほどには知らないのである。言わば彼らは、「冷たくもなく、熱くもない」という存在である（黙示三・一五）。見ているのに、見えていないのである。

残念なことに、この描写はかなり大勢の人々の現実であるということを認めなければならない。それは心が痛む現実である。すでに分かっていることだろうが、私のメッセージの結論は、だれ一人としてそのような状態にあるべきでなく、だれもそこにとどまるべきではないということである。もう一言言い足せば、だれもその状態にとどまる必要はないのである。

さて、主イエスが教えておられることを学んでいこう。そのための最善の方法は、その状態にある人々の事例を様々な側面から検討することである。これまでは一般化して述べてきた。ここでは人々が自分の現実の姿を見ることができるようになるため、また私たちすべてがその状態についての洞察を深めるために、いくつかの具体的な例をあげてみたい。このような人たちの目には何が映っているのだろうか。彼らは何かを見ているはずである。先ほどの男はこう言っている。「私は見えます。人間が見えます。しかし、どことなく奇妙です。木が歩いているように見えるからです。」

いったいこの人たちは何を見ているのだろうか。しばしば彼らは自分の状態には正常でない点があると意識している。自分自身の姿について心に平安がない。自分のありのままの現実について満足できないことが起こっている。彼らは自分自身について心から満足していた時期があった。それぞれの生活を営みながら、自分には間違った点はどこにもないと考えていた。しかし今ではもはや、そうではない。何かが起こって、彼らが送ってきたような生活の仕方について全く別の評価を持ち始めたのである。

このような人々について脚色して語る必要はない。今まさに、そのような生活をしている人々のことを想起するだけで十分である。新聞の三面記事を読みあさり、実社会や劇場などで人々に目立つような生き方をすばらしいと感じ、うらやましがっている人々がいる。またつねに「これこそ充実した人生だ」という実感を得たいと切望している人々がいる。しかし、いつまでも同じ気持ちではない。そのすべてのむなしさ、空虚感、内実のなさに気づく時期がやってくる。そして、その種の生活に満足を感じなくなる。他のことはさておき、彼らは自分の生き方が賢明ではなく、むなしい生活であったと悟る。自分自身について満足を感じなくなり、このままでは生き続けられないと思うようになる。さて現在、多くの人たちがこの状態にあり、また多くの人々がこの段階を通っている。それは、程度の差はあるが、他のいっさいのものが完全ではないということに気づきながら、キリスト信仰の正当性を認めるに至っていない段階である。この状態が続くと人々は厭世的《えんせい》になり、しばしば絶望感に陥ってしまう。

これについて、たいへんドラマチックな実例がある。ロンドンの優秀な外科医で、実に傑出したある人物のことを、私はよく覚えている。彼を知っていた者すべてが驚き仰天するほど突然に、彼はその地位のいっさいを捨てて、一介の船医になったと公表した。その人物に起こったのは次のことである。彼は医学界において秀でた名医であり、医者として栄誉を得ようという健全な望みを持っていた。しかし、それが達成できないと感じ始めた時、突然物の見方が変わってしまったのだ。彼は、自分が送ってきた人生には永続的な満足がないという結論に到達した。そのことに気づいたのであるが、クリスチャンにはならなかった。そこでひどく厭世的になり、いっさいを投げ出してしまったのだ。この人物のようにいっさいを放棄し、孤立した生活に退いていった人々の例は、他にも多くある。彼らはクリスチャンにはならず、逃避的な生活においていくばくかの平安と幸福を得ようとするのである。それも、一つの道である。

しかし、もう少し積極的な生き方を追求し、山上の説教などに示されるようなクリスチャン生活のすばらしさに気づく人々がいる。「クリスチャン生活こそ真の生き方だ。この点については全く疑問の余地がない。すべての人があのように生きるようになれば、何と喜ばしいことだろう」と、その人たちは考える。また聖徒たちの伝記を読み、彼らがすばらしい信仰を持っていたことに感心する場合がある。かつては信仰に関心を示さない時期があったが、今では彼らは、山上の説教に描かれるような生活こそ本当の生き方であり、まことの人生であると感じている。また、コリント人への手紙第一、一三章に描き出される愛の生活を知って、「もし、すべての者があのように生きるならば、この世界はパラダイスとなるだろうに」と考える。この程度までは明瞭に悟っている。

　またある人たちはさらに進んで、イエス・キリストが唯一の望みであり、イエス・キリストが救い主であると漠然と感じるようになる。今私が、「イエス・キリストが救い主であることに『漠然と』気づいた」という言い回しを用いたのに気づいたであろう。この人たちは、キリストには人を助ける力があると感じ、またキリスト教が世界にとって唯一の希望であることに気づいている。また、このイエスという人物からの助けが期待できるということを、ある程度まで認め、また知っている。かつてはそれほどの関心を持たず、また真剣に考えることもなく、キリストのことを念頭に置いていない時期があった。しかし、もはやそうではない。世のむなしさを知り、クリスチャンたちが送っている生活の一端にふれ、その違いをもたらしたのはイエス・キリストであることを認め、そして何となくキリストが救い主ではないかと感じているのである。そこでキリスト信仰に興味を覚え、また関心を寄せている。彼らはその程度まで明瞭に知っているのである。

　私たちはさらにことばを進めて、このような人々について次のように言うことができよう。この人たちは前章で考察したような人々とは違って、自分で自分を救うことができないことを認めている。信仰義認をはっきりと理解できない人の問題は、自分で自分を完全無欠な者としようと試み続けるところにある。この章で見るのは、自分にはそれが不可能であると認めている人々の姿である。彼らは何度もそうしようと努力してきたが、十分に満足できないでいる。まことのクリスチャンに望まれている生活のあり方を知り、人間は自分自身をそこまで向上させることができないと知っている。自分で自分を救うことはできないことを認めているのである。

ここまで聞くとある人は、「まったく、あなたは行き過ぎだ。彼らにあまりにも大きな期待を押し付けすぎている」と言うかもしれない。そうではない。今描いているのは、この人たちが何を見ているかということにすぎない。イエスの手によって癒やされたあの目の見えない人も、「何か見えますか」と質問された時、「はい。見えます」と答えたのであった。確かに彼は見ていた。人の姿を見ることができたのである。今問題にしている人々も何かが見えるようになっている。確かに、これまで叙述してきたような情景を目にしているものと思われる。

だが残念なことに、第二のポイントとして、彼らはまだ混乱し続けていると言わなければならない。いまだに、はっきりとは見えていない。人間を見ても、ただ「木が歩いている」ようにしか見えないのである。では、具体的には彼らのどの点に落ち度があるのだろうか。ここで何を言わないで済ますべきかを判断するのは難しいが、私が最も中心的で重要と感じている事柄三つを選んで述べたいと思う。

まず第一に、彼らは大切な基本的教理について明らかな理解を持っていない。それゆえに私は、彼らがキリストを「何となく」救い主であると見ているという言い回しを用いて慎重に語ったのである。しかし、彼らはどうしてキリストが救い主なのかを悟っていない。たとえば、キリストの死と、その絶対的な必要性をはっきりとは知っていない。また、新生の教理についても明らかではない。もし、これらのことについて話し合ってみるならば、彼らが非常に混乱していることがよく分かる。彼らは、よく分からないと告白するが、それは全く偽りのないことばである。彼らは十分に分かっていない。なぜキリストが死ななければならなかったかを理解しておらず、新生の必要性も知らない。そのような人たちを、あなたも知っているだろう。彼らは自分の生き方に満足しておらず、クリスチャンの生き方を高く評価している。キリストが救い主であると告白する心の準備は整っているのだが、ある真理についていまだに「目が開かれていない」。そのため、彼らは思い悩み、幸福感を持ち得ず、みじめな気分でいるのだ。

その人たちがはっきりと見ることができないでいる第二の理由は、心が完全に神と結び付いていないことである。彼らはたくさんのものを目にしているが、キリスト信仰つまりクリスチャンの信仰の中に幸福を見出していない。結論的に言えば、彼らはキリスト信仰によって全人格を揺り動かされるような経験をしておらず、そこに本当の喜びを見出してもいない。つねに自分自身で幸福感をつくり出さなければならず、自分の心をそこにまで引き上げようと懸命になっている。この人たちが、どこか他のところに喜びを見出そうと努めているかぎり、信仰による真の幸福感は与えられないだろう。ここでこんなに大胆なことばを発するのは、後でそれを詳しく取り扱いたいと願っているからである。今は、その状態の一般的な共通点を示すのにとどめよう。

三番目の理由は、問題としている人々の意志が統一されていないという現実である。彼らは頑固なほどに反抗的である。クリスチャンになると、なぜ、あることを行うべきであり、また他のことをしてはならないのかという理由を了解していない。そんなのは偏狭な態度ではないか、と考えている。彼らは過去の生活の落ち度を認め、大まかに言って、クリスチャンの生き方を受け入れている。また、キリストが救い主であると知っているのだが、その教えを意志的に現実化しなければならないという点に至ると、そこに混乱が生じる。明らかにその決心をしていないのである。彼らはこの点についてつねに自問自答し、どちらを選ぶのが正しいのかをいつも問い続けている。意志の領域に統一がないのである。

私はそのような人々を意地悪く風刺しているつもりはない。誇張なく、正確に、詳細に描写しているだけである。実際に、今この段階にあり、それを体験している者たちが、教会の内にかなりいる。この目の見えない人を肉体的に癒やす過程においてイエスが中途段階を踏まれたように、時として神は、人を回心に導くのに同様なことをするように思われる。すぐに信仰的な物の見方を確立できる人たちもいれば、段階的にそうなっていく人もいる。ここで見ているのは、そのような段階をたどる人たちの姿である。だからこそ、先ほどのように彼らの状態を描いたのである。

さらに考察を進めていこう。主イエスが弟子たちに教訓を与えようとした時、彼らに一連の質問をした後、この出来事に見るようなドラマチックな方法で教えられたのはなぜだろうか。別な言い方をすれば、この状態の原因はいったい何だろうか。クリスチャンでありながら十分な信仰がないとか、あたかも肯定と否定とが同時に存在するような描写しにくい状態にある人々がいるのは、なぜだろうか。確かに、彼らが最初に入信した時にかかわった説教者にもっぱらその責任があるという場合がある。時として伝道者自身がこの混乱の原因となる。つまり報告書への登録を急ぐあまり、このような状態を引き起こす場合があるのである。

しかしながら、いつでも説教者の落ち度によるというわけではない。その人たち自身に問題があるという場合のほうがずっと多いのである。ここに人々が問題の状態に陥る主要な原因をいくつかあげてみよう。

まず第一に、一般的に言って、この人たちは物事の白黒をはっきりさせることに反対する。明瞭さ、明確さを嫌うのである。このところで、その理由をあれこれと詮索する必要はない。彼らが明確な思想と定義とを拒むのは、それによって責任の所在が明らかになるからだと私は考えている。最も気楽な宗教は、つねに漠然とした、あいまいで輪郭のはっきりしない、内容も儀式もいいかげんな宗教である。この点からして、ローマ・カトリック主義が人々を魅了していることは別に驚くことではない。信仰を漠然とした不確定なものにすればするほど、それはますます安楽なものになっていく。人に決断を要請する明らかな聖書的真理ほど、人間の気分を害するものはないと言ってよい。

そこで彼らは次のように言う。「あなたは厳格すぎる。あまりにも杓子定規すぎる。いやいや、これは私の好みではない。私はキリスト教を信奉してはいるが、あなたの考えはあまりにも厳密で、あまりにも偏狭すぎる。」こういうタイプの人を知っているだろう。しかし、もしキリスト教信仰は明確さを欠いた漠然としたものであるという理解を推し進めるならば、あなた自身がこの目の見えない人のようになり、人間が「歩いている木」のようにしか見えなくなったとしても、驚くことではない。もし、自分には十分な視力はいらない、物事に白黒の決着をつける必要はないと考えてクリスチャン生活を始めるならば、あなたは正しい信仰生涯を全うすることはできないだろう。

第二の理由は次のことである。この人たちの本当の問題はしばしば、聖書の教えの権威を完全には受け入れていないことである。究極的に言えば、これが最大の原因であると私は考えている。彼らは聖書を読みはするが、自分自身をそれに対して完全に、また絶対的に服従させようとはしない。もし信仰者が子どものようにすなおに聖書に接し、それを字義どおりに受け取り、聖書のメッセージに心から傾聴していさえすれば、このような問題は決して持ち上がらないはずである。問題にしている人たちは、そうしようとはしないのである。彼らは、自分自身の考えと霊的真理とを混合してしまっている。もちろん彼らは、自分の考えは基本的に聖書から得たものであると主張するが、それは内実を伴わないことばである。その人々は聖書の真理をすぐさま変質させてしまう。聖書的な思想の一部を受け入れはするが、自分の過去の体験から引き出したいと願っている別の思想と哲学が潜んでいる。そして彼らは生まれつきの考えと聖書の思想とをごちゃ混ぜにしてしまう。その人たちは山上の説教やコリント人への手紙第一、一三章を愛読していると語る。また、自分はキリストを救い主として信じていると主張するが、それに続けて、これらの事柄においても行き過ぎてはならない、と付け加える。つまり、中庸を信奉しているのである。

そこで、聖書を改変し始める。聖書をすべての点において、つまり説教と実生活、信仰と世界観においても権威あるものとして受け入れることを拒絶するのだ。「時代は移り変わっている」と言い、「実生活は過去のままではなくなっている。今や私たちは二十世紀に生きているのだ」と語る。そこで、聖書の真理を初めから終わりまで正しいものとして受け取るのではなく、聖書のあちらこちらに手を加えて自分の考えに合わせようとし、聖書の内容はそのままでは二十世紀には通用しない、と言い張る。しかし、聖書は時代の流れに制約されない神のことばである。聖書が神のことばであるゆえに、私たちは従順にそれに従い、神が計画に従って用いられる独特な方法に信頼すべきなのである。

この状態のもう一つの原因は、必ずと言ってよいほど、その犠牲者たちが教理に関心を示さないことにある。あなたは信仰の教理に関心があるだろうか。時としてこの人たちは愚かにも、自分が聖書の霊的な意味と見なすものと信仰の教理とを、相反するものと考えている。彼らは教理には興味がないと言い、また聖書の解釈は好きだが、教理は好まないと言っている。聖書の内にあり、聖書から出てくる教理を信じるべきだと口では言っているが——あり得ないことのようだが、事実——聖書の解釈と教理との間に決定的な違いがあると思っている。だが、教理を教えること以外のどこに聖書の目的があるのだろうか。もしも真理に導いて行かないとすれば、聖書解釈の価値はどこにあるのだろうか。

とはいえ、彼らの立場を理解するのは難しいことではない。心に痛みが与えられるのは教理によってであり、物事の善悪をはっきりさせるのは教理である。いろいろな聖書中の場面を見て、そこにあることばやその意味合いに興味を持つのは、また違うことである。それは心を動揺させない。罪に注意を向けさせることもなく、決断を求めることもない。そこではゆったりと腰を下ろし、それを楽しむことができる。しかし教理は私たちに語りかけ、決断を迫ってくる。真理とは、そういうものである。それは私たちを点検し、試み、自己を吟味するようにと促してくる。だから、もし教理がそのようなものであることを否定し始めるならば、私たちの目が見えなくなっていっても驚くことはない。教理と教義に関するすべての信仰告白や、キリスト教会がまとめたすべての信条の究極的な目的は、人間の目が開かれ、はっきりと考えることができるようにすることである。

信仰告白が定式化されたのは、次のようにしてである。キリスト教会が誕生した初期の頃、福音は世代から次の世代へと語り継がれていた。しかし、ある者たちが間違った内容を語り始めた。たとえばある者は、キリストは本当に人間のからだをとって来たのではなく、ただ幻として現れたにすぎないと言い出した。そのほかありとあらゆることが語られ、多くの者が幸福感を奪われ、また当惑させられた。そこで教会は使徒信条などの形に教理を定式化し始めたのである。そのために初代教父たちが苦闘したのは、ただその作業を楽しむためであったなどと想像する者がいるだろうか。決してそうではない。それは、もっと実際的な理由からである。真理は明らかに定義され、また擁護されなければならない。そうでなければ、人々は過ちに陥ってしまうだろう。したがって、もし教理を拒絶するならば、物事の本質を見抜けなくなっても不思議ではなく、幸福感を喪失して、みじめな気持ちになったとしても驚くことはない。聖書教理の把握と十分な理解以上に人間の霊的な洞察力を回復させるものは何もないのである。

この状態についての最後の理由として、聖書の教理を正しい順序で受け取っていない人々が多いという点を指摘したい。これは非常に大切なポイントであり、いずれ再び取り上げたいと願っている。このことを私は自分の個人的な経験から知っている。聖書の教理を正しい順序で理解することは、とても重要である。もしも贖罪の教理よりも前に新生の教えを置くならば、あなたは混乱するだろう。もし神との関係を正すことについて十分に理解する前に生まれ変わりの教理や新しい信仰生活を始めることに興味を持つならば、あなたは間違った方向へ進み、しだいにみじめな気持ちになるだろう。義認の前に聖化を置くことについても同様である。

教理は正しい順序で受け取らなければならない。ことばを換えて言えば、今考察している状態の大きな原因は、物事を正しい順序で考えていないことにある、という一文ですべて結論付けることができる。何事にかぎらず、自分で十分に理解し把握して自分のものとする前に、それを楽しもうと望むことは致命的な誤りである。物事を正しい順序で考えようとせず、また習得しようともせず、様々な――しばしば自己を正当化しようとする――理由から聖書の教理を拒絶する人たちがいるが、概してこのような人々が、霊的な混乱、明瞭な理解の欠如、見ていながら同時に見えていないという状態の犠牲者となっていくのである。

さて、最後の問いに立ち至った。どうすれば、この状態を克服できるだろうか。ここではその原則だけを示しておきたい。第一の原則は明白である。他のすべてのことにまさって、自分の目はすでに癒やされたというような早急すぎる主張は控えるべきである。あの目が見え始めた男は、そうしたいという強い誘惑にかられたに違いない。かつて彼は全く目の見えなかった人であった。イエスは彼の両眼につばきを付け、「何か見えますか」と尋ねられた。すると男は、「見えます」と答えた。彼にとって、一目散に駆け出して、あたりかまわず「私は目が見えるようになった」と叫び回りたいという誘惑は、どれほど強いものだっただろう。ある意味において、この男は見ることができたが、一面では、その視力は完全ではなく、不十分であった。大切なのは、はっきりと見えるようになるまでは「見える」と言い張るべきではないということである。それは大きな誘惑である。その気持ちは十分に理解できるが、そうするのは致命的な過ちである。

まだそれほど明瞭には見ておらず、実際には今なお混乱した状態にあることが明らかであるにもかかわらず、現代は、何と多くの人たちが自分は見えると言い張っていることだろうか。あるいは、そう言うようにと促され、強要されていることだろうか。そのような人たちのことばは、何と有害なことだろうか。彼らは他の人々に向かって、人間を「歩いている木」として描写する。そして、人々を誤った方向に導いていってしまうのである。

第二の原則は、第一のことと正反対である。初めの人たちへの誘惑は、自分たちが完全に見えるようになる前に走り出して、「見える」と主張することである。二番目の人たちへの誘惑は、全くの絶望感に陥ってしまって、「このまま生きることなど、とてもできない。神は私の目につばきを付け、私にふれてくださった。私はある程度は見えるようになったが、しかし人間を見ても、あたかも木が歩いているようにしか見えない」と意気阻喪することである。このような人々がしばしば私のところに来て、真理がはっきりと悟れないと言って嘆き、訴えてくる。彼らは混乱のうちに失望し、「なぜ、私の目は見えないのだろうか。いっさいが絶望的だ」と自問自答する。その人たちは聖書を読むのをやめ、祈ることもやめてしまう。このように悪魔は偽りをもって多くの人たちを失望させてきた。だが、決してそのことばに惑わされてはならない。

それでは、癒やしはどこにあるのだろうか。どの方向に進めばよいのだろうか。心を開いて正直に主の質問に対して答えることである。それが解決の糸口である。イエスはこの男に向かって、「何か見えますか」と尋ねられた。すると彼は正直に、「人が見えます。木のようですが、歩いているのが見えます」と答えた。この男が救われたのは、その正直さによってであった。つまり、問題は私たちがどの段階に立っているかである。この説教の最大の意図は、この問いを発することにある。私たちはどんな状態にあるのだろうか。実際、何を見ているのだろうか。教理を十分に把握しているだろうか。今幸福感を持っているだろうか。本当に目が見えているだろうか。見えるにせよ見えないにせよ、私たちは自分がどんな状態にあるのかを正確に知らなければならない。神を正しく認識しているだろうか。イエス・キリストを知っているだろうか。ただ頭で救い主として知るだけでなく、その人格を体験しているだろうか。「ことばに尽くせない、栄えに満ちた喜びに躍って」いるだろうか（Iペテロ一・八）。これこそ新約聖書におけるクリスチャンの姿である。本当にいっさいが見えているだろうか。もっと正直になって、これらの質問に答えようではないか。全き誠実さをもって、それに答えようではないか。

その後は、どうなるのか。最後のステップは、自分自身を主に任せ、この男がしたようにいっさいを神にゆだねることである。イエスは次の処置を拒まず、喜んで完全に癒やされた。もしもイエスが次のステップに進まれなかったとしたなら、この男はそれを頼んだに違いないと、私は確信している。神のことばに信頼するがよい。心の内で自問自答を繰り返してばかりいるのはやめなさい。まず神の約束を正しい順序で受け入れることから始めよう。「どんな犠牲が必要であろうとも、私は真理を欲します」と祈るがよい。心を真理に結び付け、それに身をゆだね、幼子のような全き従順をもって神のもとへ行き、明らかな洞察力と完全な視力を願い求め、全き者としてください、と祈るがよい。あなたが願い求めれば、主イエスはそれをすることができる。これを読者に思い起こさせるのは、私の特権とでも言うべきものである。それ以上に、賛美されるべき神の名によって私はこう断言する。主はそうしてくださるに違いない。主イエスは物事を不完全なままに放置されることはない。それがこの聖書テキストの教訓である。それに聞き従うがよい。

この男はイエスによって癒やされ、視力が回復され、「すべてのものがはっきりと見えるようになった」。クリスチャンの信仰は、明確さを旨とする信仰である。私たちは疑惑や不安、不確かさや幸福感を喪失した状態に見捨てられるように意図されてはいない。神のひとり子が天から下り、地上で生き、すべてのわざを行われたこと、また十字架の上で死に、葬られ、復活されたこと、天に上り、聖霊を遣わされたこと。これらが私たちを混乱した状態に放置するためであったとは決して思われない。そんなことはあり得ない。主イエスが世に来られたのは、私たちの目がはっきりと見えるようになるためであり、また神を知るためである。主が来られたのは、永遠のいのちを与えるためである。「永遠のいのちとは、唯一のまことの神であるあなたと、あなたが遣わされたイエス・キリストを知ることです」と言われている（ヨハネ一七・三）。自己を吟味してみて、もし自分の現実について幸福感を持てないならば、主のみもとに来るがよい。みことばに従って主の助けを待ち望み、主に嘆願し、信頼して賛美のうちに祈るがよい。

きよき御霊、神のまことよ、
わがたましいをさとからしめよ。
神のことば、内なる光よ、
わが霊をして悟らしめよ。

主イエスはそうすると約束された。だから、そうしてくださるに違いない。その時あなたはもはや、「見ていながら見えていない」というような不確かなクリスチャンではなくなるだろう。その時には次のように言うことができるのだ。「見えます。主の御手の内に私が必要とするいっさいのものと、それ以上のものとを見出しました。私は主のものであることを悟りました。」

四　知性・感情・意志

神に感謝します。あなたがたは、かつては罪の奴隷でしたが、伝えられた教えの規範に心から服従し、罪から解放されて、義の奴隷となりました。

（ローマ六・一七、一八）

英欽定訳聖書の本文には「伝えられた一定の教理に従う」という表現が見受けられる。米改訂標準訳などには、「一定の教理」という表現の代わりに「教えの規準」ということばが当てられている。しかし、これから見ていくように、この二つが同じことを意味しているのは明白である。この聖句に注目するのは、それによって霊的スランプ状態の原因と癒やしについての考察を続けたいからである。

検討を進めるにしたがって読者は、この状態の現れ方にはほとんど際限がないという印象を持つに違いない。それは様々に異なった形や様態をとって訪れてくるので、ある人たちはそのこと自体に悩んでしまう。一つの霊的病、この信仰上の病気について非常に多くの症状や現れ方があることに驚かされる。この問題を軽視する人たちは、今考察している状態に必ず陥っていくだろう。一度主イエス・キリストを信じるならば、すべての悩みは消え去り、それ以後は「みんなずっと、幸せに暮らしました」というふうになると考えている人は、遅かれ早かれ、必ずこの霊的スランプで苦しむことになる。

私たちが霊的な祝福に満ちたすばらしい信仰生活に導き入れられたのは、神の恵みによってである。しかしながら、私たちに対抗し、覆いかぶさっているもう一つの勢力があることを決して忘れてはならない。クリスチャンは神の国の一員であるが、同時にもう一つの王国――これも霊的な王国である――の圧迫を受け、絶え間なく攻撃され、包囲されていると聖書は教えている。私たち信仰者は、つねに「信仰の戦い」の中にある。そして、「私たちの格闘は血肉に対するものではなく、支配、力、この暗闇の世界の支配者たち、また天上にいるもろもろの悪霊に対するものの」である（エペソ六・一二）。だから、今考察しているような状態が訪れることに対する心備えをし、それがどんなタイプの人にも影響を及ぼし、またあらゆる形で現れてくることに備えていなければならないのである。

悪魔《サタン》の活動のすべてに共通する特徴は、その狡猾《こうかつ》さである。サタンは能力と力を持っており、また大変ずる賢い。必要とあらば、サタンは「光の御使いに変装する」と、使徒パウロははっきりと教えている（Ⅱコリント一一・一四）。悪魔の目指すところは、神のみわざを破壊し、混乱させることである。そして、神の働きの内で彼が最も破壊したいとねらっているのは、主また救い主であるイエス・キリストにおける恵みのみわざである。したがってクリスチャンとなった瞬間から、私たちはサタンの攻撃の的となる。だからこそヤコブは、「私の兄弟たち。様々な試練にあうときはいつでも、この上もない喜びと思いなさい」と語るのである（ヤコブ一・二）。

試練は喜ぶべきものである。なぜなら、それは信仰の証明だからである。悪魔は、私たちがクリスチャンとなった瞬間から、特に攻撃の度合いを増してくる。そして、悪魔がそのために用いる最も有効な手段は、信仰者をみじめな気持ちに陥れ、チャールズ・ラムが「たましいのおたふくかぜ」と形容したような霊的病で苦しめることである。この病気にかかったクリスチャンは、栄養失調の子どものように成長が止まり、その姿に健全さと活気とがなくなってしまう。程度の差はあるが、この状態にあるクリスチャンは自分の信仰を否定している者であり、その陰でサタンがほくそえんでいる。この目的のために、サタンは私たちをスランプ状態に陥れようと懸命になっているのである。それが私たちに悪影響を与える度合いには限りがなく、その程度には際限がない。この状態の現れ方は千差万別であることを、まず承知していなければならない。

さて、スランプ状態のもう一つの原因に注意を向けてほしい。今見ている聖句に述べられている事柄がそれである。冒頭のテキストは信仰者の姿を積極的に描いているが、それを逆転してみることができよう。この聖句に描写される姿に当てはまらないこと自体が、すべての霊的スランプに共通した一つの原因である。ここに見るのは健全なクリスチャンの描写である。「あなたはかつてサタンの奴隷であり、その支配下にあった。あなたはその状態にあったが、今はもはやそうではない」とパウロは言っている。ローマのクリスチャンについてこう断言できることを、パウロは神に感謝し、かつて彼らがそのようなみじめな情況であったが、今ではそこから解放されていると言いきっている。ではなぜ、そのように断言できるのだろうか。「伝えられた教えの規準に心から服従した」からである。あるいは、「心から服従し、教えの規準に向けて解放された」と訳すこともできる。ともかく、これは使徒パウロが健全なクリスチャンを描いたことばである。

ここでパウロが強調しているポイントは、クリスチャン生活全体の統一性、つまり信仰生活のバランスである。それは「服従した」生活である――ここに意志がある。「心から」――ここに感情、情緒がある。「教えの規準」は思考力、つまり知性に関係がある。クリスチャンを描写することにおいてパウロが強調しているのは、生活全体が健全に統一されているということである。人間には知性と感情と意志とが備わっている。そして、霊的スランプの一般的な原因は、クリスチャン生活が統一性のある生活全体であり、調和のとれた生活全体であることを認めないことにある。この統一性の欠如は、クリスチャン生活における苦悩と違和感と動揺の最も大きな原因の一つである。

ここでもう一度、バランスの欠如の原因が説教者あるいは伝道者の責任である場合があることを指摘しなければならない。しばしば私はこのことに心を痛めている。偏ったクリスチャンは普通、教理的理解に調和や統一性がない説教者あるいは伝道者から生まれる。この学びを進めるにしたがって、人が信仰に入る情況がどんなに決定的に重要であるかに目が開かれるであろう。だれかがこのテーマを研究課題として取り上げ、信仰者の回心の際に用いられたアプローチの方法の特徴と、それ以後のクリスチャンの歩みとの間にある相互関係を探究すべきだと、私は時として考える。それは意味のあることであり、また興味深いテーマであると私は確信している。

子どもは、その両親の性質を受け継ぐのが普通である。また信仰者は、その回心に際して神が用いられた人物の特徴を引き継ぐ傾向がある。そればかりでなく、人々が真理に導かれてくる出会いのタイプや種類、つまり新生の情況すべては、私たちが考える以上に、回心者のその後の生き方に影響を及ぼす傾向を持っている。前章においてその一部をかいま見たが、今考察を進めている問題との関連においても確かに非常に大切な要素である。クリスチャンにはいろいろなタイプが存在し、様々な性格の人がいることは、このことからも説明される。どんなグループであれ、そのすべてのメンバーは似通っており、共通の特徴を持ち、他のグループの者とは異なっている。以上の事柄は事実である。そして、特定の伝道方策に感応する度合いは、バランスを失って苦しむ度合いに等しい。究極的にそれは、幸福感の喪失とスランプ状態となって現れてくるのである。

使徒パウロがこのことに言及しているのは、それがつねに実際的な問題の種となるからである。この手紙はローマのクリスチャンたちにあてて書かれたものである。彼がこのスランプ状態を想定して前もって論じようとしたのか、それともローマでの現実を反映しているのかは、明らかでない。「それでは、どのように言うべきでしょうか。恵みが増し加わるために、私たちは罪にとどまるべきでしょうか」と言う人々が実際にいたのかもしれない（ローマ六・一）。あるいは、信仰のみによる義認という教理を明示した後、とっさにパウロは、「ここで説明を中断するのは危険だ。『罪の増し加わるところに、恵みも満ちあふれました』と記したので、『よろしい。恵みが満ちあふれるのであれば、罪にとどまることにしよう』と人々が言い出す可能性がある」と思ったのかもしれない。

初代教会の中にもそのように論じる人たちがいたが、今日でもなお、同じことを言いたがる人が多いのが現実である。その人たちの態度はこうである。「結構。その教理によれば、人が何をするかは問題とはならない。人が罪を犯せば犯すほど、その者を赦すことにおいて神の偉大さはますます明らかになっていく。私はクリスチャンであるから、何を行っても問題ではなく、恵みによって罪は赦されるに違いない。」これに対してパウロは何と言うだろうか。「そんなことしか言えないのは、この教えの真髄を理解していないからだ」と答えるだろう。もし、この教理を正しく理解しているならば、そのような結論には決して至らないだろう。それは全く不可能なことである。すぐにパウロは次のように反論する。「そんなことは断じてない。罪に対して死んだ者。これこそ私が説いてきた信仰者の姿である。彼はもはや罪の内に生きることはできないのだ。」今やクリスチャンは「キリストのうちに」ある。つまり、信仰者はキリストと共に罪に対して死に、そして主と共に復活させられたのである。「それでは、恵みが増し加わるために、罪の中にとどまろうではないか」というような恐るべきことばが口に出るような者は、この教えを全く把握していない者である。この章における使徒パウロの最大の目標は、真理をバランスよく正しく把握することの大切さ、つまり福音の全体を受け入れることの重要性を示し、また真実に福音を理解するならば必ずそれにふさわしい結論に導かれるということを訴えることにある。

しばらくの間、この主題を分析してみよう。いくつかの原則がここに明示されている。第一に、クリスチャン生活における霊的なスランプ状態つまり幸福感の喪失は、しばしば福音のすばらしさを悟っていないことに起因する。パウロは「伝えられた教えの規準」について述べ、「一定の教理」に言及している。人がクリスチャン生活において幸福感を失うのは、しばしば、信仰教理の内容と福音メッセージ全体の受け止め方が不完全なためである。ある者は、福音は罪の赦しのメッセージにすぎないと考えている。キリスト信仰とは何かを説明するようにと求められると、彼らは、「主イエス・キリストを信じるならば、その人の罪は赦される」と語り、そこで口を閉じてしまう。それで終わりだと言う。この人は過去に心を痛めるような出来事を経験しており、キリストにおいて神がその罪を赦してくださるというメッセージを耳にする。そして、その赦しを信じて受け入れるが、そこで止まってしまう。それが彼らのキリスト信仰のすべてである。またある者は、信仰とは倫理道徳にすぎないと見ている。彼らは自分には罪の赦しなどは必要でないと考えており、ただ高貴な生き方をしたいと望んでいる。この世界で良い行いをしたいと願っている。彼らにとってキリスト教は倫理と道徳についての計画表にしかすぎない。

このような人たちは幸福感の喪失を免れない。倫理とは全く関係がないような苦悩が必ず実生活の中に出てくる。知人の死、自分自身の死についての問題などである。道徳や倫理は、このところでは助けにならない。彼らが福音だと見なしてきたものが、その場では役に立たなくなる。そのような災いが訪れてくると、彼らは平安を失ってしまう。それは、福音についての正しい理解を一度も持たなかったからである。その人たちの理解は一面的なものである。ただ一つの側面だけを把握したにすぎない。あるいは、ただ美しく清純な雰囲気のみに関心を持っている人たちがいる。福音は非常に美的な響きを与えることばとして受け止められる。その人たちは福音を雰囲気として受け入れる。彼らにとって信仰のメッセージは、それを聞いた者の気分を良くする、美しくてすばらしいことばにすぎないのである。

これらすべての不完全で偏った見解は、パウロがここで「教えの規準」「一定の教理」と呼んでいる内容とは異なっていると、私は言っているのである。後者は、ローマ人への手紙の中でパウロが懸命に訴え、論述し、また鋭い信仰的な洞察をもって強調している偉大な真理である。福音とは、そういうものである。トーマス・カーライルのことばを借用すれば、福音はこのローマ人への手紙とエペソ人への手紙とコロサイ人への手紙における「無限、またすばらしさの極み」である。福音とは、そういうものである。私たちはこれらの点について正しい認識を持たなければならない。ところが、ある者は次のように言うかもしれない。「エペソ人への手紙とかコロサイ人への手紙について語るならば、あなたは『福音のメッセージ』について語っていることにはならない。福音のメッセージにおいては、もっぱら罪の赦しについて人々に語るべきである」と。ある意味において、これは正しいが、別な見地からすると誤りである。

最近私は、ある日曜の夜にこの教会に来た一人の人から手紙をいただいたが、彼は一つの発見をしたと言っている。その発見とは、明らかに伝道を目的とした集会の中にも、信徒向きの内容があるということである。「私は、そんなことが起こり得ようとは一度も考えたことがありませんでした。同じ集会の中で未信者に向かって伝道的なメッセージが語られ、それが同時に信仰者を揺り動かす説教であり得るとは、思ってもみなかったのです」と、彼は言っている。さて、この人物は重大な告白をしている。それまで彼が福音についてどういう見解を持っていたのかが、そのことばから分かる。彼の見解は、真理の一部分だけを選択して受け入れる、偏った不完全なものであった。だが、伝道するとは「神の御旨全体」を示すことなのである。

しかし、ある人は忙しすぎて、そのすべてに聞き従うことはできないと言っている。パウロがこの内容を奴隷たちにも説教していたことを思い起こしてほしい。「人間的に見れば知者は多くはなく、力ある者も多くはなく、身分の高い者も多くはありません」（Ⅰコリント一・二六）。パウロが人々に提示しているのは、この驚くべき福音という真理の全体である。つまり、福音は部分的なものでなく、また何かの断片でもない。それは生活全体、歴史全体、世界のすべてを包含している。聖書は天地創造と最後の審判について語り、その間に起こるすべてのことについて語っている。キリスト教の福音は完全で、すべてを包括する人生観である。多くの者が信仰生活の中で喜びを失っているのは、この生き方が人生のすべての必要を満たし、生涯に経験するいっさいの出来事を乗り越える原動力となるということを十分に悟っていないからである。みことばの中に一言もふれられていないような人生の側面は、全くない。生涯の全体が聖書の光のもとに置かれ得るのである。なぜなら、みことばはすべてを包含するからである。聖書は私たちの生活すべてをコントロールし、統制する手がかりとして意図されたものである。それを認めないならば、遅かれ早かれ私たちは幸福感を失った状態に陥っているのに気づくことになるだろう。

今日あまりにも多くの人たちが悩みのとりこになっているのは、有害と分かりきっている非聖書的な「二心」に甘んじ、信仰を自分の生活の一面にしか当てはめていないからである。それは当然の結末である。今私たちが見る最初のポイントは、これである。つまり、福音の偉大さ、その広大無辺の永遠的な広がりを知らなければならない。そして、この尊い教理の上に、この絶対条件とも言うべき富の上に、またその内に生活を築き上げなければならない。福音の内に安住し続けるだけでは不十分である。そこから出発し、前進すべきである。その過程にあって私たちは福音が実際に役立つことを知り、そのすばらしい内容にふれ、また福音がどんなに力強いものであるか、自分の生涯をみことばによってコントロールするにはどうすればよいのかを悟るようになる。

二番目のポイントは、次のことである。つまり、福音のメッセージの偉大さと、いっさいを包括する広がりを悟っていないのと同様、福音には人格全体がかかわっていなければならないことを悟っていない場合がしばしばある。「あなたがたは……伝えられた教えの規準に心から服従した」と言われている。人間はすばらしい被造物である。人は思考力を持ち、心を持ち、決断する力を持っている。これらは人間性の三つの構成要素である。神は人間に知性を与え、感情を与え、意志を与えられた。それによって人間が主体的に行動するためである。福音の最もすばらしい点の一つは、それが人格全体を取り扱っていることである。これに類するものはほかに何もないと断言してもよいと、私は確信している。人間の人格全体を包含するほどの内容を持つものは、この完全な福音だけであり、人生と死と永遠とを網羅するこの完全な福音のメッセージだけである。私たちに多くの悩みが起こってくるのは、そのことを悟っていないからである。この偉大な福音という真理への応答が部分的だからである。

以上の主張を印象付けるために、いくぶん詳しく述べてみたい。ある人たちの場合には、頭、つまり知性あるいは思考力だけしか動員されていない。彼らは福音信仰を一つの物の見方と見て、キリスト教哲学に大きな関心を寄せていると主張する。キリスト教的な物の見方——今日流に言えば、信仰的な洞察——についてだけ興味を持つ人たちがこれである。そこでは福音は純粋に哲学的なもの、また知識にすぎないと見られている。現代、かなりの人たちがこの立場にあるということに、あなたも同感であろう。彼らにとってキリスト信仰は、しごく知的な事柄である。彼らはこのキリスト教的な物の見方が政治や経済その他の情況に適用されさえすれば、今日のすべての問題は解決されるだろうと考え、そう信じて主張する。福音信仰はもっぱら知的な生き方、また知的な物の見方と思われているのである。

おそらく昔ほど多くはないが、今日もなお、福音信仰への関心がもっぱら神学と教理と形而上学にあり、教理的な難問や論争点にだけ限られている人たちがいる。これが問題だったのは過去のことであった。その人たちを弁護するのではないが、現代の情況からすれば、彼らは非常に望ましいタイプの人々である。以前には、福音への興味が神学上の問題だけに限られているという人たちがおり、それについて論じ合い、また論争していた。彼らの思考力は非常によく訓練されていた。論争を知的な楽しみとし、それに関心を寄せる人々がいた。しかし残念なことに、彼らは興味のレベルにとどまり、心は全く動かされなかった。実生活にイエス・キリストの恵みが反映されず、またしばしば、人間的なやさしさという点も欠けていた。その人たちは論争を好み、教理的な問題の解決のためには戦いも辞さないという人々であったが、しばしば近寄りがたい難物でもあった。あなたが悩みを抱え込んでも、その人たちのところへは決して行かなかったであろう。彼らからは理解も同情も得られないと感じたであろうから。

さらに悪いことには、彼らがそれほどまでに関心を持った真理が、実生活には全く適用されなかったのである。福音は研究の対象にしかすぎなかった。それは彼らの行動や振る舞いには無関係であり、ただ知性とのかかわりに局限されていた。遅かれ早かれ彼らが不都合を感じるようになり、幸福感を失っていったのは明らかである。そのような者として臨終の時を迎えた人物を知っているだろうか。もはや書物を読むこともできず、死の床に伏すようになった人の姿を見たことがあるだろうか。私は一、二度そのような場面に出会ったことがあるが、もう一度見たいとは決して思わない。人が自分はもうすぐ死ぬに違いないと感じ始める時、自分が論争し、合理的な説明を加え、また「弁護」さえしてきた福音が助けとは感じられなくなる時――それは恐るべき瞬間である。そうなるのは、一度も福音にとらえられなかったからである。福音が知的なゲームの対象でしかなかったためである。

また、ある場合には、福音が心と感情だけにしか影響を与えていない人たちがいる。こちらのほうが今日、より一般的である。この人々は、自分に情緒的、感情的な解放が与えられたと感じる人たちである。それは精神的な危機を経験してきた人々である。この側面を軽視しているわけではないが、純粋に感情的な体験だけを得ようとすることにはつねに大きな危険がつきまとっている。それは自分の生活に大きな問題を抱えている人たちかもしれない。何らかの罪を犯した人かもしれない。彼らはそれを忘れようと努めるのだが、それが頭から離れない。そんな人々がついに、それから自分を解放してくれると思われるメッセージを耳にする。そこで福音を受け入れ、救いが与えられる。しかし彼らは、そこで止まってしまう。その人たちが望んでいたのは心の解放であり、すでにそれを手に入れてしまったからである。このような事態が起こるのは、福音の提示方法が不完全なためである。福音の不完全な提示によって、偏った不完全な体験偏重主義が起こってくる。つまり、感情的な体験を求めていた人々が、それを得たにすぎないのだ。

あるいは、生来、神秘主義と不可思議な現象に興味を持っている人々がいる。生まれながらにして神秘主義という人もいる。彼らのまわりには異様な雰囲気がつきまとい、彼らは不思議な現象に興味を持っている。特に現代は、この種の心霊現象や超感覚的な体験に関心が集まっている。このような事柄に興味を抱く人たちは、どの時代にもいるものである。彼らは生来の神秘主義者であり、超自然的な経験をもたらすと思われる事柄に引き寄せられていく。この人たちが聖書を手にするのは、その中に、神秘的な経験への飢え渇きと願望を満たすものを見つけようとしてである。探し求めた末、彼らはそれを得る。しかし、それ以外のものは得ようとしない。

あるいは、ある人たちがこの状態に陥るのは、福音の劇的な提示方法や、教会堂、ステンドグラス、聖人像、聖なる儀式、賛美歌、音楽効果、説教の雰囲気によって感覚的に心を動かされてのことかもしれない。彼らの人生には困難が多く、過酷であり、周囲の情況によって痛めつけられてきた。そのような人が礼拝に出席すると、何らかの形で慰めと励ましを与えられ、幸福感と平安を感じることができる。彼らが探し求めていたのは、それである。彼らは目的のものを手に入れ、それ以上のものを何も期待しない。幸福感を与えられて、どこかへ立ち去ってしまう。しかし確実に、彼らは再び苦境に立ち、経験が助けにならないような情況に陥ってしまう。そしてどこかで必ず危機に直面し、自分のみじめさに気づくことになる。しかし、彼らは物事を深く考えるということを習得していない。自分の感情のままに生きることで満足しているのである。

さらに別の人たちは、集会での招きのことばに対して軽率に応答したために、偏った信仰を持って苦しんでいる。今では高齢になり宣教活動から身を引いている有名な伝道者がかつてイギリスに来た時に、カウンセリング室で働いていた牧師たちが、その時の様子を話してくれたのを覚えている。彼らはカウンセリング室に来た人に向かって、どういう理由で来たのかを尋ねた。そしてしばしば、本人も分からないとの返答を得たというのである。「あなたは今日この部屋に来ましたが、なぜ来たのですか」と質問すると、「説教者が来るようにと指示したので、私は来たのです」という答えが戻ってきたという。その説教者は、物語を話すことにかけては他には見られないほど卓越した賜物を持っていた。そして劇的な描写にたけており、しばしば感動的な例話によって説教を締めくくった。そこで会衆に向かって、前に来るようにと訴えかけると、人々は魔法にかけられたように通路を下ってカウンセリング室に入って行った。しかし彼らは、なぜそうするのかを十分に知らなかったのである。人々は感動し、魅了されたが、真理についての認識はほとんどなかった。「伝えられた一定の教理」とは全く無縁であった。感情的に動かされて——それ以外の理由がないままに——カウンセリング室におもむいたのであった。

このような人が遅かれ早かれ悩みに陥っていくことは決して避けられない。必ず喜びを失い、みじめな気持ちになり、抑うつ感で苦しむことになる。これは心には感動を覚えるが、知性は全くかかわっていない人たちの姿である。そして悲しいことに、意志も関係していないことがしばしばである。彼らは自分の感情をもてあそび、フィーリングを楽しんでいるが、真理を知性と意志とに適用することについては全く関心がないのである。

さて最後に、意志だけが動員されている人についても同じことが言える。人はキリスト信仰を受け入れるようにと説得され、それを決心する場合がある。クリスチャン生活は良い生き方だと確信し、その教えを受け入れることを真剣に決断したと語る人々がいる。この「決断」ということばは撤回したほうがよいと私は考えている。このことばは、あまり好ましくない。キリスト信仰への決断を強調しすぎることは、後で説明するように、今取り扱っているテキストに反するものと私には思われる。この「決断する」という表現も、しばしば招きのことばへの応答として現れてくる。大きな圧力が人間の意志の上に加えられると、必ず応答してくる人がいる。その人たちが決断するのは、決断せよと要請されるからであり、決心するように圧力をかけられるからである。意志の上にプレッシャーがかけられるのである。彼らは決心しなければならないと教えられ、そこで決心する。しかし、すべての場合に、なぜそうすべきかを熟知しているとはかぎらないのである。そして、後になってから自問自答し始める。悪魔は、その心に疑惑が起こるように仕向けている。また、彼らは自分がその疑惑への答えを持っていないことに気づくのである。

以上のことを次のように要約したいと思う。これらは、キリスト信仰によってとらえられる代わりに、キリスト教をとらえようと決心した人たちである。神からくる外からの働きかけを一度も味わったことがなく、「神よ。これ以上、私にはどうすることもできません。ですから、助けてください」という正しい意味での依存心を持ったことがない。他のいっさいのものが取り除かれ、真理が与えられる時にこそ、それを受け入れなければならないことを知らないのである。それこそ、パウロがこの章で語っている内容である。「そんなことは断じてない」とパウロは語っている。「あなたがたは何について話しているのか。真理とは何かが、どうして悟れないのか。なぜ、『恵みが増し加わるために、罪の内にとどまろうではないか』などと言えるのか。それはとりもなおさず、恵みとは何かを知らないことを露呈することばなのだ。」真理を行いたいと願うのは、それを理解した人々だけである。そうでない人たちは、悲しいことに、真理を全く悟っていないのである。

それが憂うつやスランプ状態の原因である。それに加えて、次の点も強調しておきたい。これまで述べてきたように、あなたは時として人格の一部分だけ——つまり、知性だけ、感情だけ、意志だけしか信仰に関係していないような人に出会うだろう。そして、彼らが健全な信仰者ではないということに同意するだろう。確かにそのとおりである。だが、次の点も十分に知っていなければならない。つまり、三つの要素のうちの二つだけしか持たないことも、同じように間違いである。頭と心だけを持ち、意志が伴わないのも、あるいは知性と意志があって感情がないというのも、あるいは感情と意志があって知性が欠けているのも、同じように好ましい状態ではない。使徒パウロが印象付けようとしているのはこの点であると私は考えている。クリスチャンの立場は三重の立場である。三つで一つ、同時に三つ、いつでも三つである。このような偉大な福音であるからこそ、人格全体を救うことができるのである。

もし全人格が動員されていないとすれば、自分がどんな状態にあるかを吟味してほしい。「あなたがたは……伝えられた教えの規準に心から服従した」と断言されている。何という福音であろうか。何とすばらしいメッセージだろうか。それは人間の知性を完全に満たすことができる。心を奥底から感動させることができる。また意志の領域においては、真心からの従順へと導くことが可能である。福音とは、そういうものである。キリストが死なれたのは、私たちが完全な人になるためである。ただ単に人格の一部が救われるためではない。いびつなクリスチャンになるためではなく、調和のとれた完全な者となるためである。

だが、それだけではない。もし私たちがこのバランスを欠くならば、いずれ悩みの中に落ち込むだろう。というのは、人間は神によって均衡のとれた姿に創造されたものだからである。このことを深く考えたことがあるだろうか。どのようにして神がこれら三つの能力――知性、感情、意志――を人間の内に備えられたかを研究することは、心理学的にも興味深い。それらは何と驚くべき能力だろうか。三つのものが一個の人格の中に共存することは不可能であると思うかもしれない。しかしそれらすべてが完全に備わった姿は、主イエス・キリストのうちに見ることができる。そして救いの目的は、私たちをその完全さに近付けることである。主の似姿に造り変えられて、罪の影響力とその形跡とが取り除かれ、消し去られることなのである。

信仰者の人格的バランスについて、もう一言、結びのことばを述べたい。これらの要素は必ず正しい順序でこなければならない。このテキストには明白な順番がある。その順序とは次のことである。人々は罪に束縛された奴隷であったが、もはや今は、そうでない。なぜ、そこから解放されたのだろうか。使徒パウロは、一定の教理が彼らに宣べ伝えられたと言っている。「あなたがたは……伝えられた教えの規準に心から服従した」と語っている。かつて彼らは罪の奴隷であった。何がその人々を解放したのだろうか。まず真理が提示された、と言われている。単に心の領域で感情的に動かされたのでもなく、単なる意志へのアピールでもなかった。そうでなく、真理が示されたのである。私たちは、先ほどから述べている三つの要素を必ず正しい順序に置かなければならない。

第一のものは真理である。信仰の教理、規準となる教え、福音のメッセージが第一のものである。クリスチャンの関心は、ただ単に感情的に人々を引きつけたり、あるいは意志の領域で人を誘うことにはない。私たちの関心は「みことばの宣教」にある。使徒たちが遣わされたのは、単に結果を得るためや、人々を動かすためではない。彼らが派遣されたのは、「福音を宣べ伝えるため」「真理を伝えるため」「イエスと復活」のメッセージを伝え、この教理、神の保証を宣べ伝え、告げ知らせるためである。これは新約聖書に用いられる言い回しである。教会がこれを第一のものとしなくなる時、霊的に混乱し始めるのは確実である。

クリスチャンは、なぜ自分が信仰者であるのかをわきまえ知るべきである。クリスチャンは、何か特別な体験をしたことを語るだけの者ではない。そうではなく、「自分の内にある信仰の望みを十分に説明する」能力と心の準備がある者である。もし、それができないとしても、自分の信仰的な理解を明確にしておいたほうがよい。クリスチャンは、なぜ信じているのか、自分は何者なのか、どんな真理に立脚しているかをあかしできる者である。自分に教えられた教理を持ち、その真理を受け入れた者である。まず「健全な教え」が伝えられ、それは知性に到達する。信仰はその知性から出発しなければならない。真理が知性に届き、聖霊によって覚醒されて理解するようになる。しかる後に、その真理を知ったクリスチャンは、それを愛し始める。福音は心を感動させる。そして自分が何者であったかを悟り、それまでの生活を振り返り、悔い改める。もし自分が罪の奴隷であったという事実を悟るならば、必ず自分自身を嫌悪するであろう。またキリストの愛についてのすばらしい真理を知るならば、それを欲し、それを慕うようになる。そのようにして心が福音に結び付けられる。真理を知るということは、それによって感動させられ、それを愛することを意味している。必ずそうしないではいられなくなる。もし真理をはっきりと悟るならば、感動を覚えるはずである。さらに、これに続くのは、福音の真理の実践と、そのような生き方がしたいという強烈な願望と決意である。

以上がパウロの主張の全体である。彼は訴えている。罪の内にとどまり続けるなどという論議は、言語道断である。もしキリストと一体とされたことを知り、その死にあずかり、また主イエスと共に復活したということを信じていれば、そのような愚かなことばは出てくるはずがない。キリストに結び付けられて一体となりながら、同時に「罪にとどまるべきではないだろうか」などと言うことは決してできない。この偉大な真理は、これまで自分の興味の的であったような罪を行い続ける許可証だろうか。もちろん、そんなことはない。それはあり得ないことである。自分が「キリストと共によみがえった」ということを知り、そう信じている者は、主イエスと共に新しい生活を歩みたいと願わずにはいられないだろう。

以上のようにパウロは力強く論述し、訴えている。このことから私は最後の結論を引き出したい。つまり、この世界にあって他の人々に語る際に、私たちは決して直接感情に訴えかけてはならないことをつねにわきまえているべきである。さらに言えば、意志もまた直接にアプローチする対象としてはならない。個人の日常生活においても、説教においても、わきまえていなければならない最も重要な原則は、次のことである。感情はつねに理解によって、つまり知性を介して感化されるべきであり、次に感情、その次に意志の順である。自分自身についても、他の人についても、直接感情に訴えるのは正しい方法ではない。

私は、偽りの慰めに甘んじて、間違った生き方をしている人たちを知っている。彼らが宗教的な雰囲気をかもし出す集会の中でいつでも涙を流し、感情的に動揺し続けているのは、ある意味では自業自得である。そして、「自分は全くの罪人ではあり得ない。もし罪人であれば、このように感激するはずはないだろう」と彼らは考えている。しかし、それは偽りの結論である。その感情的な応答は、自分自身がつくり出したものである。真理への目覚めがないかぎり、その状態は解決されないだろう。私たちは決して感情や意志に直接的に訴えてはならないのである。神から人間への最も大きな賜物である知性と理解力とを通して、真理が受け止められなければならない。神はご自身の姿に似せて人間を創造されたが、その似姿の中心部分が、真理を把握する能力である知性であることは、全く疑う余地がない。神は私たちに知性を備え、それにふさわしい方法で真理を啓示されるのである。

しかしながら神は、真理は知識にすぎないと人が誤解することを許されない。真理は出発点であり、そこから進んでいくべき基点である。次には心が揺り動かされ、ついには人の意志に訴える。信仰者が福音の真理に聞き従うのは、しぶしぶでなく、いやいやでもなく、真心からである。クリスチャン生活とは、人格全体に関係し、全人格を魅了するすばらしい完全な生き方である。願わくは、神が私たちを調和のとれたクリスチャンにしてくださるように。自分自身について、きっぱりと「伝えられた教えの規準に心から服従しています」と明言できる者に造り変えてくださるように。

五　最大の罪

しかし、私はあわれみを受けました。それは、キリスト・イエスがこの上ない寛容をまず私に示し、私を、ご自分を信じて永遠のいのちを得ることになる人々の先例にするためでした。

（Ⅰテモテ一・一六）

前章において考察したのは、知性と感情と意志との間にバランスを保つことができずに幸福感を失い、クリスチャン生活を真実に楽しむことができない人々についてであった。テモテへの手紙第一の中でもパウロはこれにふれ、「信仰と正しい良心を保つことの大切さ」を説き、「ある人たちは健全な良心を捨てて、信仰の破船にあいました。その中には、ヒメナイとアレクサンドロがいます。私は、神を冒瀆《ぼうとく》してはならないことを学ばせるため、彼らをサタンに引き渡しました」と言っている（一・一九、二〇）。バランスの欠如は、幸福感の喪失のみならず、信仰生活における挫折とつまずきの重大な原因の一つでもある。

このようなことばを聞いて驚く人たちがいる。そういう人たちは軽薄で表面的なキリスト教観を持っていて、決心カードに一度サインをしたならば、その者はクリスチャンであり、したがって必ず幸福であるはずだと考えている。しかし、実際の経験と教会の歴史によって分かるように、それは明らかに非現実的な見解である。

もし、このような皮相な考えを持っているならば、その人はすぐに何らかの悩みに落ち込んでいくであろう。実のところ、どの時代にあっても、様々な理由から困難に直面しているクリスチャンがいる。新約聖書の中の手紙を読めば、今語っている真理に必ず気づくはずである。もしも救いを信じ受け入れることがすべてであるならば、新約聖書の手紙は必要でなく、ある意味では教会そのものも全く必要でなかったかもしれない。人々は救われ、残りの人生をクリスチャンとして幸福に生き続けたことであろう。

しかしながら、現実はそうでないということを、多くの実例が示している。新約聖書に出てくる人たちは信仰を持ってクリスチャンになったが、やがて使徒パウロやペテロやヨハネたちが彼らに宛てて手紙を書き送る必要が生じてきた。信仰者たちが、いろいろな悩みを持ち始めたからである。彼らは様々な原因から幸福感を失い、喜びのある信仰生活を続けられなくなった。ある者たちは誘惑されて、救われる以前の生活を慕うようになった。また、ある者は厳しい試練に遭遇し、ひどく迫害された。このように新約聖書の手紙が存在すること自体、クリスチャンが苦しむ状態の一つが幸福感の喪失であることを明示している。

したがって、この事実の内に、奇妙ではあるが疑いもなく現実的な一種の慰めがある。私の文章を読んで心を痛めている人がいるとすれば、次のように言いたい。幸福感がなく、悩みを抱えているとしても、それはあなたがクリスチャンでないことを示すものではない。それだけでなく、さらに言うならば、もし自分のクリスチャン生活に一度も問題を感じたことがない人がいるとすれば、その人が本当にクリスチャンであるかどうかを、私は真剣に疑うであろう。偽りの平安というものがあり、うそを信じるということもあり得るからである。

新約聖書全体と何世紀にもわたる教会史には、信仰は「戦い」であるという真理が明らかに証言されている。だから、たましいの内に全く問題を持ったことがないということは、決して良い兆候ではない。確かにそれは、どこかが根本的に間違っていることの重大なきざしである。そう言うのには十分な理由がある。というのは、クリスチャンになった瞬間から、私たちは悪魔《サタン》の執拗な攻撃の的となるからである。サタンはイエスにわなをしかけ、戦いを挑んだように、すべての神の民を攻め立て、打ち負かそうとする。「様々な試練にあうときはいつでも、この上もない喜びと思いなさい」とヤコブは勧めている（ヤコブ一・二）。それは信仰が試される時である。ただ単に信仰の試みであるだけでなく、それはある意味では、信仰を持っていることの立証の場でもある。私たちが神のものであるゆえに、悪魔は全力を尽くして私たちを混乱させ、狼狽させようとする。だが感謝すべきことに、悪魔は私たちから救いを奪い去ることはできない。しかし確かに救いを奪い去ることはできないが、私たちをスランプに陥らせることは可能である。もし愚かにもサタンの声に聞き従うならば、サタンは救いの喜びを半減させることができる。サタンがつねにねらっているのは、そのことである。だからこそ、新約聖書の手紙の内にそれに対する教訓と警告とが含まれているのである。

ここでは、以上に述べた線に沿って悪魔が攻撃をしかけてくる、非常にありふれた方法の一つを考察していこう。その主題は、冒頭に記したテキストだけでなく、パウロの自伝的叙述とも呼べるこの章全体にわたって取り扱われている。この章で使徒パウロは、自分自身を主イエス・キリストの福音の宣教者と呼んでいる。ここで問題とされているのは、みじめな気持ちのクリスチャンたち、つまりスランプ状態にあって苦しんでいる人々の姿である。その原因は過去に犯した罪である場合もあれば、不注意で陥った過ちである場合もある。これまで長年にわたって宣教活動に携わってきた私の経験からすれば、すべての者に共通する悩みの種というものはない。問題は絶え間なく起こっており、私は、何よりもまずこの点について人々を訓練すべきであると考えるようになった。

ある人たちは表面的に考えて、喜びのない人でも本当のクリスチャンだろうかと、いぶかしく思うかもしれない。だが、彼らの信仰を否定するのは間違っている。彼らは確かにクリスチャンである。もしキリスト教信仰の説明を求めるならば、彼らは落ち度なくあかしするであろう。信仰義認の教理については、全く申し分なく明白であると思われる。つまり、彼らは自分の力で自分を罪から救うことはできないと、はっきり認めており、自分の生活態度や行為や自分の能力をよりどころとはしていない。自分の究極的な無力さを十分に認め、救い主である主イエス・キリストにおける神の恵みに心から依存している。それについては全く明らかであり、明白にあかしすることもできる、主イエス・キリストに信頼してきた人々である。

それでは問題はどこにあるのかという問いが生じてくる。彼らは中心的な信仰の教理についてば完全に明らかに知っていると思われるし、またクリスチャンのように語っている。しかし、その心には喜びがなく、自分の過去の生活でのある出来事のために幸福感がないということは一目瞭然である。以上が彼らの状態である。その人たちは憂うつな顔つきで、事実みじめな気持ちで、私たちのところへ来る。そして、いつでも悩みがあると告白し、それをいろいろな形で持ち出してくる。原則的に言えば、この人たちの悩みは過去の行動や行いであり、自分が犯した何らかの悪事である。それに他の人が関係する場合もあれば、自分しか知らない場合もある。概してそれは、かなり大きな問題である。彼らは始終そこに後戻りする。そして同じことを何度も蒸し返し、それをそっとしておくことができない。つねにその罪を分析し、その時の自分を思い起こし、非難し続ける。その結果、喜びを失うのである。時には、自分が口にしたことばや一度語った内容が問題となることもある。

これについて私が経験した最も鮮明な実例について述べたい。これを語るのは、今語っている要点を例証するためにほかならない。それは七十七歳になってから回心し、クリスチャンになった一人の男性のことである。それは私が知っている最も劇的な回心の一つである。この男性は非常に罪深い生活をしてきていた。一度も手を出したことがない罪はほとんどないと言ってよいほどの人物である。その彼が高齢になってから福音のメッセージにふれ、悔い改めた。彼が教会員として受け入れられる日が訪れ、その日の夕方に最初の聖餐式にあずかることになった。それは彼にとって生涯で最も大いなる出来事であった。その喜びは筆舌に尽くしがたいほどであり、私たち一同は彼の入信を心から喜んだのであった。

しかし、この物語には次のような続きがある。翌朝、私が起床する前に、その男性は家にやって来た。そして玄関先で悲しみと落胆とを体中に表して立ちすくみ、自分でもどうすることもできずに泣き出した。私はあっけにとられてしまった。ことに、その前夜、彼の人生で最も大いなる日の出来事、かつて彼に起こったすべてのことのクライマックスとも言うべき場面を見ていたからである。私はどうにかこうにか彼をなだめ、何が起こったのかと聞いた。彼の問題とは次のことであった。あの聖餐式から帰宅した直後、彼は三十年ほど前に起こった出来事を思い出した。その時彼は酒場で人々と酒を飲みながら、宗教について論じていた。そして、侮辱と嘲笑を込めて、「イエス・キリストは偽り者だ」と語ったのだった。そのことが突然に思い出されて、それは絶対に赦されない罪だと感じたのである。そのたった一つのことについて、である。何ということだろうか。彼は大酒飲みであったことやギャンブルや不道徳については喜んで忘れることができた。それらは問題ではなく、赦されるものと思っていた。それについて彼ははっきりと理解していた。しかし、神の子、救い主である主イエスについて語ったこと――その一言が問題であった。それについては平安がなく、慰めがなかった。この一つのことが彼を絶望のどん底に陥れたのである（そこで私は、みことばを引用して彼に喜びを取り戻させることができたことを神に感謝している）。

今述べているのは、このような情況についてである。その人はキリスト信仰の全体に同意しているのだが、一度口にしたことばや行動が気になり、また思い出されて、みじめな気分になり、絶望に陥るのである。一見しただけで矛盾と分かるこのような状態は、まぎれもない現実であり、そのありのままの姿が認められなければならない。ある場合には、公言したのに実行できなかった約束や誓約が頭から離れず、それが悩みの原因となる。私はこの種の実例をたくさん知っている。病床にあって神への誓いや誓願を立て、「もし健康が取り戻せるならば、これこれのことをします」と祈った人たちなどである。しかし、彼らは自分の誓いを果たさなかった。しばらくするうちに、自分が行うと誓約した事柄が不可能になるような行為をしてしまう。そこで幸福感を失い、そのたった一つのことに縛られてしまうのである。

さて、このような状態こそ、今注目している事柄である。つまり、救いの教理については全く明白であると思われるのに、実際には違和感が残っているという状態である。そこには彼らを特別なカテゴリーに分類しなければならない要素が含まれている。つまり、彼らの罪概念の問題性、特別な意味を持つ罪や、その人々の実生活に残っている罪である。その人たちは「はい。私は信仰の教理を承知しています。しかし……」と言う。そして、押しつぶされ、みじめな気持ちを持つクリスチャンとなり、霊的なスランプに陥って苦しんでいるのである。

ここにある本当の問題点は何だろうか。この状態には、二つの最も重要な原因がある。第一の、最大の理由は、もちろん悪魔の働きである。サタンが私たちから救いを奪い去ることは不可能であるが、喜びを奪うことができるのは確かである。サタンの最大の関心は、人がクリスチャンになるのを妨害することである。しかし、それに失敗するならば、次の目標はその者たちをみじめな気持ちにさせておいて、自分の罪に気づき始めた求道者たちにその姿を見せ、「あれがキリスト教だ。あの者の姿を見るがいい。あそこにキリスト教信者がいる。あのみじめたらしい人物を見よ。おまえもあのようになりたいのか」と言えるようになることである。ほとんどの抑うつ状態の根本原因は、疑いもなく悪魔そのものである。

しかし、そこには副次的な原因もある。ここで強調したいのはその点である。繰り返して言うが、この状態はほとんどの場合、信仰教理の無視が原因である。つまり、新約聖書の救いの教理をはっきりと理解していないことである。このことがスランプ状態を治療する時のかなめである。この点を強調するために、誤解される危険を覚悟のうえで次のように明言しよう。霊的スランプ状態にある人たちがしてはならない一つのことは、「それから解放してください」と祈り続けることである。彼らはつねにそれに努力しており、助言を求めてくる際には必ずそうしている。確かに、クリスチャンは祈るべきだと原則的に教えられている。クリスチャンはつねに祈らなければならない。聖書にも「絶えず祈りなさい」と勧められている（Iテサロニケ五・一七）。しかしここは、そのクリスチャンが少しの間祈るのをやめ、考え始めなければならない時点である。というのは、信仰生活の中には、祈ってばかりいては決して解決できないような特殊な問題があるからである。時には、あなたは祈りを中断しなければならない。祈り自体がその問題を思い起こさせ、それにこだわり続けさせるかもしれないからである。祈りを中断し、考え、そして信仰教理を熟考しなければならない時がきているのである。

それでは、何について考えるべきだろうか。まず第一に、使徒パウロが述べていることばの内容について考えることである。彼は次のように述べている。

「私は、私を強くしてくださる、私たちの主キリスト・イエスに感謝しています。キリストは私を忠実な者と認めて、この務めに任命してくださったからです。私は以前には、神を冒瀆する者、迫害する者、暴力をふるう者でした。しかし、信じていないときに知らないでしたことだったので、あわれみを受けました。私たちの主の恵みは、キリスト・イエスにある信仰と愛とともに満ちあふれました。『キリスト・イエスは罪人を救うために世に来られた』ということばは真実であり、そのまま受け入れるに値するものです。私はその罪人のかしらです。しかし、私はあわれみを受けました。それは、キリスト・イエスがこの上ない寛容をまず私に示し、私を、ご自分を信じて永遠のいのちを得ることになる人々の先例にするためでした」（Ⅰテモテ一・一二〜一六）。

これは実にすばらしい内容である。この使徒が語ることに注目してほしい。ここで主張しているのは、ある意味において、主イエス・キリストがパウロを救われたのは、彼を模範とするためだということである。どのような模範なのだろうか。自分の罪は神のあわれみと赦しとの限度を越えていると感じる人たちのための模範である。使徒パウロの経験は、人々が決してそのように感じてはならないことを示す、決定的で十分なあかしにほかならない、と彼は論述している。別なことばで言えば、罪には軽重の差があり、個々の罪は程度によって分類できると思っている人たちこそ問題なのである。彼らは罪を仕分けし、あるものは赦されるが、あるものは決して赦されないと考えている。このような人たちに向かってパウロは、自分の実例はその議論に決着をつけるに十分すぎるほどのものだと語るのである。「あなたがどんなことを考えようと、また何を行ってきたとしても、私がどんな者であったかを考えてみよ。私が『神を冒瀆する者、迫害する者、暴力をふるう者』であったことを思い起こすがよい」と言っている。これ以上の極悪人がいただろうか。

パウロはかつて、キリストと名のるナザレのイエスという名前さえも憎悪し、その信奉者たちを根絶やしにしようと必死になっていた。ダマスコに下って行ったのも「主の弟子たちを脅かして殺害しようと息巻」いてのことである（使徒九・一）。彼はそのような状態にあり、神を汚す者また迫害者であった。「つまり……」とパウロは語りかけている。「私はテストケースである。あなたが自分について考えていることを、私の場合と比較するがよい。そうすれば、あなたがどんな立場にあるかが分かるだろう。」これが第一の論点である。パウロの過去を考えてみるならば、自分に向かって「あのパウロさえもが神のあわれみを受け、赦されたとするならば、私は自分の過去の罪についてもう一度考えてみなければならない」と言うことができるだろう。それが出発点である。

しかし、使徒パウロはそこにとどまっていない。なぜなら、一面において私たちは個々の罪について軽重の差をつけてはならないからである。表面的にはパウロはそうしているように見える。「『キリスト・イエスは罪人を救うために世に来られた』……私はその罪人のかしらです」と語り（Ｉテモテ一・一五）、あたかも大罪人、普通の罪人、それほど罪深くない者が存在するかのような言い方をしている。しかしながら、彼はそんなことを主張しているのではない。そのような意図は考えられない。なぜなら、それは彼の中心教理と矛盾するからである。パウロが言おうとするのは、人が神に近付けば近付くほど、自分の罪が大きく見えてくるということである。自分のたましいの徹底的な汚れを知るならば、その人は「私こそ罪人のかしらである」と言うであろう。そして、そう言えるのはクリスチャンだけである。

世の人々は決してこのような言明はしない。世の人は自分がどんなに善良な人物であるかをつねに立証しようと努めている。しかしパウロは、これまで述べてきたように、それ以上のことを語っているように思われる。ある見方をすれば、キリストご自身に逆らう罪こそ最大の罪であると述べているように見えるかもしれない。しかし、それを別なことばで言い換えて、その意味を明らかにしている。つまり、「信じていないときに」知らないで犯した過ちと呼んでいるのである。このことばによって、パウロは罪には軽重の差があるという考え方を一掃している。ある角度から見れば、彼の罪は考え得る最も重大な罪であった。しかし別の角度から見れば、そこにはすべての罪が総合されている。なぜならば、つまるところ究極的な罪、すなわち不信仰という罪があったからである。

以上は、罪についての新約聖書の大教理である。これこそ人々が他のことに先んじて理解しなければならない事柄である。つまり、個々の罪をうんぬんする前に、つねに神との関係という点において罪を考えるべきである。その点で私たちは横道にそれてしまいやすい。ある人たちの回心は他の人々よりも劇的で著しいと考えがちな理由は、そこにある。しかし、回心に差異はない。世界で最も尊敬に値する人が救われるにも、また世界で最も重大な犯罪人が救われるのにも、同じ神の赦しが必要とされる。一人の人が救われるのは神の恵みによってであり、すべての人が救われるのにも同じ神の恵みが必要である。しかし、多くの者はそのように考えるのを好まない。ある人の回心は他の人の回心よりも劇的であると思いがちである。それは、信仰教理を誤解しており、罪と罪との間に軽重の差を設け、ある罪は他の罪よりも重いと考えているからである。すべての罪は神との関係のあり方にかかっている。神を信頼しているか、信頼していないか、という点が最も大切なポイントなのである。

このことについての適切な例証が、聖書の中にたくさんある。ヨセフという人物が霊的な洞察力と理解力とを如実に発揮したのは、次のようにしてである。ポティファルの妻に誘惑された時、ヨセフは言った。「どうして、そのような大きな悪事をして、神に対して罪を犯すことができるでしょうか」（創世三九・九）。彼が問題と感じたのは主人の妻に対してでなく、神ご自身に対して罪を犯す可能性についてであった。

これこそ真に信仰的な考え方である。表面的な罪についてだけ考えるのは間違っている。私たちにはその傾向がある。ヨセフが罪と見たのは、そこに神に対する関係が含まれていたからである。「もし、この女の誘いに乗るならば、私は神に対して罪を犯すことになる」と考えたのである。

ダビデもこの点を見抜くことができた。彼は殺人者であり、姦淫の罪を犯したが、彼を本当に苦しめたのは神とのかかわりであった。ダビデは、「私はあなたに　ただあなたの前に罪ある者です。私はあなたの目に　悪であることを行いました」と言って後悔している(詩五一・四)。彼は人に対して行った悪行を決して軽視してはいない。それについても、よく承知していた。だが、それが最大の悪ではなかった。問題は神であり、神との関係であった。罪について考える際には、個々の罪はさておくべきであり、どちらが大きな罪かなどと問うてはならない。パウロは、「問題は個々の行動ではない。神に対する不信仰、それこそ問題の根源だ」と主張している。確かに最も大切なのは、私たちの神との関係、神の律法とのかかわりなのである。

新約聖書には、これについての明白な教えがある。あなたはパウロがガラテヤ人への手紙五章に列挙している肉のわざを詳しく調べたことがあるだろうか。「肉のわざは明らかです。すなわち、淫らな行い、汚れ、好色……」——とんでもない。それらについては潔白だ。「偶像礼拝」も関係なし。「魔術」——そんなことは一度もしたことがない。だが次には突然、「敵意」とある。これについてはどうだろうか。罪とは姦淫や汚れた行いをする者たちだけの問題だと思っていた、と言う人がいるかもしれない。そうではない。敵意も、争い、そねみ、憤り、党派心、分裂、分派も罪である。パウロがねたみや殺人の罪を混ぜて提示していることが分かるだろう。まことに罪は行動だけでなく、心の罪でもある。酩酊《めいてい》、遊興、そういったたぐいのもの、すべてが罪である。

何というリストだろうか。

また主イエスは同じことを、「悪い考え、殺人、姦淫、淫らな行い、盗み、偽証、ののしりは、心から出て来る」と教えておられる（マタイ一五・一九）。イエスは目に留まる罪だけでなく、神との正しい関係を破壊する（つまり、律法に反する）すべてのことを罪と見ておられる。ヤコブはこの点をその手紙の二章一〇節で決定的に述べている――「律法全体を守っても、一つの点で過ちを犯すなら、その人はすべてについて責任を問われるからです」。したがって、すべての者が同じ罪のレベルにあることが分かる。もし悪魔があなたに働きかけて、自分の罪は他の人よりはましだと考えさせようとするならば、次のように答えるべきである。「人が律法のどの点を破ったかは問題でなく、もしその一つの点でも破るならば全体を犯したことになるのだ。」本当に問題となるのは、罪がどの点にあるかではない。問題は律法の全体である。それこそ罪に対する神の見方である。だから、悪魔の誘いに惑わされてはならない。問題なのは個々の罪でなく律法全体であり、神の律法に対する関係、また神ご自身に対する私たちの関係なのである。

学びを進めて第三のポイントに移ろう。この種のスランプ状態にあるクリスチャンの問題点は、聖書を心から信じていないことにある。この問題の根源について考えたことがあるだろうか。「問題は私が犯した恐るべき罪だ」と言う人がいるかもしれない。だが神の名によって断言したい。それは問題の本質ではない。真の問題点は、その人の不信仰、つまり神のことばを信用していない点にある。ヨハネの手紙第一のことばを引用したい。一章九節に次のような聖句がある。「もし私たちが自分の罪を告白するなら、神は真実で正しい方ですから、その罪を赦し、私たちをすべての不義からきよめてくださいます。」これは聖霊なる神がそのしもべを介して語られた絶対的な言明である。そこには制限などない。個々の罪の間に差異はない。限定条件などは全く認められない。どのような罪であれ、どれほど悪質なものであれ、またそれが何であれ、問題ではない。「もし私たちが自分の罪を告白するなら、神は真実で正しい方ですから、その罪を赦し、私たちをすべての不義からきよめてくださる」のである。そういうわけだから、もしそのことばを信じないで罪の内にとどまり続けるとすれば、その人は神のことばを受け入れておらず、神が語られたことを信用してもいず、また神が教えられた事柄を信じていないのである。それこそ本当の罪である。

かつてペテロが経験したこと（参照使徒一〇章）を思い出してほしい。ペテロは休息のために屋上に上った。そこで急に夢ごこちになり、大きな敷布のようなものが天から降りてくる幻を見た。その中には、あらゆる種類の動物がいた。すると声が聞こえてきた。「ペテロよ、立ち上がり、屠《ほふ》って食べなさい。」だがペテロは答えた。「主よ、そんなことはできません。私はまだ一度も、きよくない物や汚れた物を食べたことがありません。」その続きは、どうであったか。天から再び声があった。「神がきよめた物を、あなたがきよくないと言ってはならない。」神は声を大にして次のように語っておられるようである。「あなたは自分が何をしているのか分かっていない。わたしが『屠って食べなさい』と命じた物を、あなたはきよくない物また汚れた物だと頑迷に言い続けている。神がきよめた物を、あなたはきよくない物だと言ってはならない。」

これこそ今私が、罪や、過去の人生における不幸な出来事について何年間も悪魔に苦しめられ、抑うつ感のとりこにされ続けている人々すべてに告げたい点である。その出来事が何であるかは問題ではない。私は神の名によって断言する。「神がそのひとり子の血潮によってきよめた物を、きよくない物とか汚れた物と呼んではならない。御子イエス・キリストの血は、すべての罪から、また、すべての不義から私たちをきよめたのである」（参照Ⅰヨハネ一・七、九）。友よ。神のことばに信頼しようではないか。正気を失うほどに、「この罪を赦してください」と大声で祈り続けるべきではない。ただ神のことばを信じるがよい。赦しの宣言を繰り返し神に求めすぎてはならない。それはすでに与えられているのだから。この点では、祈りのことばそのものが不信仰の表明となるかもしれないのである。

この人たちのもう一つの問題は、イエスがカルバリの丘の十字架上で成し遂げられた事柄を十分に理解していない点にあると思われる。彼らは主の死が贖罪のためであったと信じているが、その実質的な意味合いを受け止めていない。その教理の内容を十分に把握していないのである。彼ら（ここで述べているのは、クリスチャンについてである）は、救われるのに十分な事柄を知ってはいるが、その意味を十分に悟れないために憂うつな状態にとどまるのである。

　この人たちは、御使いがヨセフに向かって結婚前に語ったことば――「この方がご自分の民をその罪からお救いになるのです」（マタイ一・二一）――を忘れてしまっている。この御使いは、「主は、あなたが犯したこの罪以外のすべての罪から救ってくださる」とは言っていない。そうでなく、「ご自分の民をその罪からお救いになる」と告げている。またペテロが同じことを記しているのに注目してほしい。「キリストは自ら十字架の上で、私たちの罪をその身に負われた。それは、私たちが罪を離れ、義のために生きるため。その打ち傷のゆえに、あなたがたは癒やされた」（Iペテロ二・二四）。罪の赦しに限定条件はない。制限はない。また、次のように語る使徒パウロのことばにも耳を傾けてほしい。「神は、罪を知らない方を私たちのために罪とされました。それは、私たちがこの方にあって神の義となるためです」（IIコリント五・二一）。ここにはすべての罪が含まれる。一つ残らずである。限定条件はない。一つも残されるものはない。神の民のすべての罪が、そこに含まれる。一つ残らず。

　確かに、主ご自身もそう語られた。十字架の上でイエスは、「すべては完了した」と叫ばれたではないか（参照ヨハネ一九・三〇）。絶対的に完了したのである。どういう意味においてだろうか。それ以前に犯された罪のすべてがそこで処理されただけでなく、犯され得るすべての罪がそこで赦されたという意味において、いっさいが完了したのである。それは一度限りで永遠に有効な犠牲である。主イエスが、もう一度十字架にかかられるようなことは決してない。すべての罪はあの場所で最終的に、完全に処理された。一つ残らず、である。後に残されたものは一つもない。文字どおり「すべては完了した」のである。

私たちが聖餐式においてパンとぶどう酒を受け取る時に互いに思い起こし、また宣べ伝えるのは、完全に成し遂げられたこのみわざである。処罰されなかった罪はなく、個々の罪についての限定条件は全くないのである。主に信頼する者のすべての罪は、一つ残らず処理されてしまった。濃い雲を吹き飛ばすように、神はそれらを取り除いてしまわれた。あなたが犯す罪のすべてがその所で処罰された。だから、主イエスのもとに行く時、「御子イエス・キリストの血潮」があなたをきよめるのである。

さて、次のステップとして義認の教理が正しく理解されなければならない。これについては前章で取り扱ったが、もう一度それを思い出してほしい。私たちが義と認められるというのは、罪のすべてが赦され、神ご自身によって義なる者と宣言していただくというだけの意味ではない。信じた瞬間に義人となるだけでなく、永久に義人であることを意味している。というのは、義認には神の子、主イエス・キリストの積極的な義が、神によって私たちに転嫁されるという意味も含まれるからである。それこそ義認の本当の意義である。ただ単に自分の罪が赦されるだけでなく、それ以上の内容が含まれている。つまり、神がイエス・キリストの義を私たち信仰者の衣としてくださるとの意味もあるのである。

　神ははっきりと次のように宣言される。「わたしはあなたを義人であると認める。罪人でなく、わたし自身の義なる子どもとしてである。わたしはキリストの聖と義によって覆われたあなたの姿を見ているのだ。」神は、一度限り、決定的にそう宣言なさるのである。あなたは覆われている。あなたの人格全体と全生涯は、神の前にあってキリストの義の内に置かれている。だから私は恐れの心を持ち、神のことばの権威によって断言する。「神はあなたの個々の罪に固執してはおられない。あなたを覆うキリストの義を見ておられるのである。」このことをしっかりと心に留めておくべきである。

　最後に、以上すべてのことは、この一点に帰結する。つまり、問題の本当の原因は私たちがキリストと一体であることを悟っていないことにある。多くの人たちは、キリスト教信仰とは罪がすべて赦され、罪から解放されるという教えにすぎないと考えている。しかし、それは始まりにすぎず、信仰の一つの側面にしかすぎない。本質的に言って、救いとはキリストとの一体性、つまりキリストと一つになることを意味している。かつて私たちはアダムと一つであったが、今ではキリストと一つである。私たちはキリストと共に十字架につけられた。パウロは、「私はキリストとともに十字架につけられました」と言っている（ガラテヤ二・一九）。つまり、キリストに起こったすべてのことは私に起こったことでもある。私はキリストと一体である。

また、ローマ人への手紙五、六章を読んでほしい。パウロはそこで、私たちがキリストと共に死に、キリストと共に葬られ、キリストと共に復活し、キリストにあってキリストと共に天の座に着かせられたと教えている。これが聖書の教えである。「あなたがたはすでに死んでいて、あなたがたのいのちは、キリストとともに神のうちに隠されている」とも言われている（コロサイ三・三）。古い人と、それにまつわるいっさいのものは、十字架につけられてしまった。その罪はすべて処理されてしまった。そしてあなたはキリストと共に復活させられたのである。「同じように、あなたがたもキリスト・イエスにあって、自分は罪に対して死んだ者であり、神に対して生きている者だと、認めなさい」（ローマ六・一一）。

さて、以上の事柄を次のように結論付けたいと思う。それは私にとってクリスチャン生活における最大の発見の一つであった。このことが初めて分かった時の解放感を、私は決して忘れないだろう。つまり、私たちは決して自分の過去の生活を振り返ってはならないのである。それが神をほめたたえる根拠となり、キリスト・イエスにおける神のあわれみについての賛美へと導く場合のほかは、過去の生活における罪を決して見てはならない。あなたにも、そう心がけるようにお勧めする。もし自分の過去を振り返り、それによって憂うつになるならば、またそのためにクリスチャンでありながらみじめな思いをしているならば、パウロがたどった道程を進まなければならない。

「私は神をけがす者であった」とパウロは告白している。しかし、それで終わりではない。その後で彼は、「だから私は福音の説教者となるにはふさわしくない」と言っただろうか。そうではなく、実際には正反対のことを言っている。「私は、私を強くしてくださる、私たちの主キリスト・イエスに感謝しています。キリストは私を忠実な者と認めて、この務めに任命してくださったからです」（Iテモテ一・一二）。過去を振り返って自分の罪に気づいた時、パウロは家の隅に引きこもって、「私はクリスチャンには似つかわしくない。こんなに恐ろしい罪を犯してしまったのだから」とは言わなかった。全く逆である。彼に起こったこと、その心にあふれてきたのは神への賛美であった。神のあわれみを知ってパウロは神をほめたたえている。「私たちの主の恵みは、キリスト・イエスにある信仰と愛とともに満ちあふれました」（一四節）。

これが自分の過去を振り返る正しい方法である。つまり、もし自分の罪を見て抑うつ感にさいなまれているとすれば、それは悪魔に耳を傾けているからである。他方、もし自分の過去を見て、「悲しいことに、私がこの世の神によって目が見えなくされていたのは事実だ。しかし感謝すべきことに、神の恵みはそれ以上に豊かであり、神ははるかに力強い方であり、その愛とあわれみが注がれて、私のいっさいの罪が赦された。私は新しく生まれ変わることができた」と言えるならば、それが過去を振り返る正しい方法である。もしそうでないならば、必ずみじめな気持ちになるだろう。

神を信頼する代わりに悪魔を信用する必要があるだろうか。本心に立ち戻り、自分についての真理を悟るがよい。過去のいっさいの罪は過ぎ去り、今あなたはキリストと一体である。罪のすべては一度で決定的に除き去られたのである。神のことばを疑うことこそ罪である。神が取り扱われたはずの過去にこだわり、悪魔を野放しにして、私たちの現在と未来の喜びと充実した信仰生活を奪われることこそ罪だということを思い起こそうではないか。ここでもう一度、疑惑のとりことなり判断に迷っている使徒ペテロに対して、天から下ったことばを聞くがよい。「神がきよめた物を、あなたがきよくないと言ってはならない。」あなたの罪を除き去り、あなたを神の子どもの一人としたすばらしい神の恵みとあわれみとを覚えて、喜ぼうではないか。

「いつも主にあって喜びなさい。もう一度言います。喜びなさい」（ピリピ四・四）。

六　むなしい後悔

そして最後に、月足らずで生まれた者のような私にも現れてくださいました。私は使徒の中では最も小さい者であり、神の教会を迫害したのですから、使徒と呼ばれるに値しない者です。ところが、神の恵みによって、私は今の私になりました。そして、私に対するこの神の恵みは無駄にはならず、私はほかのすべての使徒たちよりも多く働きました。働いたのは私ではなく、私とともにあった神の恵みなのですが。

（Ｉコリント一五・八～一〇）

現代は、男性であれ女性であれ、すべて人目を引くものに興味を持つ時代である。私たちは大衆広告の時代に生きており、人々は耳にするうわさ話を疑わないで聞く。人々は宣伝文句も、語られる内容もそのまま信じる。だから、この人々がクリスチャンは喜びと幸福感に満ちた勝利の生活をしているという印象を受けたならば、教会に押し寄せ、それほどまでに充実した生活ができる秘訣は何かと熱心に探求したことだろう。

そういうわけで、教会の外にいる一般大衆が注目しているのは教会に集う人々の様子であると見るのは、無理な推論ではないだろう。私たちは、あまりにもしばしば落胆し、憂うつに悩まされているような様子をしている。確かに一部の人々は、あたかも、クリスチャンになることは以前には全く気に留めなかった多くの問題に直面することを意味するかのような印象を与えている。そこで世の人たちは表面に現れた姿を見て、教会の外の人々のほうが教会内の人よりも幸福であるという結論に達するのである。もちろん、それは誤った見方であるが、信仰者の内にはこのことの責任を負わなければならない者がいる。というのは、霊的スランプ状態にある人があまりにも多いからである。程度の差はあるが、みじめな気持ちを持っているクリスチャンがいて、残念なことに全体的に見ると贖いの恵みについての福音を正しく表出していないからである。

さて、これはもちろん、信仰者たちが非常に強大な敵によって真っ向から攻撃されていることが原因である。事実、私たちはクリスチャンとなった瞬間から、最も狡猾で強い力を持った敵の攻撃の対象となる。その敵とは、聖書の中で「空中の権威を持つ支配者」「今も不従順の子らの中に働いている霊」「この世の神」「サタン」などと呼ばれている「悪魔」のことである。その悪魔《サタン》が私たちに押し迫り、攻撃をしかけてくる方法や、それと気づかないうちに私たちを横道にそらせてしまう巧妙な手段についての考察を進めるならば、なぜそれほど多数の人たちが信仰生活で挫折していくのか、その理由が分かるようになる。悪魔が最も狡猾で、最も危険な存在となるのは、「光の御使い」の衣をまとって、教会活動の賛同者あるいは福音とその伝播に関心を持つ者の姿で訪れて来る時である。聖書を見ると、サタンは実際に今そうしているのである（参照Ⅱコリント一一章）。悪魔が最も狡猾になるのは、この点においてである。サタンは強大な力を持っているだけでなく、とてもずる賢い。信仰のスランプ状態の様式や現れ方の多様性を研究していけば、そのことはますます明白になるだろう。

そのことを知って、私たちは悪魔に対して身を整え、その攻撃に備えなければならない。そのための最善の方法は、みことばを学ぶことである。悪魔のやり口についての洞察は聖書の内に示されている。使徒パウロはコリント人に向かって、「私たちはサタンの策略を知らないわけではありません」と語っているが（Ⅱコリント二・一一）、残念なことに現実は、多くの人がサタンの存在すら信じないほどに、悪魔の策略について無知である。その存在を知っている人であっても、悪魔がつねに身近にいることを覚えてはおらず、狡猾な様々な姿で現れてくることを忘れてしまっている。サタンが私たちに何をしているのかを客観的に見ていくならば、きっとことばを失うほどの自分の愚かしさに驚くだろう。いくつかの霊的スランプの事例を見ると、「どうして、そんな状態に陥るのだろうか」という疑問が生じるかもしれない。それは一目瞭然のことのように思われるが、にもかかわらず私たちは同じわなに落ち込み続けている。それはサタンの用いる策略が狡猾なためである。サタンは、何かおかしいと私たちが気づく時にはすでに半分以上そこに落ち込んでいるというようなずる賢い手段で事をしかけてくる。そのようなわなを逃れる方法は一つしかない。つまり、悪魔の行動様式を学び、この霊的なスランプ状態についての聖書の教えをつぶさに学ぶことである。それこそ、今私たちが解明しようとしている課題である。

ここで考察しなければならないのは、過去を振り返って見て挫折感を抱いている人々の状態である。それも、この章では個々の罪についてではなく、あまりにも長い年月を神の国の外で過ごした、信仰に入るのが遅すぎたと後悔している人についてである。これもまた霊的スランプの非常にありふれた原因の一つである。この人たちは自分があまりにも多くの時間と長い年月を浪費しすぎており、クリスチャンになるのが本当に遅すぎたと感じて悩んでいる。良い行いをし、他の人を助け、また神に仕える多くの機会を失ってしまったことを絶えず嘆いている。「私が若かった頃に信仰に入ってさえいれば、自分から進んで奉仕しただろうに。だが、今やっと気がついた。あまりにも遅すぎた」と、彼らは言っている。機会を失ってしまったと言うのである。あるいは、「今までに、これこれの物を得てさえいたならば……」と考えている。

「……してさえいれば」――これが彼らの叫びである。しかし、その人たちは信仰を持っていなかった。そして今、信仰について理解しないままに世俗社会で浪費した長い年月を振り返って、自分にできたはずの別な生き方や、神の恵みを知って成長できたと思われる様子や、現在までに到達し得たはずの状態などについてのむなしい後悔で心がいっぱいなのである。そのように、彼らは過去を振り返り、それを後悔し、嘆き続けている。自分が持ち得たと思われる喜びを想像し、もしかしたら可能であった幸福で楽しい体験に満ちた年月を思い描いている。だが、それに気づくのが遅すぎた。その機会は過ぎ去ってしまった。なぜ彼らは、そんなに愚かだったのだろうか。どうして目が開かれなかったのだろう。ある時点では心が動いたが、何事も起こらないままに、その機会は過ぎ去っていった。長い道のりを歩んできて、今やっと気が付いた。そして、「……してさえいれば」という後悔の念にとりつかれているのである。

これは非常にありふれた状態であり、かなりの数に上る人たちの霊的スランプ状態とかかわりがある。ではどうやって、これを解決すべきだろうか。それについて何と言うべきだろうか。まずはじめに指摘したいのは次の点である。この人たちが信仰に入るのが遅すぎたことを後悔するのは確かに正しいことであるが、そのためにみじめな気分になるのは間違っている。自分の過去の生涯を振り返ってみて、後悔する点が一つもないという人はいないだろう。それは当然である。しかし、うつ気分の種が蒔《ま》かれるのは、まさにそのところである。私たちは正しい意味での後悔と、間違った状態である精神的混乱や落胆との間に明確な境界線を引くべきである。クリスチャン生活は適切なバランスがとれた生活である。その最も顕著な特徴の一つは、正しいバランスなのである。信仰生活は、薄い刃の上を歩いている人間にたとえられる。そこには、どちらか一方に容易に落ちてしまう危険性がつきまとっている。時として私たちは細かい区別をしなければならないが、これはその一例である。つまり、正しい意味での後悔と、間違った状態である落胆やみじめな気分との区別が必要である。

それではこの点について、どうすれば間違ったスランプ状態に落ち込むことが避けられるだろうか。それを考察するために、冒頭のテキストで使徒パウロが自分自身のことを述べている内容を学びたいと思う。これはイエスがマタイの福音書二〇章一～一六節に記されるたとえ話の中で教えられたことに関する完璧な例証だと私には思われる。そのたとえ話は日中の様々な時間に雇われた、ぶどう園の労働者についてであり、そこには夕方五時頃まで雇われなかった人々が登場する。私たちは問題を、夕方五時に仕事を始めた人々、つまり最後に神の国に入った人たちの立場から見ていきたいと思う。

しかし、この件についての聖書的な取り扱い方を学ぶ前に、もっと一般的な方法で考察してみたい。この状態に対して適用されるべき一般常識また生活の知恵とも言うべき原則がいくつかある。クリスチャンが一般常識を用いるのは正しくないと考えている人たちが存在するようである。そういった人々は、自分たちはつねに、もっぱら信仰的な方法ですべてを解決しなければならないと考えているように思われる。だが私に言わせれば、それは全く非聖書的な考えである。すべての点においてクリスチャンが未信者より劣っている必要はない。むしろかえってすぐれているはずである。クリスチャンは未信者にできるすべてのことが可能であるだけでなく、それ以上のことが可能である。それがクリスチャンを見る正しい見方である。

信仰者は一般常識を様々な情況に適用できるはずであり、そうすることは正しく、また理にかなっている。常識のレベルで悪魔を撃退できるのであれば、そのレベルですべきである。悪魔を撃退しているかぎりにおいては、どのレベルでするかは問題ではない。もしも常識や一般的な知恵を用いてサタンを打ち負かし、制圧できるのであれば、そうすべきだ。クリスチャンがそうするのは全く正当であり、理にかなったことである。こう言うのは、この点に困難を感じ、一般常識の見地からして全く明らかなことを実行する代わりに、その件について祈ることばかりに時間を費やしている人々をしばしば見かけるからである。

私が言おうとするところを説明させてほしい。まず指摘したいのは、スランプ状態にある人が自分にさとすべき第一の点は――スランプ状態にある者を助けなければならない人にとっても同様に真理であるが――過去の失敗のために現在みじめな気持ちでいるのは全く時間とエネルギーの浪費だということである。それは明らかである。常識である。過去は決して呼び戻すことができず、何もそれに付け加えることはできない。いすに腰を下ろして、みじめな気分になり、残された生涯の間中、後悔の輪をぐるぐると回ることはできるが、自分が行ったことを変えることは決してできない。それは一般的な常識であって、それを証明するのに特別なキリスト教的啓示は必要でない。生活の知恵によって、「覆水盆に返らず」と教えられている。だから、その格言を悪魔に示すがよい。クリスチャンが他の人よりも愚かに振る舞わなければならない道理があるだろうか。どうして、すでに得られた一般常識と人間の知恵を自分の情況に当てはめてはならないのだろうか。

だが、それこそ多くの人が失敗している点である。その結果、自分では変えることも修正もできない事柄についてむなしい後悔を続け、時間とエネルギーを浪費し続けている。それは、日常的な常識の基準からしても、愚かで不合理なやり方である。したがって、これを一つの原則として据えることにしよう。自分で変更できない過去について再び心を痛めるようなことがあってはならない。もしそれを続けるならば、悪魔に打ち負かされてしまうだろう。意味のないむなしい後悔は、不合理なものとして拒絶されなければならない。友よ、そのところにとどまってはならない。それはキリスト信仰とは無縁の、愚かな生き方であり、全くエネルギーの浪費、時間のむだづかいである。

しかしさらに進んで、過去にこだわることは現在における過ちの原因となることを悟るべきである。いすに座って過去のことを嘆き悲しみ、自分にできなかったことを思い出して後悔している間、あなたは自分を傷つけ、今すべき働きから身を遠ざけているのである。それが信仰だろうか。むろん、そうではない。キリスト教信仰は確かに一般常識にまさるものである。だが、そこには常識も含まれている。

しかしある人は、「何だ。そんな話なら俗社会でも聞くことができる」と言うかもしれない。もしそうであるならば、それに聞き従い、それに基づいて行動するがよい。主ご自身も、「この世の子らは、自分と同じ時代の人々の扱いについては、光の子らよりも賢い」と言っておられる（ルカ一六・八）。イエスは不正な管理人をほめられたが、今考察している件については、この世の知恵という見地からすれば、私も同じことをしているのである。生活の知恵という見地からすれば、過去のために現在を台なしにするのは明らかに間違いである。過去が現在の上にブレーキとして作用するままにしておくのは絶対に間違っている。過去の死者を葬るのは過去に任せようではないか。

常識的な考えの基準から判断すれば、過去に属する事柄によって現在のあなたが挫折者となっていくことほど、非難されるべき生き方はない。そして、この過去に関する病的なこだわりは、そのように作用するのだ。今描いているのは現在という時に生きることに失敗している人の姿である。今という時間に生き、クリスチャンらしく生活する代わりに、座り込んで過去のことを嘆いている人たちである。彼らは過去について心を痛めるあまり、現在何もしようとしない。何と誤った態度であろうか。

常識また生活の知恵という見地からの第三のポイントは次のことである。もしも、過去について悔い改めるべきことがあると本当に確信しており、もし過去に多くの時間を浪費したと心から後悔しているならば、それを埋め合わせる努力こそ必要なことである。それが常識ではないか。ここにひどく落胆した人がやって来て、「ああ。私は時間を浪費しなければよかったのに」と言ったとする。私はその人にこう言うだろう。「その失った時間を埋め合わせる努力をしていますか。」なぜ自分のエネルギーを現在に生かさないのですか。」私が厳しくこう語るのは、この霊的な病が決定的に解決されなければならないからである。その人たちには、決して同情してはならない。

もし今この状態で苦しんでいるならば、自制力を取り戻して、一般常識という見地から自己を点検するがよい。あなたは愚か者のように行動し、理性を失い、時間とエネルギーとを浪費していないだろうか。自分で口にしている事柄を実際には確信していないのではないか。もしもむだに費やされた過去のことを悲しんでいるのならば、今それを埋め合わせる努力をし、現在という瞬間を精一杯生きることに励むがよい。パウロはそのように努力していた。彼は次のように記している。「そして、最後に、月足らずで生まれた者のような私にも現れてくださいました」（Iコリント一五・八）。ここでパウロは、「私が多くの時間をむだづかいしている間に、他の人たちはずっと先まで進んでいった」と言っているように思われる。しかし彼は続けて、こう言い足すことができた。「（だが）私はほかのすべての使徒たちよりも多く働きました。働いたのは私ではなく、私とともにあった神の恵みなのですが。」

実に意味深い論述である。ここに、常識あるいは人間の知恵という見地から霊的スランプを解決する方法がある。それで十分に克服できる。十分に有効な方法である。しかしながら、さらに考察を進めることにしよう。クリスチャンという存在は決して未信者よりも劣った者ではない。つねにそれ以上の者である。クリスチャンは未信者の持つすべての知恵と常識とを持っているが、さらにそれにまさるものを持っている。つまり、ここで大使徒パウロの言明とマタイの福音書二〇章の「ぶどう園のたとえ話」におけるイエスの教えに到達するのである。

まず使徒パウロが語る内容を見ていこう。彼が自分の生涯において犯した重大な罪について述べたことばは、すでに考察した。ここでも同じような内容を見てみよう。パウロは復活以後の主イエスの顕現について語っている。この文脈での主題は、その復活の教理であるが、それを次のように表現している。「そして最後に、月足らずで生まれた者のような私にも現れてくださいました。」パウロが、クリスチャン生活に入ったのが非常に遅かったという事実を後悔していることは疑いがない。

ここで彼が「最後に」ということばで言おうとした内容を明らかにしよう。パウロは自分が復活の主を見た最後の使徒であったと述べている。他の使徒たちは様々な機会に主イエスに会っていた。その頃、パウロは彼らの一員ではなかった。その時は神を汚す者であり、迫害者であった。したがって「最後に」とは、使徒となった最後の者という意味である。また彼は、最後の使徒だっただけでなく、復活の主イエスに出会ったすべての目撃者の中で文字どおり最後の者であった。使徒パウロがダマスコへの途上で主を見て以来、自分の目で復活の主を目撃した者は一人もない。イエスは五百人の信徒たちに「現れた」ことがあった。その人たちの場合は名前も分からないが、主は人々にご自身の姿を示し、ここに記録されるような多数の証人たちに顕現された。しかし、すべての者の内で最後に復活の主に会った人物は、タルソ出身のサウロ（つまりパウロ）であった。ダマスコへの途上で起こった出来事は、パウロが幻を見たということではない。それ以後にも、主の幻を見た者は多くいる。しかしパウロは文字どおり「栄光の主」を目撃したのである。ここで彼が「そして最後に……私にも現れてくださいました」と言っているのは、そのことである。復活の事実の証人であったからこそ、パウロは使徒と認められたのである。

しかし、ここで強調されているのは、彼がすべての使徒の内で最後の者だという点である。だが、それだけでなく、「最後に、月足らずで生まれた者のような私にも現れてくださいました」とも言っている。彼の霊的な新生には、普通でない、時を逸したような要素、他の使徒とは異なる点があった。他の使徒たちはイエスの教えを自分の耳で聞き、ずっと主と行動を共にし、十字架刑の場にもいた。また主が葬られるのを見、復活の後には四十日間にわたってイエスの顕現を目撃し、また昇天される場に居合わせた人たちであった。彼らは公生涯の初めから終わりまで主イエスと共に行動した。しかしパウロはと言えば、普通でない、時期を逸した新生体験の持ち主であった。彼は尋常ではない不思議な方法で使徒の群れに加えられた。最後の者としてである。

パウロは自分のことを以上のように述べている。彼がそれらを思い出す際には、きっと後悔の念を持ったはずである。パウロはもっと初めから従うべきであった。彼には適性が備わっており、その機会もあったのだが、福音を憎み続けていたのである。「イエスの名に逆らって行動することこそ自分の義務だ」とパウロは心から思っていた。主イエスを神を汚す者と見なし、その信奉者と教会とを絶滅しようと躍起になっていたのである。彼は教会の外におり、他のすべての使徒たちは内にいた。そしてパウロは「最後の者」として、実に風変わりな仕方でその群れに加えられたのである。

彼にとっても、残された生涯を過去についてのむなしい後悔を抱いて過ごすことは、大きな誘惑だったに違いない。「最後に……私にも現れてくださいました。私は使徒の中では最も小さい者であり、神の教会を迫害したのですから、使徒と呼ばれるに値しない者です」とパウロは述べている。その内容はすべて完全に事実であり、彼はそれを苦々しい思いで後悔していた。しかし、パウロはそれによって絶望しなかった。家の隅にしゃがみ込んで、「私は群れに加わった最後の者だ。なぜあんなことをしていたのだろうか。どうして主を拒んだりしたのだろう」とつぶやきながら余生を送ったのではない。それこそ、霊的スランプで苦しんでいる人たちがしていることである。だがパウロはそうではなかった。パウロの心をとらえたのは、自分を教会に導き入れた驚くべき神の恵みであった。そこで彼は他の弟子たち以上の熱心さをもって新しい人生を走り始めた。「最後の者」であったが、ある意味では「第一人者」になったのである。

ではいったいここで何が教えられているのだろうか。使徒パウロの教えを取り上げ、マタイの福音書二〇章のたとえ話を参照しながら、それを研究していこう。というのは、これら二つのテキストは実質的に同じことを述べているからである。あなたがクリスチャンであるか否かについて問題となるのは、過去の状態でなく、現在そうであるかどうかである。このことばは奇妙に響くだろうか。問題は、昔どういう存在であったかでなく、今どういう存在であるかという点である。言われてみれば、それは自明のことのように思われるが、時に悪魔が私たちを攻撃してくる際にそれを悟るのは、容易なことではない。

「私は……神の教会を迫害したのですから、使徒と呼ばれるに値しない者です」と告白したパウロは、さらに付け加えてこう述べている。「ところが、神の恵みによって、私は今の私になりました。」自分がかつてどういう状態にあったかは問題ではない。「私は今の私になった」のである。そこに思考の中心を置くがよい。かつて自分がどういう者であったかということにこだわりすぎてはならない。信仰的な思考をする秘訣は、今の自分がどういう状態にあるかを想起することである。あらゆる種類の罪に満ちた過去があることは確かに事実である。しかし、自分に向かって次のように宣言するがよい。

罪を贖われ、赦され、癒やされ、力を与えられた。
この私が神を賛美せずして、
だれが神をたたえることができようか。

過去がどのようであったにせよ、「私は今の私になった」のである。大切なのは、今の自分である。「今の私」とは何者だろうか。それは十字架上の御子の血潮によって罪を赦され、神と和解させられた者である。今私は神の子どもである。神の家族に受け入れられ、キリストと共に神の国を継ぐ者であり、主イエスに連なった跡取りである。そして、目指すは神の栄光である。信仰者の関心はそれであり、過去の姿ではなく、今までの自分でもない。だから、この方向から敵である悪魔が攻撃をしかけてくるならば、パウロの行動にならうがよい。サタンに向かってこう宣言するがよい。「おまえの言うことは全く真実だ。確かに私は、おまえが言うとおりの者だった。しかし、今関心があるのは過去の姿ではなく、現在の自分である。『神の恵みによって、私は今の私になった』のだから。」

単純かつ明瞭な第二のポイントは、次のことである。つまり、注目しなければならないのは、教会に加わった時期でなく、今神の国の中にいるという事実である。それが大切な点である。もう少し早ければよかったのにと嘆き続け、そのために、今楽しむことができるはずの生活を台なしにするのは、実に愚かなことである。

それはあたかも、重要な展覧会を見に行き、そこに長蛇の列ができているのを知った人物のようである。彼はかなり遅れて会場に到着した。だが会場には着いたものの、長い間待たなければならず、ほとんど最後の入場者となった。さて、もしこの人が催し場に入ってドアの近くに立ちすくみ、「最初の入場者になれなくて、実に残念だ。どうして、もう少し早く来られなかったのだろうか」とつぶやいているだけだとすれば、どうだろうか。あなたはその人物をあざわらうだろう。当然である。だが私は言いたい。あざわらっている対象は、自分自身の姿ではないか。というのは、信仰に入りながら同じことをしている人々がいるからである。「ああ。古い生活から離れるのがあまりにも遅すぎた」と嘆き続けている人である。友よ。目前にある催し物を楽しみ始めるがよい。彫像を眺め、貴重な展示品を鑑賞するがよい。自分が入場した時間などを気にすべき時ではない。事実あなたは展示会場の中におり、陳列物はそこにあり、すべては自分の前に広げられているのである。問題は、いつそこに入場したかではない。

もう一度、マタイの福音書二〇章を思い出してほしい。そこに最後にぶどう園に入って来た人たちがいる。時間は夕方五時頃であったが、彼らは園の中に入った。大切なのは、その事実である。その人たちが主人に出会い、雇用され、園に入れられたという点である。問題となるのは今の状態であり、そこに入った時間や入って来た方法ではない。この件については、さらに紙面を費やして強調することもできる。いつでも時間や方法を気にかけている人がいる。しかし問題になるのは、回心の過程や様態ではない。大切なのは、今救われている事実なのである。座り込んで、自分が信仰に入った方法や時期や過程や様態や、その手段について心を痛めている人がいるかもしれない。だが、そんなことは全く問題ではない。大切なのは、今神の民の内にいるという事実である。そして、中にいるのならば、その場所で喜ぶがよい。かつて群れの外にいたことなどは忘れてしまうがよかろう。

さらに考察を進めなければならない。指摘したいのは、この種の霊的スランプ状態は、その人が病的なほどに自分自身にとらわれていることに起因するという点である。この状態に対して毅然とした態度で臨まなければならないことは、先ほど述べたところである。この人たちの本当の問題点は、今なお「自分の内にある」と言わなければならない。彼らはいったい、何をしているのだろう。事の判断を神にゆだねる代わりに自分で自分を評価し、さばき続けているのである。比喩的に言えば、自分自身をむち打ち、自分を傷つけている。自分があまりにも遅すぎた、時間をむだづかいしたと言って、自己を叱責し続けているのだ。その姿はとても謙遜で、心から悔い改めているように見えるが、実は偽善的な敬虔であり、つまるところ自己信奉者なのである。

コリント人への手紙第一、四章でパウロが自己評価について述べているくだりを読んでほしい。「人は私たちをキリストのしもべ、神の奥義の管理者と考えるべきです。その場合、管理者に要求されることは、忠実だと認められることです。しかし私にとって、あなたがたにさばかれたり、あるいは人間の法廷でさばかれたりすることは、非常に小さなことです（パウロが残したことばの内で最も重大なものの一つは次の文章である）。それどころか、私は自分で自分をさばくことさえしません。私には、やましいことは少しもありませんが、だからといって、それで義と認められているわけではありません。私をさばく方は主です」（一〜四節）。キリストを信じる私たちは、判断を主にゆだねなければならない。主こそ、さばき主である。神の時間あるいは自分自身の時間と労力をむだづかいして自分を非難し続ける権威は、あなたにはない。だから自分自身のことを忘れ、いっさいの判断を神に任せるがよい。そして、自分に与えられた仕事に着手するがよい。

この種の霊的スランプは、自己の評価について病的なこだわりを持っていることが原因となっている。それだけでなく、その姿は自分に可能な事柄だけを考え続ける性癖を示している。このたぐいの人は表面上は敬虔さを装ってやって来て、「もう少し早く来てさえいれば、私には多くの働きができたものを……」と言う。ある意味では、そのことばは全く正当だが、別の視点からすれば完全な誤りであり、全くの偽りである。イエスが語られた、ぶどう園の労働者についてのたとえ話は、このような弁解を一掃するためのものである。

以上の事柄をまとめるにあたって、積極的な解決法を示したいと思う。この人たちの問題点の一つは、今なお自分自身についての病的なこだわりを持っていることだと私は指摘した。つまり、クリスチャンは「自分を捨て、自分の十字架を負い、そして主イエスに従う」べきであり、自分の過去と現在と未来のすべてを主の手にゆだねるべきであることを学んでいないのである。まことにそのとおりである。しかし、なぜ彼らは病的なほどに自分自身に固執しているのだろうか。それは、彼らの心が十分に主イエスに結び付いていないからである。知らなければならない神ご自身と神の方法とをいまだに知っていないこと、それが問題の核心である。ひたすら神を見上げることに時間をもっと用いてさえいれば、私たちはすぐにも自分のことを忘れることができるだろう。

私は先ほど、展覧会場に入ったならば、ドアのそばに立って「入場するのが遅すぎた」と嘆く代わりに、貴重な展示品を鑑賞すべきであると述べた。それを信仰の場に適用してみよう。あなたはすでに信仰生活に入った者である。もしそうであれば、自分を見続けるのをやめ、神のわざを楽しみ始めるがよい。クリスチャンとノンクリスチャンの違いは何だろうか。コリント人への手紙第二、三章でパウロは次のように語っている。未信者は顔に覆いをかけてキリストと神とを見ている者であり、したがって霊的な目が閉じられている人である。一方、クリスチャンはどうだろうか。一八節に次のように述べられている。「私たちはみな（つまり、キリストを信じる私たち一人一人は）、覆いを取り除かれた顔に（つまり障害物なしに）、鏡のように主の栄光を映しつつ、栄光から栄光へと、主と同じかたちに姿を変えられていきます。」これがクリスチャンのあり方である。信仰者はキリストを見つめ、主を慕い仰ぐことに時間をかける者である。主イエスの姿に魅了され、そして自分のことを忘れてしまうのである。キリストへの関心を深めていきさえすれば、自分自身へのこだわりは少なくなっていくだろう。主イエスを見上げ、覆いを取り除いて、邪魔物なしに主を仰ぐがよい。そして、神の国で大切なのは奉仕の時間数や期間ではなく、神への態度、神に喜んでいただきたいという切なる願いであることを学ぶがよい。

もう一度あのたとえ話を見てほしい。この農園主は、他の者がするように、労働の時間数を気に留めなかった。関心を持ったのは、労働者の態度についてである。私たちの目は時間数に注がれており、自分が費やした時間数をチェックし、その期間を計算し、自分の仕事を評価する。たとえ話の中で最初に雇われた人々のように、自分がなした働きへの報いを要求し、奉仕に費やした時間を誇ろうとする。あるいは、もし最初から活動に加わらなかった者の一人であるならば、あれこれができなかった理由を詮索し、大切な時間を失ってしまった原因のことで心を痛める。だが、イエスが私たちの働きに注目されるのはそのような仕方ではない。主が喜ばれるのは貧しいやもめがささげた精一杯のささげ物である（参照マルコ一二・四二〜四四）。金額自体ではなく、その女の心と態度が大切なのである。

マタイの福音書二〇章にあるたとえ話でも同じことが言える。農園主は、ぶどう園でほんの一時しか働かなかった者に対して、そこで一日中働いた労働者に与えたのと同じ報酬を与えたのであった。パウロが「最後に、主は私にも、現れてくださいました」と言い表しているのも、同じ内容である。だから、人を偏り見られない神に感謝しようではないか。神の恵みが先にあり、そして「神の恵みによって、私は今の私になった」のである。神の関心は時間の長さではない。大切なのは神との関係である。

最後の原則を見ることにしよう。神の国で最も重要なのは神の恵みである。そのことが、このたとえ話の結論である。神は人とは異なる視点で物事を見ておられる。神の見方は人間の見方と同じではない。その評価の仕方も、人間の評価とは異なる。つまり、初めから終わりまで、徹頭徹尾、重要なのは神の恵みである。最後に来た人々は、最初の人々と同じ賃金を手にした。初めから働いている人々と同じ報酬を与えられたのであった。「このように、後の者が先になり、先の者が後になります」と語って、イエスはその真理を印象付けておられる。私たちは世俗的、人間的、肉的な仕方で物事を考えるのをやめなければならない。神とキリストとの国では神の恵みが中心であり、恵みのみである。それは他のいっさいの秩序を貫く原則である。注目されなければならないのは、神の恵みである。その「神の恵みによって、私は今の私になった」のである。

そういうわけだから、自分にできなかった事柄や過去のものとなった年月を振り返るのをやめて、神の国で大切なのは神の恵みだけであることを認めるがよい。最後に神の国に入ったあなたは、ある日、自分自身の姿に驚くようになるかもしれない。マタイの福音書二五章の終わりにあるたとえ話に登場する人たちのように、「主よ。いつ、私たちはこれやそれをしたのでしょうか」と尋ねることになるかもしれない。神の恵みは十分であることを神は熟知しておられるのである。旧約聖書からの勧めを引用して説教を締めくくることにしたい。「朝にあなたの種を蒔け。夕方にも手を休めてはいけない。あなたは、あれかこれか　どちらが成功するのか、あるいは両方とも同じようにうまくいくのかを知らないのだから」（伝道者一一・六）。

読者の中には、半生以上を罪の世にあってキリストと無縁で生きてきた人、老年になってから神の国に導かれた人、これまで述べたような生活へと誘惑され続けている人がいるかもしれない。もしそうであれば、次のことばを贈りたい。「夕方にも、人生のたそがれ時にも、恵みに満ちたすばらしい神の国から手を放してはならない。恵みは超自然的なものである。あなたは最後の審判の日に、若くして救いに入れられた人々以上の報いを受けるかもしれない。」何とすばらしい福音だろうか。「若さ」は今日もてはやされることばである。だが神の国では年齢は全く問題ではない。老若を気にしすぎるのは聖書的でない。「朝に……種を蒔け」とある。そのとおりである。だが同様に語調を強めて、「夕方も手を放してはいけない」と私は言いたい。

さらに、聖書中に認められる最もすばらしい慰めのことばの一つを思い出してほしい。預言者ヨエルにキリストの来臨についての重大な幻と洞察とが与えられた際に示されたことばがそれである。彼に与えられた預言のことばは、これである。「いなご……が食い尽くした年々に対して、わたしはあなたがたに償う」（ヨエル二・二五）。神はそう約束された。また、それを実現する力を持っておられる。浪費された年月、不毛の月日、いなごや毛虫などが何も残さないほど食い荒らした年月について神は、「いなご……が食い尽くした年々に対して、わたしはあなたがたに償う」と約束される。もしあなたがそれを自分の力と能力で可能なことに限って考えているならば、その程度のものしか得られないだろう。しかし、私たちは自分の能力が問題にならない世界に生かされている。神が働かれるならば、一年間で十年分に見合うような収穫を得ることも可能である。だからこそ、「いなご……が食い尽くした年々に対して、わたしはあなたがたに償う」と語られるのである。これが神のご性格であり、これが私たちの救い主また神である。

そこで、以上のことを踏まえて私は勧める。決して再び過去を振り返ってはならない。現在という大切な時間を決してむだにしてはならない。決して自分のエネルギーを浪費してはならない。過去のことを忘れ、神の恵みによって今の自分になったことを喜ぶがよい。神の恵みという驚くべき祝福によって、あなたは今より後に自分の生活と全生涯における最大の驚異を体験するかもしれない。また、その人生において最後の者が最初の者となるという出来事が起こるかもしれない。だから、神の恵みによって今の自分になったこと、また今まさに神の国に入れられていることのゆえに、神を賛美しようではないか。

七　未来への恐れ

神は私たちに、臆病の霊ではなく、力と愛と慎みの霊を与えてくださいました。
（Ⅱテモテ一・七）

これまで総括的に霊的スランプと呼んで考察してきた状態のもう一つの原因を、冒頭のテキストの内に見ることができる。たましいの病気とでも呼べるこの状態によって私たちが束縛され、あるいは攻撃される様式は数限りなくあるように思われる。これまで私たちは敵である悪魔《サタン》がどんなに狡猾であるかを学んできたが、彼は光の御使いに姿を変えることもできる。それはまぎれもない事実である。また悪魔が執拗であるというのも等しく真実である。

こう言うのは、サタンは決して活動を中断せず、あきらめもしないことを肝に銘じてほしいからである。悪魔は信仰者を打ちのめし、神のわざを汚すことができるなら手段を選ばない。また、首尾一貫しているかどうかと注意を払うこともない。彼は誘惑の方法を平気で変え、以前に語ったことと矛盾することばをささやくこともためらわない。悪魔にはただ一つの目的と関心だけがある。つまり、神の名とみわざの評判を落とし、特に救い主である主イエス・キリストによる贖罪という神の偉大なみわざを損なうことである。

初めに神が世界を創造された時、「神はご自分が造ったすべてのものを見られた。見よ、それは非常に良かった」と言われている（創世一・三一）。神はそれを大変喜ばれた。被造世界は完全であった。嫉妬深い悪意を持ったサタンが、その完全なみわざを混乱させ、破壊しようと決心したのは、そこからである。そして、その活動は特に人間の創造という神の最高のみわざに集中されたのである。人間を堕落させてしまえば、創造の冠が汚されることになる。そこで、よく知られているように、悪魔はエバに攻撃を集中し、だますことに成功した。その後エバは夫を間違った道へ導き、その結果、人間は堕落してしまった。

しかし、人類の歴史はそこで終わったのではない。神はご自身の目的に沿ってすばらしい贖いの道を設けられた。それが神の特別な栄光であることは、疑問の余地がない。ある意味では、贖罪は天地創造よりも偉大なみわざである。ことに神がそれを成し遂げられた方法を考察する時に、そう感じられる。神は受肉という、途方もない不思議な奇蹟によって、唯一の御子を世に遣わされたが、すべてのことの内で最も驚異的なのは、主イエスを十字架の死にまで追いやられたことである。これは比類のない出来事である。そしてそれは、罪に汚れ、堕落した人間が贖われ、救われ、究極的には被造世界全体の秩序が回復されるためである。

したがって、神に逆らう悪魔の最大の関心は、どうにかしてこの神のわざを汚し、破壊し、その栄光を失墜させることにあることは明白である。この目的を遂げるために、サタンは救いを受け継ごうとするクリスチャンに攻撃の的を絞っている。その目的のための格好の手段は、信仰者を抑圧し打ちのめし、この偉大な救いが空想上の所産にすぎず、それを信じている者たちは「巧妙に組み立てられた作り話」を信じているだけだという印象を与えることである。私たちが抑圧された気分になり、苦悩に押しつぶされ、みじめな状態にあるという印象を人々に与えるように仕向ける以上に効果的な手段がほかにあるだろうか。

前章では、信仰者の意識を過去に集中させて失望させようとねらっている悪魔の策略を学んだ。自分の過去にこだわるならば、私たちは意気消沈するだろう。しかし、もしこの策略が失敗すると、悪魔はその誘惑の手段を根底から変え、私たちの目を未来に向けさせるということを知っていたほうがよいだろう。サタンはまさしく、そのように働きかけるのである。これから学ぼうとする冒頭のテキストに、それが暗示されている。ここで考察を進めるのは、将来について不安なため、つまり未来への恐れによる霊的抑うつ感で苦しんでいる人々の情況についてである。

これも非常にありふれたスランプ状態である。先ほど述べたように、全く正反対の方法によって、敵である悪魔がしばしば同一人物の内に、基本的には同様な自己中心の心理状態を作り出すのを知り、本当に驚くばかりである。過去に対して正しい態度がとれるようになった時、同じ人がすぐに将来についてとまどい始める。その結果、現在はいつでも憂うつ感のとりこである。彼らは罪の赦しについて納得し、とてつもない大罪についても赦しを信じるようになった。長い年月を浪費してしまったが、「いなご……が食い尽くした年々に対して、わたしはあなたがたに償う」（ヨエル二・二五）という神の約束を受け入れるまでに導かれた。なのに彼らは、「ああ、確かにそうだ。しかし……」とことばを付け加える。つまり、未来についての恐れ、将来起こるかもしれない出来事について語り始めるのである。

未来への恐れについては聖書の内に多くの教えがある。だが、この状態についての最高の実例はテモテであると、私は確信をもって言うことができる。このテモテに宛ててパウロは、二通の手紙を書き送った。それは彼の特に陥りやすい間違いのためであって、そのためにパウロが二通の手紙を送ったことは疑いの余地がない。近付いてくる困難や危険に対する恐怖のために、テモテはパウロの励ましを切望していた。これら二通の手紙の最大の目的は、テモテを整えて、未来に対して正しく対処させることである。ここではテモテ個人について長々と説明するつもりはない。彼に言及したのは、未来への恐怖心のためにスランプに陥り、憂うつになった人物の一例としてである。

何が、この状態の原因だろうか。なぜ人々は未来への恐れで苦しむのだろうか。人が将来に不安を感じる理由は何だろうか。この問題を形成するのは、どんな要素だろうか。あるいは、未来への恐れがもたらす結果は何か。その犠牲者たちは、どんな内容のことを口にするのが常だろうか。

様々な原因の内で第一に指摘しなければならないのは、疑いもなく、気質である。つまり個々の性格である。人はみな異なる者として生まれてくる。私たちの内に二人として全く同じ人間はいない。それぞれが独特の性質、独自の長所、短所、弱点、また他の者より劣る点を持っている。人間は非常にデリケートで、意味のあるバランスを保っている。基本的に私たちすべては同様な一般的形質を持っているが、相対的な見方をすれば、それぞれ驚くほど異なっており、各人の気質にも違いがある。このことをわきまえておくのは、とても大切である。

だが、「そうは言うものの、今や私たちはクリスチャンである。人がひとたびクリスチャンになるならば、そのような差異は全く消滅したはずだ」と言う人がいるかもしれない。この見解は、今問題にしている件については、全くの誤りである。ある視点からすれば、霊的新生ほど決定的な変化は、この世にない。新生とは、神が人間の内に神的で霊的な法則を植え付けられるという、たましいが経験する神のわざであると言える。だが、それとても人間の気質を変えるものではない。クリスチャンになったからといって、もはや自分の自己と無関係に生きられるわけではない。

人間は生きているかぎり、自己といっしょに生活しなければならない。自己とは、あなた自身のことであり、だれか他の人の自己ではない。パウロは、救いと回心の後も、実質的にはそれ以前と同じ人間であった。決して別人になったのではない。気質的にも基本的な性格についても、ペテロはそのままペテロであり、ヨハネはヨハネであった。

クリスチャン生活のすばらしさは、そこでも認められる。それは自然界の被造物の多様性に似ている。草花を見るがよい。二つとして全く同じものはない。神がご自身のわざの不思議さを示されるのは、基本的には一つでありながら、そこに多様性を持たせることによってである。そして、キリスト教会についても全く同じことが言える。私たちすべては異なっており、気質も異なっている。人はそれぞれに個性を持っている。それは教会の最もすばらしい点の一つである。私たちの基本的な人柄は回心以前と全く同一であるが、神は聖霊によって異なる賜物を分配し、それぞれの内に深く潜ませておられる。

ここで人柄とか気質とか呼ぶのは、人が物事を行う時の独特なやり方についてである。私たちは同じことを成し遂げるのに異なった方法を用いる。キリストを信じる者たちは本質的に同じことを行うはずであるが、それを具現化する仕方は同じではない。同じ福音を宣べ伝え、同じ信仰生活に励んでいるはずの説教者たちの間にある差異を考えてみるがよい。福音の提示の仕方はそれぞれ異なっているが、その異なっていること自体に意味がある。福音を告げ広めるために神はその差異を用いられるからである。ある者には特定のタイプの人々に強く訴えかけるメッセージを語らせる。他の人には、それと同じ働きはできないかもしれない。福音が異なった方法で提示されると、タイプの違う人々に強く訴えるものとなる。それは適切なことであり、神はそれらいっさいをお用いになるのである。

そういうわけで、最初に考察するのは気質についてである。ある人たちは神経質で、心配性で、小心であるという気質を持っている。私は、パウロがこの好例であったと考えている。彼は神経質な人物であり、生来の性質によれば強い自信を持てない傾向にあった。コリントを訪れた時には「弱く、恐れおののいていました」と告白している（Ⅰコリント二・三）。彼は生まれながらに小心な人物であった。事実、「外には戦いが、内には恐れがありました」とも言っている（Ⅱコリント七・五）。それは生来の性格であった。テモテもまた、このことばが当てはまる人物であったが、今日でも、同じような気質を持って生まれた人たちがいる。これと対照的に、ある人々は自信家であり、落ち着いた性格を備えている。彼らは何をも恐れず、何にでも挑戦していく。また、どのような逆境にも冷静に対処することができる。この人たちは、神経質とはどういうことなのかを知らない。これら二つのタイプの人たちがクリスチャンとなる。気質の点からすれば彼らは異なっている。実際に、また決定的に異なっているのである。一方には何度も熱心に頼まれてやっと人前であかしをするクリスチャンがいるかと思えば、他方には全く正反対の人たちがいる。こういうわけで、今問題にしている苦悩と思い煩いの原因を解明する上で、その人がどんな気質の人物であるかが非常に大切な要素となるのである。

未来に対して恐れを抱く人々の状態を考察していくと、別の要素が明らかになってくる。彼らが関心を寄せているのはつねに、クリスチャンに与えられた使命の本質についてである。その口から出ることばの内容だけから判断するならば、彼らはクリスチャンの生涯の目標について非常に崇高な概念を持ち、クリスチャン生活について高い理想を持っている。この人たちは、クリスチャンであり続けるのは簡単なことでないと感じ、回心すれば後の人生はバラの花園に休息するようなものだなどとは決して考えない。そうでなく、信仰生涯は崇高な召命であり、戦いであると感じている。さらに、信仰生活に高い理想を掲げ、キリストにならって生きることこそふさわしいあり方だと考えている。

多くの場合、知的にすぐれたこの人々は、新約聖書を読み進み、信仰者の働きと召命の重大さを認識する。ところが今度は、その認識自体が悩みの種となる。というのは、同時に自分自身の足りなさを悟るからである。別な言い方をすれば、その使命を全うできないかもしれないという恐れを持ち始めるのである。彼らは、その目的を果たせないのではないかと心配し始める。そこで次のように考える。「私は福音を大切にしている。自分の罪が赦されたと信じている。私はキリスト信仰を全うしたいのだが、途中で挫折しはしないかと、とても心配だ。教会の集会や同胞のクリスチャンとの交わりの内にいる間は問題ないのだが、私は実社会の中で生きてゆかなければならない。私は自分を知り、自分の弱さを承知している。信仰者の使命の重大さも分かるのだが、それが容易でないことも知っている。」このように、彼らは失敗を恐れている。神と主イエス・キリストと教会とをこの世のちりで汚したくないのである。

クリスチャン生活を送っている人とはいったいどんな人のことだろうか。彼らは信仰者に期待される働きの重大さと自分の弱さと欠陥に気づき、憂うつ感に陥っていく。あるいは、未来への漠然とした不安のとりこになって、具体的な働きに手がつかないということが起こるかもしれない。特別に恐れを感じる事柄があるのかと質問しても、はっきりとは答えられない。この人たちは将来について、起こる可能性がある出来事について、あるいは自分を待ちかまえている運命的な苦しみなどに関して漠然とした不安を感じ、心配している。

これまでに私は幾度となく、このような人々と接してきた。ある女性が次のように語ったのを覚えている。「もちろん私は信仰を持っています。しかし自分をクリスチャンと呼べるかどうか、私には分からないのです。」私が「どうしてですか」と尋ねると、次のような返答があった。「私はこれまで、キリスト信仰のために迫害された過去の人々や、現在そのような境遇にある人たちについて本で読みました。そして、もし私自身がその立場に置かれたらどうするだろうかと想像するのです。」当時、彼女には三歳の子どもがあった。彼女は次のように続けた。「つまり、自分の信仰を否定するか、さもなくば自分の子を殺されてもよいかというような二者択一が迫られる事態になったら、どう答えてよいか分からない。それに耐え得るほど強い信仰があるとは思えないのです。どんな代価を払ってもキリストを第一にする勇気や、必要とあらば死をもいとわないような信仰が自分にあるとは思えないのです。」このような理由から、彼女は自分をクリスチャンとは呼べないと考えたのである。その時まで彼女は、そのような試練に一度も遭わなかった。また多分、将来にも決して遭遇しないだろう。しかし彼女はその可能性を気づかい、それが憂うつ感の原因になっていたのである。この種の抑うつ感は未来への恐れに起因している。それも、しばしば想像上の恐怖に、である。

このような実例はいくらでも示すことができるが、その描写のみにとどまるべきではないだろう。この状態がひどくなると、将来への不安が人々をとりこにし、顕著な場合には、現在の健全な生活を阻害してしまう。その人は、しばしば恐怖によって心を奪われ、がんじがらめにされ、正常な日常生活が送れなくなる場合がある。それがテモテの苦悩の本質であったことは、全く疑いの余地がない。パウロは投獄されてしまい、テモテは自分がこれからいったいどうなるだろうかと心配になった。万一パウロが処刑されでもしたら、どうなるだろうか。教会内に台頭してきている問題や、少しずつその兆候が見られる迫害に、テモテはどうやって対処すべきだろうか。それらに対して無関係でいられるはずがない。そこでパウロはテモテに対して敢然とした態度で臨み、自分の情況や投獄を恥じてはならないと勧告している。「ですからあなたは、私たちの主を証しすることや、私が主の囚人であることを恥じてはいけません。むしろ、神の力によって、福音のために私と苦しみをともにしてください」（Ⅱテモテ一・八）。つまり、テモテの苦悩の最大の原因は、疑いもなく未来への恐れだったのである。

私たちの課題は、どのようにしてこの恐怖心に対処すべきか、どうすればそれを克服できるか、ということである。ここでも前章で問題点を取り扱った時の過程を踏んでいくのが良いと思われる。つまり、聖書そのものの教えを見る前に、第一段階として一般的な考察が可能である。まず最初に、正しい意味での未来展望と人をだめにする未来展望とを区別することを学び、両者の違いを正しく知ることである。さて、人が未来に思いをはせるのは正しいことであり、将来のことを全く考えない人は実に愚かな人である。だが同時に、聖書には未来について思い煩ってはならないと繰り返し警告されている。「明日のことまで心配しなくてよいのです」（マタイ六・三四）という主イエスのことばの真意は、「明日のことまで心配しすぎて不信仰になってはならない」ということである。将来のことを全く考えてはならないという意味ではない。もしそうであれば、農夫は土地を耕し、うねを作り、種を蒔きはしないだろう。農夫は将来の収穫の日を楽しみに待っている。しかし、その労働の結果について思い悩み、心配することにのみ時間を使い果たすことはしない。そうでなく、十分に熟考した後、すべてを神の手にゆだねるのである。

ここでもまた、それらをどこで区別できるかが大きな問題となる。あるところまで熟考するのは正当である。しかし、その点を越えてしまうと、それは不安や心配の種となり、精神を混乱させ、日常生活の障害となる。別な言い方をすれば、未来について考えるのは正しいのだが、それに束縛されるのは全く誤りである。この未来への恐れにとりつかれた人々の問題は、将来に起こるかもしれない出来事によって支配され、その想像によって心が占領されてしまうことにある。すると彼らは絶望のあまり手をもみしだき、何にも手がつけられなくなり、未来への不安によって圧倒されてしまう。実のところ、この人たちが完全に抑圧され、束縛されているのは、未知の未来によってである。それは決して好ましい状態ではない。将来について思いめぐらすのは誤りではないが、そのために憂うつになるのは絶対に間違っている。

以上のことは基本的な命題であり、世の知恵もそれを立証している。「明日は明日の風が吹く」また「橋（つまり困難）のある場所に来るまで、その橋は渡れない」という格言がある。クリスチャンもこれを教訓として取り入れようではないか。なぜなら、この点では世の知恵は間違っていないからである。クリスチャンはこの知恵を受け入れるべきである。困難が実際に起こるまで、それを克服することはできないのである。確かに、これと同じ内容の聖句が多くあり、ことわざにもなっている。「明日のことまで心配しなくてよいのです」とあり、「苦労はその日その日に十分あります」と言われている（マタイ六・三四）。新約聖書ははっきりとこの思想を掲げ、それを信仰的に言い表している。しかし、それは最も低い次元でも真理である。「苦労はその日その日に十分あります」と述べられるが、これは健全な常識である。前章で見たように、自分でどうすることもできない過去にとらわれるのは時間の浪費である。また、いまだに明確でない未来について心配しすぎるのも、同様に間違っている。「一度に一歩ずつ」である。現在という時間を精一杯に生きるがよい。過去にこだわって現在をむだにしたり、未来のことに振り回されて現在を見失ったりしてはならない。

次に、使徒パウロが語る内容を見ることにしよう。彼はその理由付けをさらに高い次元に引き上げ、二重の性質を持つ教えを明らかに記している。それは第一に叱責であり、同時に想起という性質を兼ね備えている。この両方が必要不可欠な要素である。パウロはまず最初にテモテを叱責している。テモテに向かって、「神は私たちに、臆病の霊ではなく、力と愛と慎みの霊を与えてくださいました」と語っているのは、叱責のことばである。この時テモテは臆病の霊にとりつかれ、不信仰に陥っており、それで身動きできなくなっていた。そこでパウロは叱責した。「神は私たちに、臆病の霊ではなく、力と愛と慎みの霊を与えてくださいました。」

ここにはもう一つの教理的原則がある。この種の霊的スランプによって苦しんでいる人々の本当の問題点は、神が信仰者に与え続けておられる聖霊という賜物を忘れてしまっていることにある。事実、それがテモテの問題であった。そして今日も、それが多くのクリスチャンの問題点である。このスランプ状態は、神が私たちのために成就されたみわざ、また今も私たちの内で行っておられるみわざを忘れていることに起因している。かつて主イエスが少し異なる情況にあって語られたことばを参照することができよう。不信仰なサマリア人を滅ぼすために天からの刑罰の火を期待したヤコブとヨハネに答えて、イエスは「あなたがたは自分たちがどのような霊的状態にあるのかを知らないのです」と戒められた（ルカ九・五五、第三版欄外注）。これこそパウロがテモテに語っている内容でもある。イエスのことばは否定文であるが、パウロは肯定的な言い回しを用いている。彼はテモテを励ますために、「あなたのうちに与えられた神の賜物を、再び燃え立たせてください」と言っている（Ⅱテモテ一・六）。

未来への恐れは、神の賜物を十分に生かせず、適切な考え方ができず、自己を正しくコントロールできないことが原因である。心の内で将来のことが気になり始め、未来の状態を想像し、「いったいこれから何が起こるだろうか」と不安になる。すると、その想像があなたを追い立て始める。そのために平静な心が奪われ、自分がどんな存在であり、また何者であるかを想起できなくなってしまう。そこで憂うつになり、スランプ状態に落ち込んでいく。

そういうわけで、最初にしなければならないのは、自分自身をコントロールし、失望している自己を引き上げ、心を引き締め、平静な心を取り戻し、自己をさとすことである。パウロが述べるように、大切な事柄を思い出さなければならない。私の理解によれば、ここでパウロがテモテに対して強調しているのは次の点である。「テモテよ。あなたはいまだに信仰を持たない人のように、自分のこと、自分の生活と責任のことだけを考えているようだ。だがテモテよ。あなたは未信者ではない。クリスチャンであり、生まれ変わった者であり、自分の内に神の霊を宿した者である。しかし今のあなたは、かつて信仰のなかった時のように、事にあたろうとしている。」この点では私たちも同じ問題を持っているのではないだろうか。確かに私たちはクリスチャンであり、真理を信じて新しく生まれ変わった者であり、神の子どもである。ところが、あたかもそれらいっさいが全く起こらなかったかのように考え始め、スランプ状態に落ち込んでいる。この世の人と同じように、一度も新生体験をしていない者のように未来を眺め、その恐れに身を任せている。自分の弱さ、能力の足りなさと、使命の重大さと、ゆだねられた働きとを見比べている。そのうえ、自分があたかも信仰のない生まれながらの人間にすぎないかのように失望している。

パウロが最初になすべきこととしてテモテに勧めているのは、神の賜物である聖霊が与えられていることを思い起こし、そのために将来についての見方が根本的に変えられなければならないことを悟ることである。信仰者は、全く新しい視点から苦悩を評価しなければならない。従来とは異なる方法でいっさいの物事に対処すべきなのである。また、それらと取り組む際には、自分の内に聖霊が宿っていることを想定することから始めなければならない。私たちには未来があり、重大な使命があり、迫害があり、困難があり、敵対者がいる。それを十分に承知すべきである。

また同時に自分の弱さ、能力の足りなさを認めなければならない。だが、そのところで立ち止まるのでなく、さらに進んで、「確かに私はそれを承知している。しかし……」と言うべきである。この「しかし」ということばが出る時、その人は使徒パウロが期待したことを行っているのである。「しかし、神の霊が私の内に宿っておられる。神は聖霊を遣わされたのだ」と宣言する時、すべての情況は一変して見え始める。

ことばを換えて言えば、このところで問題なのは自分の現実ではなく、神の現実であることを悟らなければならない。テモテは生まれつき臆病者であり、敵の力は強大で、かつ彼の責任は重大であった。確かにそうだったが、彼が考えなければならないのは自分だけのことでなく、また当面の情勢についての個人的な見解でもない。「神は私たちに、臆病の霊ではなく、力……の霊を与えてくださいました」とある。つまり、自分の弱さでなく、聖霊の力について思いめぐらす必要がある。そうする時にこそ、私たちは信仰上のバランスを回復し、情況全体をはっきりと把握できるようになる。

これまでも、繰り返し各人の気質は異なっていると強調してきたが、もう一度それに言及したいと思う。しかし、ここで言いたいのは、それぞれの気質は異なっているが、使命の達成に精一杯取り組む時には気質の違いは問題とはならないという点である。ここに贖いの不思議がある。私たちはそれぞれ、神から気質を与えられている。それぞれの気質は異なっているが、それは神の御旨である。そうではあるが、自分の気質に振り回されてしまうのはクリスチャンにとってふさわしいことではない。私たちは聖霊によってコントロールされなければならない。この順序が大切である。

人にはそれぞれ力と能力があり、またそれらを動員する独特な気質がある。しかしクリスチャンとして最も重要なのは、聖霊に導かれていることである。信仰生活を送るうえで、気質に身を任せてしまうことは、絶対に間違っている。生来の人間は、つねに気質によって支配されており、自分自身を制することができない。しかし、新生は全く新しい生き方を可能にし、気質さえも統制する自制力をもたらす。聖霊が宿った瞬間から、気質を含むすべてのものが聖霊に支配される。するとその人は聖霊の力を根拠として、気質を媒介とする独特な方法によって活動できるようになる。これが贖いの不思議である。気質は残るが、もはや最高の統制力とはならない。聖霊が統治者となられるのである。

さて、冒頭のテキストを詳しく学んでいこう。「神は私たちに、臆病の霊ではなく……」と言われている。では、神が与えられたのは、どんな霊であろうか。その次のことばに注目してほしい。「神は私たちに、臆病の霊ではなく、力……の霊を与えてくださいました。」これこそまさしく神が与えられる霊である。私たちは使命を持ち、また自分の足りなさを知っている。それは事実であるが、ここに弱さを知った者への力がある。そして、それは現実に感知できる力である。

クリスチャンとしての生涯を全うできないかもしれないという恐れを持つ人がいるか。その人に対することばは、これである。「恐れおののいて自分の救いを達成するよう努めなさい。神はみこころのままに、あなたがたのうちに働いて志を立てさせ、事を行わせてくださる方です」（ピリピ二・一二、一三）。恐れや不安が完全になくなるわけではない。それは気質の一部である。しかし、「うちに働いて志を立てさせ、事を行わせてくださる」神の力によって活動することができる。つまり、少しも不安のない人間、全く恐れを感じない人物に変身するわけではない。引き続き恐れや不安の中で自分の救いを達成しなければならない。にもかかわらず、力が与えられるのだ。「みこころのままに、あなたがたのうちに働いて志を立てさせ、事を行わせてくださる」神の力がある。このテキストは、信仰生活を全うすることや、罪や誘惑と戦うことだけを問題とした聖句ではない。忍耐する力、情況や環境がどうであれ前進していく力、逆境に押しつぶされずに耐え抜く力も意味している。さらに言えば、臆病この上もない人物に力が与えられて、死をもいとわないでいっさいを乗り越えていく姿をも暗示している。

その実例を使徒たちの内に見ることができる。死を怖がり、死ぬのを恐れたペテロは、その好例である。彼は恐怖心のために自分の主イエスとのかかわりを否定した人物であった。「私は主を知らない。あの人とは何の関係もない」と彼は公言した。のろいと誓いのことばをもって、自分が尊敬する主、最も偉大な恩人を裏切ったのだが、それは自分の生命を守ろうとしてであった。しかし「使徒の働き」の内に認められる彼の後の姿を見てほしい。聖霊の力が内に宿り、ペテロは死をも恐れない者となった。彼はこの世の権力者たちに向かって顔を上げ、すべての人の顔を直視できるまでになった。このことは長い教会史の中にあって最も著しい事柄の一つであるが、今日もなお、そのことが起こり続けている。私は、殉教した信仰者たちの伝記や、宗教改革者やピューリタンの伝記を読むようにと繰り返してクリスチャンに勧める。彼らの伝記を読んでみるがよい。そうすれば、勇ましく勇敢な男たちだけでなく、か弱い女性や少女たち、さらには幼い子どもたちまでもがキリストのために勇敢に死んでいった姿を見出すだろう。彼らがそうしたのは自分の力によってでなく、聖霊の力が与えられたからである。

ここでパウロが述べているのも、それである。パウロはテモテに、次のようにさとしている。「そんな弱音を吐いてはならない。あなたは信仰のない新生していない者のように考えている。あたかも自分の力だけでいっさいの物事に対処しなければならないかのように心配している。しかし、神はあなたに力ある霊を与えておられる。だから前進するがよい。聖霊は、いつもあなたと共におられる。あなたは自分のことが気にならなくなり、自分の行動に驚くほどになるだろう。そして万一、死に直面するような境遇に至っても、自分がすばらしい神の名のゆえに恥と死とを身に負うのにふさわしい者となったことを喜ぶようになるだろう。」それは神の力である。だから、難しい情況に置かれて憂うつになりそうな時、なすべきことは、「私には聖霊が与えられている。

聖霊は神の力の霊である」と宣言することである。

パウロが次に指摘しているのは「愛」である。これは実に興味深い。このところでのリストに愛を含める者が何人いるだろうか。パウロがここで愛に言及したのはなぜだろうか。このことばで何が言いたいのだろうか。「神は私たちに、臆病の霊ではなく、力と愛と慎みの霊を与えてくださいました」とある(Ⅱテモテ一・七)。確かに、力が必要だということは分かる。しかし、なぜ愛が大切なのだろうか。この小心なテモテに必要なのは愛などではないと感じられる。なぜパウロは二番目に愛の霊を取り上げたのだろうか。ここには聖書心理学の見事な片鱗が見られる。

結局、この未来への恐れの最大の原因は何だろうか。その答えは「自己」である。自己愛、利己心、自己防衛の心が原因である。あまりにも自分のことだけに固執することが、将来に不安を抱く人の悩みの本質であると気づくべきである。つまり、私はどうしたらこれができるだろうか、もし私が失敗したら、どうなるだろうか……と、「自分」のことで頭がいっぱいになっている。彼らはつねに自分自身に目を留め、自分の姿を眺め、自分自身のことに関心を集中している。愛の霊が求められるのは、ちょうどこのところである。というのは、自己を統制する唯一の方法は、それだからである。自己を癒やすものは、ただ一つである。自分の力で自己をコントロールすることは決してできない。その期待は、修道士や隠遁生活を目指した人々の致命的な誤りであった。彼らは世俗世界や他の人々から離れることはできたが、自分自身から逃れることは不可能であった。自己はあなたの内にある。それを自分で抑制しようと試みれば試みるほど、自己はますますあなたを苦しめるだろう。

自己を克服する方法は、ただ一つしかない。つまり、他の人または他の物に意識を集中して、自分について考える時間を持たないように努めることである。感謝すべきことに、聖霊なる神はそれを可能にしてくださる。聖霊は「力の霊」であるだけでなく、「愛の霊」でもある。これはどういう意味だろうか。それは神への愛を引き起こす霊のことである。人間を創造された偉大な神への愛、また地獄に下るほかはないみじめな被造物となった私たちのために、贖いの道を備えられた偉大な神への愛である。神は「永遠の愛をもって」私たちを愛してくださっている（エレミヤ三一・三）。「そのことを考えてみよ」と、パウロはテモテに勧める。「もし、あなたが神の愛に魅了されるならば、自分に関することはみな忘れてしまうだろう。」この愛の霊は人を、自己愛や利己心、また自分についての憂うつから解放するであろう。なぜなら、抑うつ感は自己と自己愛から出てくる結果だからである。愛の霊は、すべての点について自己を克服するための原動力である。だから、この驚くべき、永遠の神の愛について自己にさとすがよい。この神は、私たちが罪を犯したにもかかわらず、顧みてくださり、贖いの道を備え、ご自身のひとり子をさえ惜しまないで、すべての信仰者のために、死に渡されたお方である。

すると、何をすべきだろうか。まず御子なる神の愛の広さ、長さ、深さ、高さを思いみるがよい。人知をはるかに超えたキリストの愛を味わい続けるがよい。天の御座を離れ、神としての永遠の栄光のしるしを放棄し、幼子の姿で誕生し、大工の一人として働き、罪人たちの反抗を耐え忍ばれた方のことを考えてみるがよい。人々がその顔につばを吐きかけ、その額にいばらの冠をかぶらせ、その両手両足に釘を打ち込んだお方の姿を思い描いてみよ。イエスは十字架につけられていた。主はそこで何をされたのだろうか。主イエスが十字架上で死なれたのは、私たちのためである。あなたや私の罪が赦され、神と和解するためであった。この主の愛について考えてみよ。そうすれば、その意味が分かってくるにしたがって、自分自身のことを忘れるようになるだろう。

次には兄弟愛である。周囲の人々のこと、その必要や求めについて考えてみるがよい。テモテは自分に向かって「私は殺されるかもしれない」とつぶやいていたようである。だがパウロは、「周囲の人々のことを考え、罪のうちに滅びつつある人たちを見よ。自分のことは忘れるがよい」と命じている。滅びゆく人々への愛と同信者への愛を燃え上がらせるがよい。また、この世における最も偉大で崇高な真理、すばらしい栄光の福音への愛を燃え上がらせよ。それこそ、使徒パウロが「力と愛の霊」と呼んでいるものである。その勧めを自分自身に当てはめるがよい。この愛の霊に満たされるならば、自分の悩みは忘れてしまうだろう。そうすれば、ご自身をささげられたキリストよりも大切なものは何もなく、その方のためならば何も惜しくはないと思うようになる。そして、ツィンツェンドルフと同様に、ただ一つの目的に情熱を傾け、「主イエス・キリストのみ」のために生きることができるようになる。それが「愛の霊」である。

そして最後は「慎みの霊」である。「神は私たちに、臆病の霊ではなく、力と愛と慎みの霊を与えてくださいました。」「慎みの霊」とは、どんな意味だろうか。それは臆病の霊の正反対であり、自制力、克己、バランスのとれた心のことである。生来の人間は小心で、神経質かもしれないが、神が信仰者に与えられた霊は自制の霊、克己の霊、健全な判断力の霊である。パウロがそれに言及する以前に、主イエスは同じことを教えておられる。パウロは主ご自身の教えを繰り返し、それを解説しているにすぎない。

イエスが弟子たちを宣教に遣わされた時、前もって語られたことばを覚えているだろう。彼らは人々から憎まれ、迫害され、また生命をさえ放棄しなければならないような重大な試練に直面するかもしれない、と主イエスは警告された。また次のように言っておられる。「人々があなたたを引き渡したとき、何をどう話そうかと心配しなくてもよいのです。話すことは、そのとき与えられるからです」(マタイ一〇・一九)。つまり主は、「あなたは法廷に引き出され、人々はあなたを陥れようとして様々のことをしかけてくるだろう。しかし、恐れる必要はない。話すべきことは、その時に示されるからだ」と言っておられる。心配する必要はない。あまりにも神経過敏になる必要はない。自分がどう語ってよいかを知らないからといって、過度に心を痛め、動揺することは無用である。そのつど、語るべきことばが与えられるからである。まことに聖霊は知恵の霊、慎みの霊である。

このポイントを如実に例証する実話を紹介したい。場所は十七世紀のスコットランド。カベナンターと呼ばれるキリスト教グループの一員だった一人の少女の物語である。ある日の午後、彼女は同じ信仰を告白する人たちが集まる聖餐式に参加しようとしていた。もちろん、当時はこのような聖餐式は絶対的に禁じられていた。イギリス国王軍の兵士たちは至るところで、この聖餐にあずかろうとして集まる人々を探し回っていた。この少女が途上で街角を曲った時、運悪く兵士たちの一団に出くわしてしまった。彼女は連行されるのを覚悟した。しばらくの間、何と言ってよいか分からなかったが、尋問された時、とっさに次のような答えが浮かんできた。「私の兄が死亡し、今日の午後、その遺言が読まれることになっています。その人は私と深い関係にあり、また私にも何かを言い残しているということです。私はその遺言が読み上げられるのを聞きに行くところです。」そこで兵士たちは彼女を釈放したのである。

「神は私たちに、臆病の霊ではなく、力と愛と慎みの霊を与えてくださいました。」つまり、知恵、慎重な分別、適切な判断力の霊である。聖霊によってあなたは蛇のように賢くされる。あなたは敵に対して全く偽りのない言明を行うが、敵はそれを理解できず、あなたは難を逃れることができる。確かに彼女の兄に当たる人物は死亡した。つまり、キリストは彼女のために死に、聖餐式において彼の遺言である聖書のことばが繰り返し読まれるはずだった。彼女は主イエスが自分のために残されたもの、そのみわざを想起しに行く途中であった。キリストの御国で最も知恵がなく、最も小心であった者に賢明な判断力と知恵の霊が与えられたのである。

「心配しなくてもよいのです。話すことは、そのとき与えられるからです」とキリストは言われた。主イエスは何をすべきかを教え、どう語るべきかを示してくださる。もし必要とあらば、あなたを抑制されるかもしれない。クリスチャンは自分の力だけで生きているのではない。信仰のない人たちのように自分のことだけを考えてはならない。私たちは生まれたままの人間でなく、生まれ変わった者である。神は聖霊を与えられたが、その聖霊は「力と愛と慎みの霊」である。

そういうわけで、特に未来への不安と恐れによって憂うつなスランプ状態になりやすい人たちに対して、私は神にあって使徒パウロのことばを贈りたい。「あなたのうちに与えられた神の賜物を、再び燃え立たせてください」（Ⅱテモテ一・六）。自分自身に語りかけ、主にある自分の姿を思い出させるがよい。未来と未来についての不安な憶測とによって萎縮させられる代わりに、自己に語りかけ、自分がだれであり、どんな存在であるか、またどのような霊を宿しているかを自己にさとすがよい。聖霊のご性格を思い起こすならば、何事をも恐れず、つねに前進を続け、未来に対して十分に心備えをして、現在という瞬間を生きることができる。そこには、ただ一つの願いだけがある。すべてを与え尽くされたキリストの栄光を表し続けたいという願いである。

八　感情

そういうわけで、私はあなたに思い起こしてほしいのです。私の按手によってあなたのうちに与えられた神の賜物を、再び燃え立たせてください。
（Ⅱテモテ一・六）

このテキストは重大な内容を含む言明である。しかし、私たちの当面の関心は、ここで使徒パウロがテモテに書き送った勧めの意義である。「あなたのうちに与えられた神の賜物を、再び燃え立たせてください」と、パウロは強く訴えている。今このことばに注目するのは、これまで「霊的スランプ」と呼んできた主題についての全般的な考察の一環としてである。言わば「みじめな気持ちのクリスチャン」の状態を分析し、それを癒やすことが目的である。「みじめなクリスチャン」という表現自体、この状態が本質的に好ましくないことを示している。これまでに心に痛みを覚えながら、その状態を考察してきた。この言い回しは、実は矛盾を含むのであるが、そのように描写せざるを得ない。というのは、この「みじめなクリスチャン」ということばは、ある人々の状態をまさしく言い当てているからである。あってはならないことなのだが、実際のところ、それは現実である。そのような状態はないほうがよいのだが、事実、存在する。そこで、この状態を解消するために旧新約聖書の教えを正しく理解することが求められるのである。

この状態の存在を全く認めようとせず、気短にそれを一笑に付したがっている人々がいることを、私は承知している。彼らは、クリスチャンとは一日中賛美を絶やさない人間であり、回心して以来、心に動揺を感じたことがなく、すべて順調な人生を送っている人間であると考えている。この人たちは霊的スランプ状態を全く容認しようとせず、憂うつ感で苦しんでいる人々について決定的な不信感を持っている。時には、そのような人々がクリスチャンであるということさえも疑問視するほどである。だが私たちは、この種の同信者に対して聖書はもっと寛容であり、クリスチャンも抑うつ感を持つことがあり得ると明示していることを繰り返し学んできた。聖書は、それが望ましい情況であるとは言っていないが、その存在を事実として認めている。そういうわけで、信仰の成長と健全さに関心のあるだれかが、その状態を解明し、神が聖書の内に十分に提供しておられる解決方法を彼らに示す必要がある。

すでにこの状態の原因のいくつかを分析してきたが、さらに考察を進めていくことにしよう。すでに述べたように、自分たち以上に私たちを知り尽くしている狡猾で力のある敵対者に私たちは攻撃されている。この悪魔の目的と意図は、神の栄光と主イエス・キリストの栄光とを損なうことである。そのために悪魔が用いる最も効果的な方法は、クリスチャンを陰うつでみじめな気分に追いやることである。なぜなら、それを望むか否かにかかわらず、現実に世の人々は私たち信仰者の様子によって神と主イエス・キリストとを判断しており、そのことについて世の人々を非難することはできないからである。

クリスチャンは宣べ伝えるべきメッセージを持っている。自分自身を「クリスチャン、キリストを信頼する者」と呼ぶこと自体がメッセージであり、チャレンジである。そして、この世は私たちの現実を調べる権利を持っている。「信仰者たちは偉大な思想とメッセージとを掲げている」と世の人々は認める。しかし次に私たちの姿を見て、「それがキリスト信仰なのか。私たちを招いているのは、そんな状態に対してなのか」と反論しないだろうか。次のことは全く疑いの余地がない。それを明確に知っている必要がある。つまり、現代、キリスト教会に属さない人々がおびただしくいるという事実は、何にもまして教会の内にいる人たちの状態によって引き起こされているという点である。これまでに起こったリバイバルについての書物を読んでみるがよい。そうすれば、その初めはつねに同じであると分かるだろう。つまり、まず最初に一人の人物、あるいは時には一群の人たちが突然に真実の信仰に目覚め、次に周囲の人々が彼らに注目し始める。その後で、外の世界が興味をそそられ、注意を向け始める。リバイバルはつねに教会の内で起こり、その次に外の世界がそれに気づいて関心を持ち始める。それゆえに、信仰者である私たちの状態がきわめて重要なのである。

これまでに私たちは、悪魔がクリスチャンを過去にこだわらせようとする働きを考察した。過去に犯した罪、むだに使い果たした時間についてである。また、過去の出来事について心を痛め、それを嘆き、みじめな気持ちで現在を過ごす人々の姿についても見てきた。さらに、それで十分でない時には、サタンは攻撃方法を全く変更し、クリスチャンの心を未来についての恐れや憂慮で満たし、現在の私たちを抑圧しようとすることも考察した。

ここで、もう一つのテーマを考察していこう。それは未来に対する恐れや不安と非常に密接な結び付きがあり、関連性がある。そのテーマは冒頭の聖句の中に示される、感情とかかわりがある。つまり、クリスチャン生活における感情の位置についてである。おそらく信仰生活において感情という要素ほど霊的スランプと幸福感の喪失の原因となりやすいものはないだろう。感情はどこから生じてくるのだろうか。また、感情はどのようなものと評価すべきだろうか。人間はいつでも、この問題で悩まされ続けている。牧会活動に携わったことがある人ならば、この感情という問題こそ、人々を最も頻繁に牧師のもとに行かせる要因であるという点に同意するだろう。

これはきわめて自然なことである。なぜなら、つまるところ私たちすべては幸福感を持ちたいと願っているからである。それは人間に生まれながらに備わった願望である。みじめな気持ちになりたいと願っている者は一人もいない。とはいうものの、みじめな気分を楽しんでいるように見える人たちがおり、幸福感を喪失していることに安堵を感じていると思われる人がいるのも事実である。

信仰とのかかわりにおいて思考と知性の優先性を訴えることは、宣教活動への私の召命感の重要な部分である。だが、それはそれとして、感情やフィーリングや感覚的なことも非常に大切であると、私はためらわず断言する。人間は、感情がそれぞれの個性の中で大切な役割を果たす存在として創造されている。確かにクリスチャンだけでなく、すべての人にとって、この世の実生活における重大問題の一つは自分の感情と情緒とを正しくコントロールすることであると言える。実に、この世界で破壊的な行為が行われ、悲劇や残虐な行動や悲惨な出来事が生じるのは、人が自分の感情をコントロールする方法を知らないからである。人間はそのような形質を与えられており、感情は大切な位置を占めている。そして、新生の経験がもたらす最も重要な事柄は、知性と感情と意志とを整えてふさわしいところに据えることであると見るのは、十分に理由があってのことである。この感情という主題を分析しながら、そのことを深く考察していくことにしよう。これは明らかに非常に大きな課題であり、手短に論じ尽くせる者はいないが、問題の概要を把握することがまず重要である。

手初めに、興味深いと感じられる一つの点に言及しよう。初めに指摘したように、感情の問題と、未来に対して不安と恐れを持つという別な問題との間に、奇妙な結び付きが認められる。これら二つの問題はしばしば同時に起こる傾向がある。そのため、この二つが聖書中の同じ章に述べられるとしても驚くことはない。明らかにテモテは生まれながらに神経質な人物であったが、同時に憂うつになりやすい性質を持っていた。この二つの傾向は、同じようなタイプの人の内にしばしば認められる。

そういうわけで、もう一度ここで指摘したいのは、生まれつきの性向として他の人々よりも憂うつに陥りやすい人たちがいるという事実である。概説的な考察とのかかわりにおいて、もう一度、大切なことばを繰り返し強調しておきたい。つまり、私たちは回心し、新生した者であるが、それぞれの根本的な性質は変わっていない。したがって、回心以前に他の人よりも憂うつになりやすかった人は、回心後もその傾向と戦い続けなければならない。すべてのクリスチャンは信仰生活において共通するいくつかの課題を持っているが、同時に、一人一人は独自の問題を抱えている。それぞれの賜物は異なっており、与えられている能力も同じではない。各人の悩みについても同じことが言える。まことに「心はその人自身の辛さを知っている」(箴言一四・一〇)。また、人はそれぞれに負うべき重荷を持っている。私たち一人一人は特に困難を感じる事柄を持っているが、一般的に言えば、それは各人の気質や生来の性格がそう感じさせるのである。

それゆえ、生まれながらに内向的で憂うつになりやすく、うつ病になりやすい人は、信仰生活においてもその点をわきまえておく必要がある。このタイプの人の危険は、憂うつのとりこになりやすいことであり、それには感情の問題がかかわっていることが多いのである。

以上に述べた理由から、この問題の全体像を知ることが第一に必要と思われる。その後で個々の具体的な点に言及していきたい。初めに感情についての一般論を述べ、信仰生活におけるその適切な位置について考えてみよう。最初に取り組まなければならないのは、次のような問いである。信仰生活の中で感情はどのような位置を占めるのだろうか。その働きは何だろうか。この点についていくつかの一般的な言明を記したい。

まず第一に、真実な信仰生活に感情が不可欠であることは明白である。それは信仰にかかわりを持つように意図されている。ローマ人の手紙六章一七節にパウロが残している重大な言明を学んだ時、そのことは明らかになった。そのところで強調される中心点は、イエス・キリストの福音はとてもすばらしく偉大であり、それは人間の一部分だけでなく、人格全体にかかわっているということである。つまり、ここでも知性や意志と同様に、感情も信仰生活に関連しながら機能していることを指摘したい。もし感情のレベルで動かされた経験が全くない人がいるとすれば、自分の信仰をもう一度、徹底的に点検した方がよい。

もし、ワーズワースのような詩人が自然界について瞑想し、「私は、高揚された思考という喜びによって心を揺り動かす存在者を感じ取った」と言い得たとすれば、つまり神秘主義の詩人でさえそのように言うことができるとすれば、すばらしい福音のメッセージ、偉大な救い主、神ご自身、また聖霊の力と感化力を知っている私たちが、どうしてそれ以上のことを言えないはずがあろうか。新約聖書を読み通すならば、喜びがクリスチャン生活の本質的な部分と考えられているのに必ず気づくことであろう。回心者に与えられる最大の恵みの一つは、恐るべき地獄の穴と泥沼から引き上げられ、足を堅固な岩の上に据えられ、その歩みが確かなものとなり、口に新しい喜びの歌が与えられることである。このように感情は、積極的に信仰にかかわるように意図されている。福音が私たちのもとに届くと、それは人格全体に関係してくる。福音の真理の輝きが分かる時、それは人の知性を動かし、同様に心と感情を揺り動かし、さらに意志をも動かすのである。

第二に、次の点を指摘したいと思う。それはとても単純で基本的な事柄だが、人は時としてそれを忘れ、混乱に陥ることがある。その二番目の点とは、感情は意図的につくり出すことはできず、意志によって感情を統制することは不可能だということである。このことを明言しておきたい。自分で自分の内に望ましい感情を生じさせるのは不可能である。もしかしたら故意に泣き顔を作り、目に涙を浮かべることはできるかもしれない。しかし、必ずしもそれが真実の感情であるとはかぎらない。まことの感情と偽りの感情とは、全く異なるものである。真実の感情は人がコントロールできないものであり、それを意図的につくり出すことは不可能である。どんなに努力してみても、それは達成できないだろう。ある意味では、自分の内に望ましい感情をつくり出そうと試みれば試みるほど、みじめな気分を助長するばかりである。心理学的に見れば、この点においては人間は自分自身の主人ではない。これは人間についての最も顕著な事実の一つである。人には望ましい感情をつくり出したり、意図的に生じさせたりすることはできない。直接的にそうしようと努力すると、問題をさらに悪化させるのが常である。

さらに次の原則に移ることにしよう。明らかに、人間の感情ほど変化しやすく複雑なものは他にない。人間はそれぞれ、変化に富んだ点を持つ被造物であるが、与えられているすべての要素の中で感情ほど移り変わりやすいものはない。それは、感情が実に多くの要素に依存しているからである。非常に多くのものが感情に影響を及ぼしている。気質もそうだが、体の調子も同様である。周知のように、古代の人々は感情が肉体の様々な部分に潜んでいると信じていた。これは、ある意味において正当な考えである。彼らは人の気分を左右する体の粘液というものを想定し、「黄疸の目には、すべてが黄色に見える」〔訳者注・意訳すれば、「ひがんだ者の目には、すべてが憂うつに映る」〕などと言い習わしていた。この格言には、一片の真理が含まれている。身体の状態は、深いところで人間の感情に影響を与えている。だから、次のことを注意深くわきまえている必要がある。つまり、クリスチャンになったからといって、人はすべての性質や性向を一瞬のうちに失うわけではない。それらは引き続き信仰者の内に残っている。したがって、それらの要素すべてによって、私たちの気分は異なったものとなる。

たとえば、朝目覚める時、自分がその前日とは全く異なる気分や状態にあるのに気づいて驚いたという経験が何度もあるに違いない。その理由が一つも見当たらない場合もある。前日には心の奥底から幸福感に満たされて、次の日もすばらしい一日になるだろうと期待して床につく。しかし翌朝、床を離れる時には憂うつで、気分がすぐれないという場合がある。何が原因なのかも分からないが、実際にそうだと気づくのである。そこに問題の核心がある。別なことばで言えば、感情はつねに移り変わるものである。そして私が強調したいのは、その感情に振り回されることの危険である。

気質についても同じことが言えるが、それはすでに学んだところである。私たち一人一人は神から独特な気質を与えられている。神は二人として同じ者を造ってはおられず、それぞれは異なる者であり続けるべきである。確かに私たちは、それぞれ異なった気質を持っている。しかし、その気質に振り回されるのは間違いであり、決してキリスト教的な振る舞いではない。もちろん、気質を生かして神の栄光を現す人たちもいる。「私はつねに自分の本心を語り、自分の考えに従って行動している」と言い得る人が存在するのを承知している。だが、その人々が自分の正しさを主張するあまり、他の人の傷つきやすさを無視するならば、どれほどの損失が生じるかについて想像してみるがよい。もし、すべての人が自分の感覚に盲従するとすれば、どうだろうか。人々が

「自分は、こういうたぐいの人間だ」と居直ろうとするならば、「それは間違っている」と言わなければならない。こう言うのは、各人が自分の気質を変えることができるという意味ではなく、気質はコントロールされなければならないからである。別な言い方をすれば、気質は神の賜物の一つであるが、罪と堕落の結果、正しく統制されなければならなくなった。それはすばらしい賜物であるが、コントロールされる必要がある。

感情についても全く同様である。感情は私たちを自由自在に動かそうとつねにねらっている。もし、それをわきまえていないなら、疑いもなく私たちは感情に牛耳られてしまうだろう。人が自分の気分や感情を吐露する際に示すのは、まさしくその姿である。憂うつな気分が襲いかかってくるように感じられる。それを望んでいるわけではないが、それが現実の姿である。問題は、感情によってうろたえさせられ、牛耳られるままの状態を続けることである。朝に寝床を離れる時の気分が悪ければ、一日中そういう気分でいるのが普通であり、正気を取り戻させるような出来事が起こるまで、それを持ち続ける傾向がある。旧約聖書における顕著な実例は、イスラエルの王サウルである。問題は、感情に盲従し、感情のおもむくままに行動することにある。感情の支配に属し、その統制に身を任せ、生活全体をその支配にゆだねることが問題なのである。

この点の考察を締めくくるにあたり、自分が特定の感情や経験を持っていないという理由から、自分はクリスチャンではないと性急に考える危険に注意を促したいと思う。霊的な状態という見地からすれば、これは感情に支配されている有様の最も一般的な現れの一つである。ここで言うのは、他の人々がそれぞれの体験をあかしし、すばらしい感情について話すのをそばで聞きながら、「私には、そのような体験が一度もない」とつぶやいている人たちの姿である。そこで彼らは、自分が本当にクリスチャンだろうかという疑念を抱き始める。

すでに述べたことを、ここで繰り返しておきたい。確かに感情は真実な信仰にかかわっているが、特定の感情を経験したことがないという事実は、必ずしもその人が信仰者ではないという意味ではない。感情は不可欠な要素である。しかし、もし特定の感情が必要不可欠であると思い込んでいるならば、真実のクリスチャンでありながら、容易に悪魔のえじきとなり、幸福感を失い、「陰うつと悲惨な心」を持って生活することになるだろう。

これは私が個人的に関心を持っているテーマであるが、本題から逸脱しないように気を配らなければならない。とはいえ、この件は単に気質だけの問題ではなく、国民性もかかわっていることは疑いがない。人生観についても、民族によって傾向が異なることは疑問の余地がない。確かにキリスト信仰においても民族的な違いがある。たとえば、ケルト民族に属する人々を例にとれば、そこにはクリスチャンが幸福感を持ちすぎるのは良くないと主張する人がいるほどである。彼らは、感情の高まりに対してきわめて慎重であり、幸福感と喜びの感情は概して偽りに起因するものだと見ている。

このような傾向は、この民族に限ったことでなく、信仰集団や教団の特徴となる場合もある。たとえば、厳格なバプテスト派の創設者の一人であったＪ・Ｃ・フィルポットによってなされた説教がある。それは「やみの中を歩む光の子と、光の中を歩むやみの子」と題され、イザヤ五〇章の末尾の二節をテキストとしたものである。その説教の中で彼は、人は偽りの感情をかき立て、炎のような劇的な体験をつくり出すことができるが、それは長くは続かないと述べている。また次のようにも語っている。「まことの神の子である信仰者は、自分の心の堕落と罪深さとを知っているゆえに、心に重荷を持ち、苦労しながらこの世を歩んでいる。神の偉大さと威厳を知ると同時に、自分の罪も認めているからである。」

彼の主張の中心点には賛同するが、この説教において、この偉大で敬虔な説教者は少し行き過ぎているように感じられる。というのは、もしも人がこの世で幸福感を持つとすれば、多分そこには偽りが含まれるとか、あるいはその人物はクリスチャンではないというような響きを残しているからである。それは少し行き過ぎである。自分はクリスチャンであると自称している人であっても、その根拠が信仰的でなく、心理的な経験であるというような場合があることは疑いがない。確かに浅薄で皮相的な幸福感は真実なクリスチャンの喜びではないが、だからといって、すべての喜びは絶対に信仰と相いれないと結論する必然性はないのである。

この点について聖書には何と述べられているだろうか。この感情という問題を、どのように取り扱うべきだろうか。それについて、いくつかの提言をしてみたい。第一の提言は、非常に実際的である。つまり、もし今まさにスランプ状態に陥っている人がいるならば、喜びの感情がないことについて明白な理由があるかどうかを、はっきりさせるべきである。

たとえば、もし罪を持っているならば、みじめな気持ちになるのは当然である。「曲がった者の道には茨と罠《わな》がある」と言われている（箴言二二・五）。もし神の律法を破り、その戒めに反しているならば、幸福感を持つことは無理である。クリスチャンであっても、自分の意志のままに行動し、自分の好き嫌いの感覚に頼っているならば、その人の信仰生活はみじめなものとなるだろう。それに関して議論する必要はない。もしも手離したくない罪を持ち、聖霊が良心を介して非難しておられる罪に固執しているならば、幸福になることは決してできない。もしそうであれば、なすべきことは一つである。それを認め、告白し、悔い改め、すぐに神のもとへ行き、その罪を言い表すべきである。心を開き、包み隠さず神に申し上げ、一つの罪も残さないようにすべきである。そうしたならば、神は罪を赦してくださると信じるがよい。「もし私たちが自分の罪を告白するなら、神は真実で正しい方ですから、その罪を赦し、私たちをすべての不義からきよめてくださいます」（Iヨハネ一・九）。もしも告白されていない罪が幸福感の喪失の原因ならば、そのほかの原因を列挙し、論述していくのは時間の浪費にすぎない。

何と多くの人たちが、この点でつまずいていることだろう。だから、このことについて完全に明白にしておく必要がある。良心の語りかけを重んじるがよい。あなたの内に宿られた聖霊を通して神が語られる声に聞き従うがよい。もし、神が罪を指摘しておられるなら、まずそれを解決すべきである。罪を温存したままで、この問題の解決を望むことは決してできないのである。

以上のことが自明であると見なし、それが問題の原因ではないと仮定して、指摘したいのは次のポイントである。自分の感情をあてにしすぎるという誤りを避けるべきである。何はさておき、感情を判断の基準にするという恐るべき間違いを犯してはならない。この点は、特に繰り返しておきたい。なぜなら、これがつまずきの原因である場合をしばしば目にするからである。感情は決して最も大切な座を占めるようには意図されていない。決してそれを中心とすべきではない。もしも感情を基準にして生活するならば、その人は必ず幸福感を失うことになる。なぜなら、それは神が定められた順序に従っていないことだからである。感情はつねに何かほかのものの結果である。

聖書を読んでいるはずの人がどうしてこの過ちに陥るのか、私には分からない。詩篇三四篇でその作者は、「味わい　見つめよ。主がいつくしみ深い方であることを」と述べている（八節）。神のすばらしさを実際に味わうまで、人はそれを慕うことはない。それを体験するまで神を知ることはなく、それを感じることもない。「味わい　見つめよ」とある。ここに、夜の後に朝が来るという自明の順序がある。体験的にそれを味わう前に、感動を得ようとしても無理である。これは聖書の至るところで強調されている原則である。聖書に記されているのは真理である。聖書は人の感情を刺激するための書物ではなく、人間を感激させることを第一の目的にした本ではない。それは本来、真理であり、真理は神が人間に与えられた最大の賜物である知性に向けて語られている。私たちが真理のことばを正しく理解し、それに従って生きる時、感情が伴ってくる。

だから、決して初めに「私はこれについて、どう感じているだろうか」と自問してはならない。最初の問いは、「私はそれを確信しているか。それを受け入れているか。それにとらえられているか」である。この点がすべての原則の中で最も重要であると私はまじめに考えている。自分の感情に頼りすぎてはならない。自分自身の霊的な気質に振り回され、感情をかき立てることに時間を浪費してはならない。また、自分の感情を分析することに時間をかけすぎないように努めるべきである。それは、うつ病に至る確実な道にほかならないからである。

この問題は非常に微妙であり、しばしば次のような仕方で進んでいく。たとえば、いろいろな時代の偉大な聖徒たちの伝記を読んでみると、すべての人が自己吟味の大切さを強調しているのに気づく。その人たちがどのような神学的立場をとったかにかかわらず、自己吟味の必要性については異口同音に主張している。偉大な聖徒たちは、信仰者に自分自身を反省してみるようにと勧め、それぞれの心を点検すべきであると言っている。さて、彼ら自身もそれを実行したのだが、この事実は私たちも当然に、また不可避的に、自分の「感情」を調べてみなければならないという意味に受け取られる。彼らの伝記を読むと、私たちも神学についての議論だけに関心がある主知主義者ではないことを実証したくなる。また、倫理だけに関心を持つ単なる道徳主義者でもないことのあかしが求められている。

しかし、彼らの模範に従おうとする時、私たちは感情のことを極端に重要視する傾向がある。確かに、故ヘンリー・マーティンはこの一例であった。また、典型的な実例として、十七世紀のアメリカに生きたトーマス・シェパードがあげられる。彼は自分で自分を苦しめた人物の完璧な典型である。彼はイギリスからアメリカに渡ったが、この歴史に現れた最も偉大な信仰者の一人であり、また、『十人のおとめのたとえ話』などの名著を残した人物でもある。同情すべきこの聖徒は、絶え間なく憂うつ感を抱いていたが、それは自分の感情、特に好ましくない感情を持つ危険に対して敏感すぎる関心を持ったためである。彼は自分で自分を苦しめていたのであった。

さて、次のポイントに進みたい。私たちは「喜ぶこと」と「幸福感を持つこと」との間には全く異なる意味合いがあることを認識する必要がある。聖書には、信仰者はつねに喜ぶべきであると語られている。たとえばパウロは、ピリピ教会にあてた手紙の中で繰り返し、「いつも主にあって喜びなさい。もう一度言います。喜びなさい」と勧めている（ピリピ四・四）。彼は何度もそう言っている。喜びなさい、とは命令である。確かにそのとおりだが、喜ぶことと幸福感を持つこととの間にはきわめて大きな違いがある。人は自分で幸福感を生じさせることはできないが、喜ぶことは可能である。後者の意味において、信仰者は「いつも主にあって喜ぶ」ことができる。幸福感は自己の内にある感情であるが、喜びは「主にあって」である。したがって、「主にある喜び」と「幸福な気分を持つこと」とを明確に区別することが、とても大切である。

コリント人への手紙第二、四章を見てみよう。そこで大使徒パウロはいくつかの事柄を対照的に並べて、そのことを明瞭に示している。「私たちは四方八方から苦しめられますが（この時パウロが幸福感に浸っていたとは考えられない）、窮することはありません」「途方に暮れますが（ここでは全く幸福感を失っていた）、行き詰まることはありません」「迫害されますが、見捨てられることはありません」「倒されますが、滅びません」（八、九節）。ことばを換えて言えば、この時、パウロは人間的な意味においては幸福感を持ち得る状態にはなかった。にもかかわらず、喜びは失っていない。ここに、先ほど述べた二つの状態の違いが認められる。

すると次に問題となるのは、どうやって実際に喜びを増し加えることができるかである。これまで学んだことを踏まえて、その方法を知ることが重要である。それがこの章の中心課題である。すでに述べてきたように、最も重大な誤りは、スランプ状態が襲ってきた時に、それに身を任せ、打ち負かされ、抑圧されてしまうことである。人々はその状態から解放されるのを望んでいるが、そのために何もしようとしない。パウロはテモテに、「神の賜物を、再び燃え立たせてください」と勧めている。「陰うつと悲惨な心」とを、私たちは克服しなければならない。

そのためには自分自身に向かって語らなければならない。このことは以前に何度も指摘したところであるが、もう一度ここで繰り返しておきたい。というのは、ある視点からすれば、聖書の目的は信仰者がどのように自己をさとすべきかを教えることだからである。自分の自己に対して、この頑迷な自己に向かって説教しなければならないのだという点を心に銘記してほしい。自分自身に向かって教えさとし、それによって「神の賜物を、再び燃え立たせる」のである。自己に大切な事柄を思い出させる必要がある。自分がだれであり、どんな存在であるのかを想起させなければならない。つまり、自己に対して次のように宣言しなければならない。「私はおまえによって振り回されるつもりは全くない。うつ気分に身をゆだねるようなことはしない。私はそれに耐え抜き、スランプを克服するだろう。」そのようにして自分の足で立って歩き、行動を始めるがよい。もう一度、神の賜物を燃え上がらせるがよい。これは聖書の一貫した勧めである。もし、うつ気分に身を任せてしまうならば、みじめな気分を克服することは決してできない。そうならないように、注意すべきである。憂うつな気分を払いのける努力をするがよい。「憂うつな気分よ、去れ」と、きっぱりと宣言すべきである。

しかし、どうしたらそれを実行できるだろうか。次のようにしてである。私たちのすべきことは、自分の感情そのものを燃え立たせる努力ではなく、神に信頼することである。聖書のどこを探しても、人間は自分の感情によって救われるとは記されていない。そうでなく、救われるのは信仰によってであると明言されている。「主イエスを信じなさい。そうすれば……救われます」（使徒一六・三一）。最も大切なのは感情であるとは、一度も言われていない。私たちの側でできるのは次のことである。人は自分で幸福感をつくり出すことはできないが、自己に信仰を思い起こさせることは可能である。神を信頼せよと自己に命じ、また詩篇四二篇の作者にならって自己のたましいに語りかけることができる。「わがたましいよ／なぜ　おまえはうなだれているのか。なぜ私のうちで思い乱れているのか。神を待ち望め……」と彼は語っている（詩四二・一一）。

神を信頼せよ、神に身をゆだねよ——このように宣言することが解決の糸口である。これを実践するならば、感情は自然に正されるであろう。感情そのものを気にしすぎてはならない。まず自己にさとすがよい。悪魔が「おまえは幸福感を持っていないから、本当のクリスチャンではない」と訴える時、次のように答えるがよい。「今私が特別な感激を持っていないのは事実だ。しかし、気分や感情がどうあろうとも、私は聖書に信頼している。神のことばが真理であると信じており、それに全生涯を賭ける決意である。何が起こっても、私は神のことばに信頼し続けるだろう。」神への信頼こそ最も大切なものであると考え、それを忠実に固守するがよい。確かにJ・C・フィルポットはこの点において正しかった。光の子は時として自分がやみの内を歩んでいるのに気づくが、そこで足を止めたりはしない。その場に座り込んで自己憐憫《れんびん》に陥ることもしない。光の子はやみの内でも歩き続ける。これが大切な点である。その時点では主の御顔が見えないかもしれないが、クリスチャンは主がそこにおられると確信し、歩き続けるのである。

さらに進んで、もう一つの要素に言及したい。もし、本当に幸福で祝福された者となりたいと願い、クリスチャンとして真の喜びも味わいたいと切望しているならば、その秘訣は次の聖句に含まれている。「義に飢え渇く者は幸いです」(マタイ五・六)。つまり、本当の幸福を味わうのは、幸福感そのものを追い求めている人ではない。感動や感激を求めるのではなく、まず義を追い求めるべきである。自己に向かって、自分の感情に向かって、次のように断言するがよい。「私には感情について心を痛めている時間はない。心をとらえているのは、別の事柄である。幸福感を持つようになりたいのは事実だが、それ以上に切望しているのは、義なる者、聖なる者となることである。つまり、主イエスのようになり、イエスがこの世を生きられたように生活したいのである。キリストが世を生き抜かれたように、私もこの世を生き抜きたいのだ。」

ヨハネはその第一の手紙の中で、「この世において、私たちもキリストと同じようであるからです」と述べている(Ⅰヨハネ四・一七)。人生の目標を、義と聖に据えるがよい。それが明確になるならば、あなたは祝福を受けるようになり、充実感を与えられ、また追い求めていた幸福感を持つようになるだろう。幸福感そのものを探し求めていても、決して見出すことはできない。何よりもまず神の義を追い求めよ。そうすれば、自分が幸福であることに気づくようになる。そのために心を痛めることなく、それを追い求めずして、幸福感を得るようになるのである。

最後に、勧めのことばをもって締めくくりたいと思う。あなたは最高の喜びを味わいたいと心から願い、ことばに言い表せないほどの幸福感を体験したいと欲しているだろうか。もしそうであれば、なすべきことは一つである。全身全霊を傾けて神を探し求め、神ご自身を慕い求め、主イエス・キリストのもとへ行くがよい。たとい気分がふさいでいると知っても、座り込んで自己憐憫に陥ってはならない。また自分で感情を燃え上がらせようとしてはならない。そうでなく、神のもとへ行き、その御顔を尋ね求めるがよい。それが解決を得る秘訣である。

それは、大切にしていたおもちゃを奪われたり、あるいは壊されて悲しくなった子どもが、父母のもとへ走っていくのと同じである。もし自分がスランプ状態で苦しめられていると気づいたならば、なすべきことは一つである。主イエスのもとへ行くがよい。もし主イエス・キリストを尋ね求め、そして見出したならば幸福感や喜びについて心配する必要はない。この方こそ、喜びと幸福の源であり、平安の泉である。主イエスこそ、いのちであり、すべてである。

そのようなわけで、感情を過大に評価させて生活の中心に据えようとするサタンの誘惑と扇動とを避けるがよい。中心には、その座を占める権利を持っておられるただ一人の方、栄光の主イエスを置くがよい。イエスは、あなたを愛するゆえに十字架にかかり、あなたの罪と罰と恥とを身に負って死なれたのである。この方を尋ね求め、御顔を慕い求めるがよい。そうすれば、ほかのものいっさいは添えて与えられるであろう。

九　ぶどう園の労働者

天の御国は、自分のぶどう園で働く者を雇うために朝早く出かけた、家の主人のようなものです。彼は労働者たちと一日一デナリの約束をすると、彼らをぶどう園に送った。彼はまた、九時ごろ出て行き、別の人たちが市場で何もしないで立っているのを見た。そこで、その人たちに言った。「あなたがたもぶどう園に行きなさい。相当の賃金を払うから。」彼らは出かけて行った。主人はまた十二時ごろと三時ごろにも出て行って同じようにした。また、五時ごろ出て行き、別の人たちが立っているのを見つけた。そこで、彼らに言った。「なぜ一日中何もしないでここに立っているのですか。」彼らは言った。「だれも雇ってくれないからです。」主人は言った。「あなたがたもぶどう園に行きなさい。」夕方になったので、ぶどう園の主人は監督に言った。「労働者たちを呼んで、最後に来た者たちから始めて、最初に来た者たちにまで賃金を払ってやりなさい。」そこで、五時ごろに雇われた者たちが来て、それぞれ一デナリずつ受け取った。最初の者たちが来て、もっと多くもらえるだろうと思ったが、彼らが受け取ったのも一デナリずつであった。彼らはそれを受け取ると、主人に不満をもらした。「最後に来たこの者たちが働いたのは、一時間だけです。それなのにあなたは、一日の労苦と焼けるような暑さを辛抱した私たちと、同じように扱いました。」しかし、主人はその一人に答えた。「友よ、私はあなたに不当なことはしていません。あなたは私と、一デナリで同意したではありませんか。あなたの分を取って帰りなさい。私はこの最後の人にも、あなたと同じだけ与えたいのです。自分のもので自分のしたいことをしてはいけませんか。それとも、私が気前がいいので、あなたはねたんでいるのですか。」このように、後の者が先になり、先の者が後になります。
(マタイ二〇・一～一六)

霊的なスランプ状態という広範な主題をめぐる考察の一環として、このたとえ話の内にある教えに注意を促したいと思う。お望みであれば、この問題を「クリスチャン生活における幸福感の喪失」あるいは「みじめな気持ちのクリスチャン」と呼ぶこともできよう。これまで考察を進めてきて、今や最も大切なポイントにさしかかっている。前章まで分析してきたのは、信仰生活初期のつまずきとでも分類できる事柄についてであり、信仰生活を始める際の理解不足から生じる問題点であった。

さて私たちは、もう一歩考察を進めなければならない。これまでのところで、すべての初歩的な問題を解決できたとは、とても言えない。その意味では、前章までの学びでいっさいの問題が完全に克服されたわけではない。そうでなく、幸福感の喪失という困難とつまずきの原因の中で、重要と思われるものを取り上げて検討したのである。これから調べていきたいのは、信仰生活の初歩的な段階を経た後に起こってくる問題点についてである。この種の問題は、どの段階でも生じ得るが、一定のまとまりを形成するのは確かである。

それらを考察する前に、もう一度確認しなければならないのは、クリスチャン生活において危険が完全になくなるような時は決して訪れないと、聖書に明らかに示されていることである。信仰を持って回心した瞬間に、すべての苦悩は消え去り、それ以後は一つの問題も起こらないというような想像を抱くことは、新約聖書の教えに全く反した盲信である。そんなことは真実ではない。私たち信仰者には敵がいる。たましいの敵である悪魔《サタン》が存在する。だからその期待は間違っている。また、サタンと戦わなければならないと同時に、自分の内に古い肉的な性質が残っている。そして、これら二つが共謀して、確実に私たちに悩みや困難をもたらしてくる。だから、これらについての聖書の教えを理解する必要がある。さもなくば、敵の悪巧みと狡猾さによって足をすくわれるだろう。

サタンは、いつもイエスをつけねらっていたように、つねにクリスチャンをねらっている。荒野で四十日間にわたってイエスを試み誘惑した後で、サタンが主を離れていたのはほんの「しばらくの間」だけであった（ルカ四・一三）。サタンは、それから恒久的にイエスから離れ去ったのではない。サタンは繰り返しやって来て、その生涯の間中、イエスをつけねらったのである。イエスの公生涯の終わり頃、ゲッセマネにおけるサタンの働きかけを思い出してほしい。まことに彼は、尊い主イエスが十字架上で息を引き取ろうとする際にも攻撃の手を緩めなかった。

このように言うのは、憂うつ感を助長するためではない。それが現実だからである。そして、現実的であることはつねに励ましの基礎である。人々を催眠剤で眠らせておき、あとで突然にたたき起こして、十分に心の準備ができていないような苦境に直面させるということほど、むちゃで非難すべきやり方はない。聖書の光によって現実を明らかにすることは、説教者の責任である。前もって警告されることは、防御壁を築くことに似ている。またクリスチャンはつねに、みことばで身を守らなければならない。「ですから……神のすべての武具を取りなさい」と聖書に勧められている（エペソ六・一三）。この研究の目的は、神が提供された強靱な武具の一つ一つを身につけることにほかならない。

そういうわけで、ここで強調したいのは次の点である。信仰生活を正しく始めることは決定的に重要であるが、それだけでは十分でない。私たちはつねに正しく歩み続けなければならない。もしそうでないなら、近い将来、必ず幸福感を失ったことに気づくようになるからである。ここに大切な命題がある。別な言い方をするならば、これまで考察した事柄について明瞭であったとしても、福音が伝えられて回心したとしても、クリスチャン生活を正しく始め、また現在正しく歩んでいるとしても、初歩的な問題についての警告を覚えていたとしても――もし、それを堅持しないなら、またもし正しい道を歩み続けないならば、すぐに苦悩の中に落ち込むであろう。

　この点についての適切な聖句がヨハネの福音書八章三〇節以下にある。ある時主イエスは、父なる神と自分との関係について説教された。すると、「イエスがこれらのことを話されると、多くの者がイエスを信じた」と記されている。そこでイエスは彼らを見回して次のように語られた。「あなたがたは、わたしのことばにとどまるなら、本当にわたしの弟子です。あなたがたは真理を知り、真理はあなたがたを自由にします」（三一、三二節）。人々は正しく信仰の道を歩み始めたようである。だが、もし本当に罪から解放されたいのであれば、その道からそれてはならない。「種蒔き」のたとえ話にも、同じことが言えるような描写がある。そこには心から喜んで真理を受け入れるが、それを正しく保持しない人々が登場する。ことばを換えて言えば、正しく歩み続けることが重要であるという大切な原則が教えられているのである。これから冒頭のたとえ話を研究しながら共に考えたいのは、まさにその点である。

　このたとえ話を学ぼうとする時、それに対して正しい視点から取り組み、誤った理解をしないことが大切である。正しく解釈しないと、まじめな話、これは非常に危険な結論をもたらす物語となる。たとえば、その中の「夕方五時ごろ」という一つの要素だけに固執している人々が多くいる。次のような考えの人がいるのだ。「私は今、自分の救いについて真剣に考える必要は感じない。夕方五時頃に雇われて、朝早くから働き始めた人たちと同額の賃金を与えられた労働者を見習って、私も人生のたそがれ時になってから信仰に入ることにしよう。」これほど致命的に間違った読み方はない。

故ライル監督は、十字架上で悔い改めた罪人について次のように述べている。「これまでに臨終間際になって救われた人は、ほとんどない。十字架上で罪人の一人が救われたのは、だれ一人として望みを失わないためである。しかし、ただ片方の罪人しか救われなかったのは、だれ一人として自分勝手な盲信を持たないためである。」さらに、もう一つの間違った解釈法は、このたとえ話をアレゴリー（寓話）ととり、物語を細分化し、その一つ一つに霊的な意味を読み込むことである。この手法はしばしば行われるが、それはすべて、これがたとえ話であることを忘れた結果である。たとえ話というものは、一般的に言って、ただ一つの真理を例示するように意図されているということを覚えておく必要がある。たとえば、マタイの福音書一三章に、主イエスが語られた一連の「天の御国」についてのたとえ話が認められるのは、そのためである。天国について一言で述べることは不可能である。一つのたとえ話はその一つの側面を描き出し、もう一つの物語は別な側面を描き出している。それらは互いに補い合う関係にあり、一つ一つは真理の一面を伝えるように意図されている。したがって、このたとえ話の細部に寓話的な意味が含まれていると解釈しないように注意すべきである。

そういうわけで、他のすべてのたとえ話と同様、このたとえ話も重大な一つの真理を教えるために語られている。その真理とは何だろうか。その答えは、「というのは」というギリシア語テキストの一語に込められている〔訳者注・ギリシア語原典には二〇章の初めに、この句がある。『詳訳聖書』も参照〕。つまり、「というのは、天の御国は……」と語り始められているのである。聖書が章節に区分された際に、このところで章が分けられたのは残念である。この章の主題が一九章末尾にあるテーマの続きであることは明白である。そこには、いわゆる富める青年をめぐる出来事が記されており、また悲しみながら立ち去った青年についてイエスが弟子たちにさとされたことばがある。

ペテロがイエスに語った次のことばを覚えているだろう。「ご覧ください。私たちはすべてを捨てて、あなたに従って来ました。それで、私たちは何をいただけるでしょうか」（マタイ一九・二七）。イエスがたとえ話を語られたのは、このペテロのことばに応答してである。ペテロは問いかけた。要するに次のように質問したのだ。「主よ。ご覧ください。私たちは持ち物すべてを後に残して、あなたに従って来ました。すべてを放棄したわけですが、その私たちには何を与えてくださるのですか。」その質問に答えてイエスは言われた。「まことに、あなたがたに言います。人の子がその栄光の座に着くとき、その新しい世界で、わたしに従って来たあなたがたも十二の座に着いて、イスラエルの十二の部族を治めます。また、わたしの名のために、家、兄弟、姉妹、父、母、子ども、畑を捨てた者はみな、その百倍を受け、また永遠のいのちを受け継ぎます。しかし、先にいる多くの者が後になり、後にいる多くの者が先になります」(一九・二八〜三〇)。「天の御国は、自分のぶどう園で働く者を雇うために朝早く出かけた、家の主人のようなものです……」(二〇・一以下)。つまり、このたとえ話はペテロの口から出た問いのために、彼に向かって語られているのである。

イエスはペテロの疑問を取り上げ、その質問に答えておられる。ところがイエスは明らかに、その問いかけの中に間違った、良くない響きを感じ取っておられた。そこで、ペテロを叱責し、矯正し、真剣に警告するという意図をもって、イエスはこのたとえ話を語られたのである。このことは、「後の者が先になり、先の者が後になります」という言明が繰り返されている事実によっても明白に示されている。事実、このことばは初めと結びの両方に認められる。

このことばの中に注目すべき教えがある。どのような原則だろうか。どんな教理であろうか。それは、クリスチャン生活において最も大切なのは初めから終わりまで神の恵みであるという教えである。それこそメッセージの核心であり、教理的な原則である。前章でこのたとえ話の教えについて短くふれたが、その際に心掛けたのは次のポイントを把握することである。つまり、最後に農園に雇い入れられた人たちが最初から働いた人々と同額の賃金を手にしたのは、この「恵み」という偉大な原則によってである。

前章では、高齢に達してから回心した人々がしばしば襲われる失望について学んだ。そして、回心には遅すぎるということは決してなく、救いは若者のためだけでなく、すべての人に与えられることを再確認した。老年になってから信仰に入った人は、時として、救いについて悟るのが遅すぎたと感じ、自分が浪費してしまった年月を振り返って悪魔のささやきを聞くことがある。そのような人は、主人が夕方五時頃に人々に声をかけて農園に行かせられたことを聞いて大きな慰めを得る。前章においては、その視点からたとえ話を見たのであるが、これからの学びでは、早朝から仕事についた人々の姿に注目してみたい。このたとえ話の最大の目的は、その人々に向かって厳粛な警告を与えることにあるのは、全く疑う余地がない。

この人々の場合は、正しい方法で働き始めたのに、後になって悩みを持つようになった点が問題である。残念なことに、このようなことは頻繁に起こっている。「あなたがたはよく走っていたのに、だれがあなたがたの邪魔をして、真理に従わないようにさせたのですか」（ガラテヤ五・七）などということばがしばしば新約聖書の中に見られるのは、同じ理由によっている。ある意味では、新約聖書にある手紙のすべてが、このような人を助けるために記されたと言ってもよい。初代のクリスチャンたちは信仰を持ち、教会に加えられたが、その後でスランプ状態に陥った。そのような人々を助けるために数々の手紙が書かれたのである。その状態は信仰者を絶え間なく脅かしており、健全な信仰生活の歩みをつまずかせる原因となっている。つまり、正しく信仰を始めるだけでは十分でない。正しい道を歩み続けなければならないのである。

これについては多くの実例をあげることができる。罪の奴隷の状態に逆戻りするように誘惑されている人が多くあり、特に現代、実際的な問題として異端や新興宗教が身近なところで台頭し、信仰を脅かしている。神の子どもとしてすばらしい自由を味わった人々が、時として罪に逆戻りし、幸福感を失い、みじめな者となっている。そのようなわけで、このたとえ話を手がかりとして、その問題を検討していこう。

初めに、この問題の原因を分析してみよう。早朝にぶどう園に遣わされたこの人たちが、なぜ、終わりの部分でこのような悲しむべき姿を露呈したのだろうか。締めくくりの部分で彼らは不平不満をもらし、つぶやいているが、この不満の原因は何だったのだろうか。

第一の理由として、この人々が明らかに間違っていたのは、自分自身とその仕事に対する態度であると指摘したい。二節に「彼は労働者たちと一日一デナリの約束をすると、彼らをぶどう園に送った」とあるが、この中の「約束をすると」という表現に問題性が暗示されていると思われる。このような約束事について記されているのは、確かに最初の人々の場合だけである。その続きを見ると、「彼はまた、九時ごろ出て行き、別の人たちが市場で何もしないで立っているのを見た。そこで、その人たちに言った。『あなたがたもぶどう園に行きなさい。相当の賃金を払うから』」と言われている。さらに主人は残りの労働者にも同じように語っている。そこには、前述のような協定や約束事などについては述べられていない。ただ、「あなたがたもぶどう園に行きなさい。相当の賃金を払うから」と語るだけである。そこで、雇われた人たちは喜んで働きに出て行った。しかしながら、物語の終わりの部分で支払われた賃金について不平をもらした最初の人々については、彼らには雇用契約が必要だったと暗示されているようである。つまり、彼らの態度には最初から問題があったと感じられる。その人々は、言わば雇用契約を交わし、要求額を示し、労働条件をはっきりさせておきたかったのである。この言い回しが正しいか正しくないかはともかく、彼らが自分の労働の内容に注意を払っていたということは確かである。ある意味において彼らは、仕事をしている間中、働いている自分の姿を意識し続けていた。何という間違った態度であろうか。

しかし、すべての信仰者が同じような過ちを犯しているのではないだろうか。福音を宣べ伝える者が陥りやすい最大の落とし穴は、説教している間中自分のことを考え、自分の姿に心を向け、つねに自分を意識するという危険である。神はそれをご存じである。このような心理は礼拝のいろいろな部分に忍び込み、また、日常生活のすべての事柄に入り込んでくる。このことはもちろん、神を知らない人々についてはさらに真実である。新生経験のない人は、いつでも外に現れる行動を気にし、自分の姿を見ている。そして、これはクリスチャン生活の中にまでついてくることが多い。明らかに、最初に雇われた男たちは、自分が行った事柄のいっさいを覚えていた。彼ら自身がその日の自分の姿がどうであったかを公言しているところからして、それは明白である。

次のポイントに進もう。この人々はまた、自分の仕事量を査定し続けていた。さらに、他の人たちについても記録をとり、その人たちが行った事柄と労働時間とを詳細に記憶していた。また自分が仕事場で費やした時間数と、行った仕事の量についても同様であった。「一日の労苦と焼けるような暑さを辛抱した私たち」と、彼らは報告している。この人々はいっさいを詳しく覚えており、それらを記憶していた。以上が、この人々についてイエスが述べられた最初の言明の内容である。

しばらく立ち止まって、その意味を深く考えてみよう。主はそのような態度を矯正しようと考えておられる。それは神の国では全く致命的な間違いである。「私たちはすべてを捨てて、あなたに従って来ました。それで、私たちは何をいただけるでしょうか」というペテロの訴えの中にイエスはそれを感じ取られた。雇用契約や賃金要求に似た心理が、そこに暗示されている。これから学ぶように、このような態度は霊的な神の国においては完全に間違っており、全く相いれないものである。しかし、この人々の場合もそうであるように、それは現実の姿である。この間違った態度を持っている者は、少しずつ確実に悩みの中に引きずり込まれていく。

ここで最も痛ましく悲劇的に思われるのは、主人が最大限に恵み深く行動した時に、不満をつのらせた者がいたことである。このたとえ話を見て恐ろしく悲劇的に感じるのは、まさに主人が恵みの心から最後の者にも最初の者にも同じように一デナリを与えた瞬間に、人々の本心が暴露され、彼らを支配していた恐るべき霊が姿を見せたことである。悪しき霊が頭をもたげて問題を引き起こしたのは、まさにその時であった。この人々の姿を観察してみよう。彼らは、初めから持っていた間違った態度のため、また恵みの原則を忘れていたために、他の者より多くの報酬を受け取ることを期待していた。自分たちは、他の者たち以上の報いを得る権利があると感じていたのである。その推論は、もちろん論理的には落ち度がなく、彼らの頭の中では首尾一貫していた。彼らの原則に立ち、その考え方からすれば、それは理にかなった結論である。だから、そのような態度で考え始めるならば、必ずこの結論に達すると言える。彼らは自分たちがより多くの賃金を受け取る権利があると考え、より以上のものを与えられて当然だと考えていた。そのように期待していたのに、多くのものが与えられなかったので、気分を損ねてしまったのだ。

ここに語られている次のポイントは、彼らが不平不満をもらし始めたことである。幸福感と喜びはどこかへ行ってしまい、彼らはここで自分たちに割増しの報酬が与えられなかったと言って不満を吐露している。これは不当な要求である。しかし、ここでイエスが述べられる事柄についてはクリスチャンといえども同罪ではないだろうか。かつてイスラエルの民がつぶやいたように、またこの人々がそうであるように、私たちは自分の権利が顧みられなかったと感じ、また不当に取り扱われたと感じて自己憐憫に陥ってしまう傾向を持っていないだろうか。

これは新約聖書において、特に強調されている教えである。それについて使徒パウロがピリピ人に語ったことばを思い起こしてほしい。彼は人々に空の星のようになるようにと勧め、「すべてのことを、不平を言わずに、疑わずに行いなさい。それは、あなたがたが、非難されるところのない純真な者となり、また、曲がった邪悪な世代のただ中にあって傷のない神の子どもとなり、いのちのことばをしっかり握り、彼らの間で世の光として輝くためです」と語っている（ピリピ二・一四～一六）。クリスチャンがキリスト・イエスにある喜びを見失い、みじめな気持ちになり、不平不満をつのらせているとは、何と嘆かわしい姿だろうか。それは、すべてが恵みの賜物であることを忘れた結果である。クリスチャン生活を初めから終わりまで貫いている、この重大な原則を忘れてしまったためである。

しかし、それで終わりではない。さらに、もう一つの問題が起こってくる。つまり、他人を軽蔑し、同時に嫉妬する思いである。たとえ話に登場する問題の人たちは次のように言っている。「最後に来たこの者たちが働いたのは、一時間だけです。それなのにあなたは、一日の労苦と焼けるような暑さを辛抱した私たちと、同じように扱いました。」それは放蕩《ほうとう》息子のたとえ話における長男がとった態度であり、また新約聖書のあちらこちらに例証がある。この心理的な傾向は、教会にも忍び込み、忠実な信仰のあかし人たちやすばらしい業績を残したクリスチャンたちを悩ませる。それは最も狡猾な仕方で入り込み、信仰者をみじめな気持ちにさせる。その理由は、他の人々のほうが自分よりも多くの報いを得ていると感じるからである。

ヒュー・レッドウッドの自伝の、彼が信仰を失っていた頃の様子を見るならば、その苦悩はまさにそのことが原因だったと分かるだろう。救世軍の中で士官の交替があり、彼はもはや自分が人気者でなくなったと感じ始めた。ほかの者たちが推薦されて好評を博するようになり、彼は自分の不運を嘆き始め、罪に逆戻りした時期がある。『やみの中にいます神』と題する著書を読むならば、その詳しい情況を知ることができる。ここで例証されているのも、同じ事柄である。問題としている男たちは他の人々を軽蔑し、ほとんど働きもしないで多くの賃金を与えられた人々に嫉妬した。その態度は利己的で、自己中心的であった。

しかしながら、すべての要素の中で何にもまして重大で、最も恐るべきことは、彼らが心の内に、雇い主である主人が不公平な人物だと感じた点にある。この視点から彼らは、自分の雇い主は偏った取り扱いをするという結論に達した。そのような見方は決定的に間違っており、その態度に正当な根拠は全くなかったが、事実、そう感じたのである。

同じようにクリスチャンも、悪魔に惑わされて、神は公正でないと感じさせられる場合がある。サタンは信仰者に近付いて来て、次のように小声でささやく。「見よ。おまえはこんなに熱心に働いたのに、それによって何を得たのか。あの人物を見よ。彼は何もしなかったのに、今彼が手にしている物を見てみるがいい。」悪魔がこう語りかけると、人々はその声に惑わされて、つぶやき始める。「一日中、暑さと労苦に耐えた私たちが手にしたのは、たった一デナリだけだ。これは、ほんの一時間しか働かなかったあの者たちと同額ではないか。」そんな気持ちになる。そして、気を付けていないと、重大な問題が起こってくる。そのクリスチャンは時を経ずして、その不当な処遇の責任は神にあると考えるようになる。神は自分に対して公正でなく、自分の権利を十分に認めてはおらず、当然の報いさえも与えてくださらないと感じるようになっていくのである。

利己心とは、何と荒れすさんだ心、何と醜く、何と愚かなものだろうか。私たちは一人残らず、何らかの形でこの罪を犯している。サタンが来てささやくと、私たちはそのことばに惑わされ、神の取り扱い方は不当で正しくないのではないかと疑問を感じるようになる。だから、利己的な自己がどんな存在であるかを明白にする必要がある。醜く汚れた罪のベールは取り除かれなければならない。このたとえ話に見るような仕方でイエスが悪しき霊を暴露されたのは、驚くべきことではない。それこそ、たましいの最大の敵であり、喜びを奪い去り、幸福感を失わせる元凶である。悪魔は、何とかしてそれを成し遂げようと懸命になっている。彼は全く誤った存在であり、それを弁護すべきことばは一言もない。

次に論じるのは、その解決法である。これは、どうしたら克服できるだろうか。神の国の秩序とも言うべき原則を理解することが、解決への道である。この原則は実に明白なように思われるが、私たちはその実質をすぐに忘れてしまいやすい。イエスはその原則をここに決定的に述べておられる。私はただ、イエスが語られた内容を別のことばで言い換えているにすぎない。その原則とは、神の国におけるすべては他の世界にあるいっさいのものと本質的に異なっている、ということである。なぜなら、イエスが強調されるように、神の国は常識で事が足りる世界ではなく、全く新しい異質な国だからである。

そこではまず第一に、「だれでもキリストのうちにあるなら、その人は新しく造られた者（つまり、新しい被造物）です。古いものは過ぎ去って、見よ、すべてが新しくなりました」（Ⅱコリント五・一七）ということを悟らなければならない。信仰者は、いっさいが新しい意味を持つ霊的な神の国に生きていることを悟る必要がある。それが決定的に重要である。判断の基準は根本的に異なっている。そこには古い生活の原理にかかわるものは何もない。この点を詳しく学ばなければならないが、まず最初にその新しい原理を繰り返し強調しておきたい。毎日の生活を始めるにあたって、私たちは次のように言わなければならない。「今や私はキリストを信じている。クリスチャンであるゆえに神の国の内におり、すべての考えは以前とは異なっていなければならない。ここではいっさいが新しくなっている。だから私は、かつての古い考え方や、古い気分や思想を持ち込むべきではないのだ。」私たちは救いをただ一つの点、つまり罪の赦しにのみ局限してしまう傾向がある。しかし、信仰の原則は生活のあらゆる局面に当てはめる必要がある。

このことを覚えながら、いくつかの事柄をここに詳述してみたい。第一に、神の国は取引や権利の概念で考えてはならない。それは全くの誤りである。私はこれを行ったゆえ、あるいは一定の事をなし終えたゆえに、その代償を要求する権利があるなどと論じることほど間違った考えはない。だが、しばしばこの考えが見受けられる。きわめて福音的なクリスチャンの中にも、そう考え、次のように言う人々がいる。「もし私たちが何かを祈り求めるならば、確実にそれを手にすることができる。たとえば、一晩中リバイバルを祈り求めるならば、リバイバルが起こらないはずがない。」これは「自動販売機的信仰」とでも呼べるものである。コインを投入すると、菓子や自分の欲しい物が出てくる、あのたぐいである。先ほどの態度はまさしくこれと同じである。かつての人々がリバイバルの到来を一晩中祈ったゆえに、信仰の復興が起こった――だから私たちも徹夜祈禱会を開くことにしよう。そうすればリバイバルが起こるはずだ、などと言われる。

　しかし、これが主イエスの教えておられる大原則に反していることは確かである。何についてであれ、それが祈りであっても、自分が何かをしたゆえに報いを手にする権利があるはずだなどとは、決して主張できない。絶対にできない。この原則が真実であることは、現実を通して知ることができる。そのための祈禱会がこれまでに幾度も開かれたことを考えてみるがよい。にもかかわらず、リバイバルは起こらなかった。あえて私は、起こらなかったことを神に感謝すると言おう。もし、すべての出来事が自分の意志で勝手気ままに要請できるとしたら、世界はどうなったことだろうか。しかし、そんなことは不可能である。私たちは、何かをすれば必ず望みは実現するという、この取引に似た考え方を一掃しなければならない。自分たちが勝手に望む時に、何らかの働きをした結果としてリバイバルが起こるのではない。聖霊なる神こそが主であり、統治者である。神はご自身が定められた時に、ご自身のよしとされる方法でそれをもたらされるのである。ことばを換えて言えば、何事であれ私たちは、当然のこととして何かを神に要求することはできないことを悟るべきである。

だがある人は、「コリント人への手紙第二、五章でパウロはさばきと報いとについて教えているではないか」と言うかもしれない。確かに、彼はそれについて語っており、コリント人への手紙第一、三章でも同様に教えている。また主イエスご自身もルカの福音書一二章で「ひどくむち打たれる者と、少ししか打たれない者」(四七、四八節参照)について語っておられる。それでは、これらは何を教えているのだろうか。この問いに対して、そこでは報いも恵みの一部として描かれていると答えることができる。神には報酬を与える義務はない。もし人が、こちらから恵みが与えられる方法を指示し、要請することができると考えているならば、それは全くの誤りである。クリスチャン生活においては徹頭徹尾、すべては恵みである。それを取引のように考え、結果について文句を言うことは、神への信頼のなさを意味している。そんな気持ちが少しでもあるならば、自分の霊を吟味する必要がある。さもなくば、神は自分を正当に公平に取り扱ってはおられないという考えを助長してしまうだろう。

その道を歩み続けるならば、信仰を失って人生の幕を閉じることになる。それを印象づけるためにイエスが用いられた情景を、私は味わい深く感じている。もし神と取引をするならば、要求した報いを手にするだろうが、それ以上のものは決して与えられない。

最初に働き始めた人々は、一日一デナリという約束を取り付けた。「よろしい。あなたに一デナリの賃金を与えよう」と、雇い主は確約した。しかし、他の者たちが来た時には、「あなたがたもぶどう園に行きなさい。相当の賃金を払うから」と言っただけである。結果的に彼らは、自分が予想した以上の賃金を手にした。最後の人たちも一デナリを与えられたが、それは全く予期しない額であった。彼らは自分が想像した以上のものを得たのである。ところが、最初の人々は一デナリのほかは何も与えられなかった。

信仰ある友よ。神と取引などすべきではない。もし取引するならば、その要求額を得るだけである。しかし、それを神の恵みにゆだねるならば、おそらく自分が考えるより以上のものを与えられるだろう。イエスはパリサイ人について、「彼らはすでに自分の報いを受けているのです」と語られた（マタイ六・二）。彼らは人に注目されるために良い行いに励んだ。そして人々に認められた。つまり、それこそ望んだ報いであり、それが彼らの得たいっさいであった。そして、それ以上のものが与えられることはないのである。

続いて、次の原則に移ることにしよう。あなたは自分の働きの詳しい記録をとる必要はない。厳密な簿記係のような努力は不要である。信仰生活にあっては、ただ神の栄光のみを追求すべきである。神に喜んでいただくこと以外を第一としてはならない。だから、自分が奉仕した期間にこだわるのをやめ、神と神のみわざとに関心を集中するがよい。自分の労苦や過去の働きに目を留めるのでなく、神と神の栄光とを見上げ、神の愛と誉れ、また御国の拡大に注目し続けるがよい。そこに注意を集中し、他のものに目を奪われないようにすべきである。奉仕にどれほどの年月を費やしたかとか、どれほどの業績が上がったかなどに関心を持ちすぎてはならない。そのような簿記活動は、努めて神とその恵みに任せるがよい。神に記録をとっていただくがよい。「右の手がしていることを左の手に知られないようにしなさい」という主イエスの勧めに聞き従うがよい。それこそ神の国で生きる者の態度である。右手がしている奉仕を左手が知らないような仕方で神に仕えるべきである。その理由は、「隠れたところにあるようにするためです。そうすれば、隠れたところで見ておられるあなたの父が、あなたに報いてくださる」からである（マタイ六・四）。奉仕の記録をとることに時間をかけすぎてはならない。神がそれをしてくださるからである。

何とすばらしいことだろうか。神の記録簿ほど心を魅了するものは他にないと、私は真実に言うことができる。神の国では驚くことが起こるが、それに対しで心備えしておくがよい。そこで何が起こるのか、あなたは知らないからである。神の国では最後の者が最初の者となる。この世の物質的な枠組みは、全く逆転される。最後の者が最初になり、初めの者が最後になり、すべてのものが再構成される。世界のすべてが恵みによって逆転される。それは人間の国ではない。神のもの、神の国である。何とすばらしい国であろうか。

　ここで個人的な体験をあかししたい。先ほど述べたようなことが私の牧会活動においても、しばしば起こった。ある聖日、神は特に恵み深く感じられ、日頃まれなほどに自由を体験した。そして愚かにも心を緩め、「さあ、次の日曜日を楽しみにせよ。今度の聖日はもっと楽しい一日となり、きょうよりも多数の会衆が集まって来るだろう」とささやくサタンの声に惑わされた。だが次の聖日に講壇に上ってみると、出席者は前の週よりも少なかった。また別の機会に重い心で説教壇に立ったことがある。あたかも自分一人に重荷が負わされている感じで、説教の出来も悪く、全く失望していた。そこにサタンがやって来て、「次の日曜日には一人の会衆も来なくなるだろう」とささやいた。しかし感謝なことに、その次の聖日には以前にまさる数の聴衆を迎えたのである。

　そのように神の摂理は不思議である。その実質は読者に分からないかもしれないが、弱さを感じながら説教壇に上り、力を与えられて説教を閉じる場合がある。あるいは自信に満ちて説教を始めながら、愚かなことを語ったものだと恥じ入ることがある。そのように神の不思議な取り扱いを経験する。神は私たちが自分を知っている以上に、ずっとよく私たちを知り抜いておられる。神はいつでも驚くようなことを体験させられる。これから神が何をしようとされているのかを完全に知っている者は一人もいない。神の記録簿は、この世で最も不思議で魅力的なものだと私が感じるのは、そのためである。

イエスはマタイの福音書二五章の三番目のたとえ話の中で、それを強調して語っておられる。そこには世界の果てから報いを期待してやって来る人々の描写がある。だが王は彼らに何も与えなかった。その後で王は別の人たちに言っている。「さあ、わたしの父に祝福された人たち。世界の基《もとい》が据えられたときから、あなたがたのために備えられていた御国を受け継ぎなさい」（三四節）。ところが、その人々は次のように答えている。「私たちは何も特別なことはしていません。いつ私たちは、あなたが空腹の時、また渇いておられるのを見て、食べ物や飲み物をあげたでしょうか。いつ、裸なのを見て、助けの手を伸べたでしょうか。」それに対して王は答えている。「あなたがたが、これらのわたしの兄弟たち、それも最も小さい者たちの一人にしたことは、わたしにしたのです」（四〇節）。何とショッキングな出来事だろうか。神の国での生活には、未知な事柄がたくさんある。そこでは私たちの記録簿は無効になり、全く価値を失ってしまう。私たちが神の国に入れられる時、そこでの中心は神の評価である。神の国ではいっさいが恵みによって測られるのである。

さて、ついに最後の原則を学ぶところにきた。私たち信仰者は、すべてが恵みによることを知るだけでなく、そのことを喜ぶべきである。あの人々の決定的な過ちは、この点にある。彼らは、ほんの一時間しか働かなかった人たちに一デナリが与えられるのを見た時、それを喜べないで不平不満をもらし、文句を言い始めた。それは不公平で、自分たちは公正に取り扱われていないと感じたためである。幸福なクリスチャン生活を送る秘訣は、すべてが神の恵みであると悟り、そのことを喜ぶことである。別の箇所でイエスは、「同じようにあなたがたも、自分に命じられたことをすべて行ったら、『私たちは取るに足りないしもべです。なすべきことをしただけです』と言いなさい」と勧めておられる（ルカ一七・一〇）。それがイエスの見解であり、教えである。ここに秘訣がある。

それは主イエスご自身の生き方ではなかったか。まことに使徒パウロのことばによれば、「自分のことだけでなく、ほかの人のことも顧みなさい。キリスト・イエスのうちにあるこの思いを、あなたがたの間でも抱きなさい」（ピリピ二・四、五）。この意味は分かるだろう。イエスは自分の姿だけを見てはおられなかった。自分のことや自分の関心事だけを考えておられたわけでもない。主は人々の間での名声を求めようとはせず、かえって永遠の栄光のしるしを放棄されたお方である。神と等しい姿であることを固守すべき事柄とは見なさず、また「どんなことがあっても、こればかりは手離すものか」とは考えられなかった。それとは逆に、栄光の座を後にし、ご自身を無にして、自分のことを忘れ、ただ神の栄光のみを追い求めて生き抜き、耐え忍び、神のみわざを行われた。イエスにとってただ一つの願いは、父なる神がほめたたえられ、人々が神のもとに導かれて来ることだけであった。

それが信仰生活の秘訣である。時間を数えるのでなく、仕事量を自分で評価するのでなく、また記録を残すことでもない。そうでなく、神の栄光以外のすべてのことを忘れ去り、神のために働ける特権とクリスチャンであるという特権を思い起こし、絶え間なく降り注がれている神の恵みと、やみから光へと導かれた恵みを想起するがよい。

神の恵みに始まり、恵みに終わる。そういうわけで、死の床に伏す時に私たちを慰め励まし、また勇気づける唯一のものは、信仰を持ち始めた時に励ましとなった神の恵みである。私たちがどんな人物であったかでなく、成し遂げた業績でもない。イエス・キリストにある神の恵みである。クリスチャン生活は神の恵みで始められ、恵みによって支えられ、恵みによって閉じられていく。何とすばらしい恵みだろうか。「神の恵みによって、私は今の私になりました。……働いたのは私ではなく、私とともにあった神の恵みなのですが」とあるとおりである（Ⅰコリント一五・一〇）。

一〇　あなたの信仰はどこにあるのか

ある日のことであった。イエスは弟子たちと一緒に舟に乗り、「湖の向こう岸へ渡ろう」と言われたので、弟子たちは舟を出した。舟で渡っている間に、イエスは眠り始められた。ところが突風が湖に吹きおろして来たので、彼らは水をかぶって危険になった。そこで弟子たちは近寄ってイエスを起こし、「先生、先生、私たちは死んでしまいます」と言った。イエスは起き上がり、風と荒波を叱りつけられた。すると静まり、凪《なぎ》になった。イエスは彼らに対して、「あなたがたの信仰はどこにあるのですか」と言われた。弟子たちは驚き恐れて互いに言った。「お命じになると、風や水までが従うとは、いったいこの方はどういう方なのだろうか。」

（ルカ八・二二～二五）

ここでは特に、救い主イエス・キリストによって発せられた質問に注目してほしい。イエスは弟子たちに、「あなたがたの信仰はどこにあるのですか」と尋ねられた。この出来事の推移に注目してほしいと願うのは、霊的スランプという主題をめぐる考察の一環としてである。これまですでに、スランプ状態の原因について学び分析してきたが、イエスの公生涯におけるこの出来事の中に、もう一つの原因がまざまざと描き出されている。

この記事の中で信仰の本質という重大な問題が取り扱われている。別なことばで言えば、信仰の本質を正しく理解していないために、時として思い悩み、幸福感を失ってしまうクリスチャンが数多くいる。こう聞くと、「もし信仰の本質を理解していないのならば、どうしてその人はクリスチャンであり得るのか」と不審に思う人がいるかもしれない。それに対しては、人がクリスチャンであるのは信仰の賜物が与えられることによっている、と答えることができる。私たちには神から聖霊を通して信仰という賜物が与えられている。そして、主イエス・キリストを信じることによって救いに入れられている。しかし、だからといって、すべてのクリスチャンが信仰の本質を十分に理解しているとはかぎらない。そのようなわけで、この信仰の賜物が与えられて真のクリスチャンとなり、本当に救われている者であっても、信仰とは実のところ何なのかを理解できないために現実の生活において悩むということが起こり得る。信仰は神からの賜物として与えられるのだが、そこから私たちは信仰を具体的に生かさなければならないのである。

このテキストに記される劇的な出来事を通して、信仰という賜物自体と信仰によって歩むことの違い、つまり信仰と信仰に基づく実生活との違いをわきまえることの大切さが教えられている。神はクリスチャン生活を始めさせてくださる。そこで私たちは信仰によって歩まなければならない。つまり、これから学んでいくのは、「私たちは見えるものによらず、信仰によって歩んでいます」（Ⅱコリント五・七）という聖句に要約されるテーマである。

この主題を論じる前に、この出来事そのものについて短く述べておいたほうがよいだろう。どのような視点から見るにしても、これはとても興味深く、また重要な事件である。これは実に多くのことを教えている。たとえば、主イエスの人格は、その一つである。この場面を見ると、逆説と呼んでもいいような主イエス・キリストの人格の内にある表面的な矛盾に気が付く。舟の中でイエスは疲労感を覚え、実のところ疲れきって眠り込んでしまわれた。

この出来事はマタイ、マルコ、ルカといういわゆる三つの共観福音書すべてに記録されており、イエス・キリストの人格を理解する上でも、とても重要なものである。このイエスの姿に注目してほしい。彼の人性については疑いの余地がない。イエスは働きに疲れ、疲労しておられた。舟の中で眠ってしまうほどに疲れ、そのうえ嵐が起こってもなお眠り続けておられた。彼は人間としての弱さを持ち、私たちと同じような肉体を持つ人物であった。確かにそうである。しかし、それだけではない。弟子たちはイエスに近寄り、揺り起こして、「先生、先生、私たちは死んでしまいます」と訴えた。そこで主は立ち上がり、風と海の荒波をしかりつけられた。すると風も波も収まり、凪になった。ある福音書はこれを「大凪になった」と描写している。

この一部始終を見ていた弟子たちが驚き恐れて、「お命じになると、風や水までが従うとは、いったいこの方はどういう方なのだろうか」と互いに語り合ったとしても、驚くことはない。イエスは人であり、また同時に明らかに神であった。主は自然界に命令を下し、風を押しとどめ、海の大波を静めることができた。このお方は自然界とすべての被造物の主であり、全宇宙の統治者である。このことはイエス・キリストの神秘であり、不思議である。主は神であり、また人である。二つの性質が一つの人格の内にある。二つの性質が、混ざり合うことなく、一つの人格の中に存在しているのである。

私たちは、この点から出発しなければならない。もし、このことがはっきりしていないなら、この後の考察には目的がなくなるからである。もしも主イエス・キリストの神性を信じていないとすれば、あなたは他のいかなる者であり得たとしても、クリスチャンではない。今見ているのは単に一人の善良な人物ではない。注目しているのは、ただ単に、これまでの歴史に現れた最も偉大な教師でもない。今目にしているのは、永遠の御子なる神が世に下られた姿であり、神性の上に人性をとって私たちの間に宿られたお方、人の中の人、人の姿をとった神である。私たちは今、受肉さらには処女降誕という神秘と不思議に相対している。そのすべてがここに集約され、驚くべき栄光をたたえて輝いている。「いったいこの方はどういう方なのだろうか。」この問いに対して、イエスは人間以上の存在者である、と答えなければならない。主は神でもあられる。

ところで、以上のことがこの出来事を記した目的であるとは思えない。そのような啓示は他の箇所にもあり、福音書全体にわたって光を放ち、輝いている。しかし、その啓示を含んだ個々の出来事は、一般的に言って、それぞれ独自の特別なメッセージを語りかけている。この場面では、この時の弟子たちの状態に関連する教訓が中心メッセージであることは疑うことができない。それは信仰に関連しており、信仰の本質または特徴についての大切な教えである。他の人がどう感じるかは分からないが、私はこの弟子たちに対してつねに感謝している。彼らが行った数多くの失敗の記録を、ありがたく受け止めている。彼らが犯した過ちについても同じ思いである。というのは、弟子たちの姿の中に自分自身を見る思いがするからである。

この聖書を手にできることは、どれほど神に感謝すべきことだろう。福音が啓示されるだけでなく、それにまつわる人々の失敗談も伝えられたことについて、深く感謝しなければならない。このようなありのままの記録を読み、人々の姿を通して描き出されている自分を見ることができるとは、何と幸いなことだろう。聖書は真理を示す霊感された神のことばであるとともに、すべての人間のぶざまな姿をも生き生きと描写している。この点について、どれほど神に感謝すべきだろうか。

そのような意味において、弟子たちを叱責されるイエスの姿を見ていこう。主は、弟子たちの狼狽《ろうばい》し恐れまどう姿を目にし、その信仰の足りなさのために非難のことばを語られた。この場面において、彼らはイエスといっしょに舟に乗っていた。そこへ嵐が訪れ、弟子たちは困難に直面した。一生懸命に水をかい出そうとしたが、舟は水びたしになってきた。そこで弟子たちは、しばらくすれば舟は沈没するに違いないと考えた。できるかぎりの手は尽くしたが、望んだほどの効果は得られなかった。さらに驚いたことに、主イエスは舟の後部で平然と眠り続けておられる。そこで弟子たちは主を揺り起こして言った。「先生、先生。私たちはおぼれそうなのです。今の情況が、全くお分かりにならないのですか。」するとイエスは立ち上がり、風と大波とをしかりつけられた。そして風と波をお静めになった。

このイエスの叱責のことばを注意深く観察し、何を言おうとしておられるのかを理解する必要がある。初めに主はすっかり気が動転している弟子たちの姿を非難された。「あなたがたの信仰はどこにあるのですか」と言っておられる。マタイはそれを、「どうして怖がるのか、信仰の薄い者たち」と伝えている（マタイ八・二六）。ほかの場面と同様、ここでもイエスは弟子たちの不信仰に驚かれた。自分がいっしょに舟に乗っているのに、人々が動揺し、恐れ、狼狽しているのを見て、叱責された。

ここに、私たち一人一人が自分自身に適用しなければならない最初の重大な教訓がある。キリストを信じている者がこのような状態に陥るのは、全く誤りである。周囲の情勢がどうであれ、クリスチャンは決して不安におののく必要はない。イエスと共に生活していながら、このような姿になるべきではない。クリスチャンは決して動転してはならない。自分を制しきれなくなるほど不安に陥ってはならない。それが第一の教えである。このことは新約聖書の教えの本質的な部分であり、これまでにも強調したところである。キリストを信頼している者は、この世の人々と同じように、どうしてよいか分からないからといって憂うつになったり、動揺したり、動転して取り乱したりしてはならない。それはキリストを信じない人たちが苦境に直面した時の典型的な反応の仕方である。だからこそ、そうなるのは間違いだと断言するのである。クリスチャンは、他の人々とは異なっている。クリスチャンは未信者が持っていないものを持っている。

使徒パウロは、ピリピ人への手紙四章に、クリスチャンの模範的な姿を描き出している。「私は、どんな境遇にあっても満足することを学びました。……私を強くしてくださる方（キリスト）によって、私はどんなことでもできるのです」（一一～一三節）。これがキリストを信じる者の姿である。それこそクリスチャンに期待されるあり方である。信仰者は、自分の感情やフィーリングによって――それが、どのようなものであれ――衝動的に動かされるべきではない。絶対にそうであってはならない。その姿はクリスチャンにとって絶対的に間違っている。信仰者はつねに自制を失ってはならない。この点については後で述べたいと思う。

さて、弟子たちの問題は自制力を失ってしまったことにある。そのため彼らは、みじめな気持ちになり、幸福感を喪失してしまった。自制心を失ったために、神の御子が同じ舟の中におられたにもかかわらず、気が動転して、あわてふためいたのである。とはいえ、この点を強調しすぎるのは適切でない。一つの提言として、クリスチャンは、環境がどうであっても決して平静な自制心を失ってはならず、度を越した不安や恐れによって動転するような状態に陥ってはならないと述べるにとどめよう。明らかに、これが第一の大切な教訓である。この弟子たちはすっかり動転していた。生命の危険を感じ、あたかも間もなくおぼれ死にするかのように考えていた。しかし、イエスは大声で叱責しておられる。「あなたがたがそんな状態に陥るのは間違っている。たとい生命に危険を感じたとしても、わたしの弟子であるあなたがたには、そんなみじめな状態にとどまる権利は全くない。」

以上が第一の大切な教えである。さらに第二点として、この狼狽の状態にあることがふさわしくない理由は、その背後に神への信頼と確信のなさが暗示されているからである。問題は、そこにある。それこそ、この状態が非難されるべき理由である。イエスがこのところで弟子たちを叱責されたのは、そのためである。主は語調を強めて、「わたしがいっしょにいるにもかかわらず、あなたがたは、どうしてこれほどまでに動揺するのか。わたしを信頼していないのか」とさとしておられる。マルコの福音書によれば、弟子たちは「先生。私たちが死んでも、かまわないのですか」と言った（四・三八）。

ここで彼らは自分の身の安全だけを気にしている、とは思われない。それほど自己中心に徹した者たちであったとは考えられないからである。イエスのことを全く考えに入れないで、「私たち弟子がおぼれ死んでも、あなたは気にならないのですか」と訴えているのではないだろう。彼らはイエスも含めて、舟の中にいる皆の者が死ぬと考えたと思われる。そこで、「先生。私たちが死んでも、かまわないのですか」と叫んだのだろう。

だが、それでもなお、この動揺と狼狽にはつねに、神への信頼と確信のなさが伴っている。つまり、神が自分たちに関心を持ち、見守っていてくださるという信仰が欠如している。そこには、全責任は自分にあり、一人でその難関を乗り越えなければならないという思いが潜んでいる。神は無関心だ、あるいは神とても何もできるはずがないと感じている。この狼狽が非常に問題なのは、そのためである。だが、つねにこのことが明瞭に意識されているとはかぎらない。この弟子たちの姿を客観的に眺める時、それは一目瞭然のようである。だが、ひとたび気が動転し、混乱し、どうすべきか分からなくなり、神経質に顔を硬直させている時、その姿を見る人が次のように考えるのは当然であろう。「あの人は、それほど神に信頼してはいない。結局のところ、キリストを信じてもそれほどの利点はないのだろう。あの人物を見るかぎりにおいては、キリスト信仰にはたいした価値はなさそうだ。」先の世界大戦の間、すべての信仰者は厳しい試練に遭遇した。しかし、今日のような平和な時代であっても、行く手をはばむ逆境に出会うと、それへの対応や対処の仕方によって、本当に神を信じ、神に信頼しているかどうかが、すぐに明らかになる。

そういうわけで、この物語は二つの大切な教えを示している。周囲の情況がどうあろうとも、私たちクリスチャンは、動揺したり狼狽したり、また右往左往してはならない。なぜなら、そうなるのは信仰と確信の欠如からきており、主なる神への信頼のなさを意味するからである。

さらに考察を進め、テキストを詳細に学びながら、この出来事の大切な教えをもとに、いくつかの一般原則を引き出してみよう。この信仰という大問題を論じるにあたって、まず第一に「信仰の試練」について一言ふれておきたい。信仰には試練が付き物であると聖書には繰り返し教えられている。

一例として、ヘブル人への手紙一一章をあげることができる。この箇所は、ある意味において、信仰の試練というテーマのすばらしい解説にほかならない。そこに登場する人たちは一人残らず試練を経験させられた。彼らはまず大いなる約束を与えられ、それを信じ受け入れた。だが、その後でいっさいの情況が悪化していくように思われた。彼らすべてについて、同じことが言える。ノアの試練、アブラハムの試練、ヤコブが直面した試みなどを考えてみよ。モーセは特に長い忍耐を強いられた。神は初めに信仰の賜物を与えられ、その後で信仰を試みられた。ペテロも、全く同じことを述べている。逆境の中で「今しばらくの間、様々な試練の中で悲しまなければならない」。しかし、その目的は、「試練で試されたあなたがたの信仰は、火で精錬されてもなお朽ちていく金よりも高価であり、イエス・キリストが現れるとき、称賛と栄光と誉れをもたらす」ためである（Ⅰペテロ一・六、七）。このテーマは聖書全体を貫いている。族長たちの歴史の内に、また旧約時代のすべての聖徒の生涯の内にそれが認められる。また、新約聖書全体を貫き通している主題でもある。まことに、それは聖書を締めくくる黙示録の中心テーマでもある。

そういうわけで、次の点を十分にわきまえておく必要がある。クリスチャンは必ず信仰が試みられるような境遇に立ち至るということを覚えながら進まなければならない。嵐や試練は神が許容されたものである。キリストのもとに来さえすれば人生には問題は起こり得ないと思い込んで信仰生活を続けているとすれば、恐るべき過ちを犯していることになる。事実、それは思い違いであり、真実ではない。信仰が試みられる日は、必ずやってくる。ヤコブは、「様々な試練にあうときはいつでも、この上もない喜びと思いなさい」とさえ言っている（ヤコブ一・二）。神は嵐が起こるのを容認し、逆境の訪れるのを許容しておられる。風が吹き荒れ、波が逆巻き、いっさいがどんどん悪い方向に進んでいくように感じられ、また生命に危険を感じる場合も起こり得るのである。神はその民を現実の世界から隔離して、逆境や不運という敵の攻撃が全くない理想郷に移り住まわせられるのではないことを覚えているべきである。そうでなく、私たちは他の人々と共に同じ世界に生かされている。

確かに使徒パウロはそれ以上のことを教え、ピリピの人々に向かって次のように語っている。「あなたがたがキリストのために受けた恵みは、キリストを信じることだけでなく、キリストのために苦しむことでもあるのです」（ピリピ一・二九）。また主イエスはこう言われた。「世にあっては苦難があります。しかし、勇気を出しなさい。わたしはすでに世に勝ちました」（ヨハネ一六・三三）。「勇気を出しなさい」と勧められているが、まことに、そのとおりである。しかし同時に、悩みがあることも忘れてはならない。パウロとバルナバが伝道旅行に出かけ、教会を歴訪した時、彼らは人々に次のように教えた。「私たちは、神の国に入るために、多くの苦しみを経なければならない」（使徒一四・二二）。

この件についてもまず第一に、「備えあれば、憂いなし」という格言を思い起こす必要がある。もしもキリスト信仰を魔術のようなものと考えているならば、思い悩むようになるのは確実である。なぜなら、困難がやってくると、「なぜ、このようなことが起こり得るのだろうか」と疑惑を持ち始めるからである。クリスチャンは、そのような疑いを抱くべきではない。ただ、この根本的な真理を知ってさえいれば、この種の疑問は決して出てこないだろう。主イエスは眠り込み、嵐が来るままにされる。情況は確実に困難の度合いを増し、身に危険を感じるようになるかもしれない。四面楚歌に思えるかもしれない。しかしながら、一人のクリスチャン詩人が次のように歌い上げている。

すべてのことが思うにまかせず
絶望の淵に追い詰められる時……

それでも彼はあきらめず、次のように続けている。

私たちは思い起こそう
一つの門が開かれてあり、
祈りを聞き届ける耳があることを。

孤立無援と感じ、「すべてのことが思うにまかせず、絶望の淵に追い詰められる」かもしれない。だから、それに対して十分に心備えしなければならない。しかし、そればかりではない。多くの困難が身に振りかかる時、神さえも自分のことを気に留めていないように感じ始める——本当の信仰の試練がやってくるのは、その時である。風が吹き荒れ、波は逆巻き、水が舟にあふれてくる。それも恐ろしいことだが、弟子たちの不安を最もかきたてたのは、イエスが無関心に見えたことであった。イエスは眠り続けておられ、自分たちを見放されたように思われた。そこで、「先生。私たちがおぼれて死にそうでも、何とも思われないのですか」と叫んだのである。

神が自分を見放されたと感じる時がある。私たちのこと、ご自身のこと、その約束や神の国について無関心のように見える時がある。この弟子たちの心境を察するがよい。主イエスに聞き従い、その教えを学び、御国の到来について信じてきた。また、奇蹟を目撃し、輝かしい未来を期待していた。だが今や、舟が難破して皆が溺死し、いっさいが文字どおり水の泡となるように感じたのである。何という不運だろう。それもみな、イエスの無関心のせいだ。信仰生活において、もしこのような体験が一度もないならば、確かにその人は、ほんの駆け出しに違いない。

すべての信仰者が、このような試練と苦境を少しは味わっているのではないだろうか。つまり、神が自分を気にかけておられないという思いである。悩んでいるのに、何もしてくださらないと感じる時がある。「なぜ神は、キリストを信じる私が未信者の手で苦しめられているのを放っておかれるのだろうか」と、多くの者が疑問を持つ。「なぜ神は私の情況を悪化させ、あの人はそうでないように仕向けられるのだろう」「どうして、あの人は成功し、私は失敗続きなのだろう。なぜ神は、この苦境を解決してくださらないのだろうか」。このような疑惑を抱くクリスチャンが、何と多いことだろう。あるいは、今日のキリスト教会の実情についても同じように問うている。「なぜ神はリバイバルを起こされないのだろうか。どうして、合理主義者や無神論者たちが優勢になるままに捨て置かれるのだろう。なぜ、この時代に介入し、奇蹟を起こし、大いなるみわざを行われないのだろうか。」何としばしば私たちは、このような問いを発したくなることであろうか。それはまさしく、沈みかけた舟に居合わせた弟子たちと同じ心境である。

神が苦境にある者を放置され、しばしば全く無関心のように感じられる時――これこそ本当の意味での信仰の試練である。その時信仰が試され、試みられている。神はそのすべてを許容し、すべてを容認しておられる。そのような情況に見舞われる時、「この上もない喜びと思いなさい」と、ヤコブは勧めている。信仰の試練——それは重大な課題である。今日では、それについてあまり語られないように思われるが、十七、十八世紀を振り返るならば、「試練」はその時代には身近なものであったことが分かる。いろいろな意味で、それはピューリタンたちにとっては課題の中心であった。また、これに続く十八世紀の信仰復興期には、非常に大きな課題であった。信仰の試練、どうして苦境を耐え抜くか、信仰による生き方、信仰生涯のあり方——このようなことがつねに人々の関心事だったのである。

さて次に、第二の問いに進んでいこう。信仰の本質とはなにか。信仰にはどのような性質があるだろうか。このことは、冒頭のテキストに記される出来事の中心メッセージである。そして、それはルカの福音書にある記述の内に特に鮮明に示されている、と私には感じられる。この福音書のテキストを選び、主イエスが「あなたがたの信仰はどこにあるのですか」という質問を発せられたことを特に強調しているのは、そのためである。その問いの中に、この大問題を解くかぎがある。イエスの質問に注目してほしい。彼は弟子たちが信仰を持っているのを十分に認めておられたことが暗示されている。「信仰は、どこにあるのか。あなたがたはそれを持っているのだが、今という瞬間には、どこにあるのか。この場に必要な信仰は、どこにあるのか」と、イエスは尋ねておられる。この質問そのものが、信仰の本質を理解するためのかぎとなる。

初めに、否定的に言い表してみたい。明らかに、信仰は単なる感情やフィーリングではない。決してそうではない。気が動転している時、人の感情はとても変わりやすくなっている。周囲の情況すべてが悪化しても、クリスチャンは意気消沈すべきではない。かえって、「喜びと思いなさい」と勧められている。感情がもたらすのは、せいぜい幸福感であるが、主にある喜びは感情やフィーリングよりも大きなものである。もしも信仰が感情だけのことにすぎないならば、困難が訪れて気分が変われば、信仰もどこかへいってしまうだろう。しかし、信仰は感情だけの問題ではない。信仰は人の思い、知性、理解力を含む人格全体にかかわっている。後で見るように、信仰とは真理への応答なのである。

第二の点は、さらに重要である。信仰は自動的に働き出すものではない。魔法のように機能するものでもない。この点は、すべての信仰者が時として思い違いをしやすいところである。信仰は自動的に働くものと考えられがちである。信仰は、温度調節装置といっしょに用いられるサーモスタットのようなものと考えている人が多いように見受けられる。つまり、温度を一定に保つためにサーモスタットを調整しておくと、それは自動的に働き始める。もし温度がある点より上になると、サーモスタットが機能して、冷却機が作動し始める。あるいは、温水器を例にとれば、水温が下がりすぎると温度感知器が働いて、温度を上げるわけである。自分でそれを操作する必要はない。サーモスタットが自動的に働いて、温度を望みのレベルに戻すシステムである。さて、信仰もそれと同じだと考えている人が多いように思われる。自分に何事が起こっても、信仰が作動し、万事が自動的に順調に運ぶと思い込んでいる人々がいる。しかしながら、信仰は魔術的に効果を発揮したり、自然に機能したりするものではない。もしそうであるなら、あの弟子たちは決して困難を感じなかったはずである。信仰が自動的に働き始め、ずっと平静さを保ち続け、すべてが問題もなく処理されたことだろう。しかし、事実はそうでない。そういった考えは、現実的に見ても全く誤っている。

それでは信仰とは何なのか。それを肯定的な面から見てみよう。ここで教えられている原則によれば、信仰は行動的なもの、実行に移されるべきものである。それは自分から作用し始めるものではない。私たち一人一人が機能させなければならない。それは行為の一つの形なのである。

このことを少し詳しく述べてみよう。信仰は、私たちが機能させるべきものである。それこそ、主イエスが弟子たちに期待されたことである。「あなたがたの信仰はどこにあるのですか」と問われたのは、「なぜ、自分の信仰をこの場面に適用しないのか」という意味である。つまり、弟子たちが狼狽し、みじめな気持ちになったのは、自分の信仰を働かせなかったためである。それでは、どうしたら信仰を機能させることができるだろうか。信仰は自分で適用しなければならないものだとは、どのような意味だろうか。この問いに答えて、次のように言うことができる。自分が困難に直面したと気づいた時、第一にすべきことは、その情勢に身を任せないことである。それが消極的な一面である。弟子たちは舟の中におり、イエスは眠っておられる。大波がうねり、舟に水が入り込んできて、それを十分にかい出すことが不可能になっている。一同がおぼれて死ぬように思われる。この弟子たちの問題は、その情況に翻弄されていることである。この場面でこそ信仰を活用し、情況全体を見据えて、「私たちは決してパニックには陥らない」ときっぱり言うべきであった。そのように対処すべきであったが、そうできなかった。情況に振り回されていたのである。

信仰とは、うろたえないことである。信仰をこのように定義してはどうだろうか。あまりにも世俗的に響き、霊的には不適当だろうか。それこそ信仰の本質にかかわる要素である。信仰とは、何が起ころうとも、うろたえないことである。ブラウニングが、「私にとって信仰とは、不信仰が、御使いミカエルの足に踏み付けられている蛇のように押しとどめられている状態を意味する」と信仰を定義した時、彼はこの概念を持っていたと思われる。御使いミカエルが立っており、その足の下に蛇がいる。彼は足の力で蛇が動かないように統制している。信仰とは、不信仰が統制され、静められている状態である。あの弟子たちに欠けていたのは、それである。彼らは苦境に翻弄され、パニックに陥っていた。信仰とは、そうならないことである。「患難によっても決して動転しない。私は平静を保っている」――これが信仰のことばである。そのように平静な心を保ち、自己を正しく保持し、コントロールするがよい。自己を野放しにせず、訓戒するがよい。

以上が第一の要点である。しかし、それで終わりではない。それだけでは十分でない。なぜなら、それは忍従にすぎないからである。信仰には、もっと別の積極的な側面がある。以上に述べたような第一歩を踏み出し、自分の心を矯正した後、自分が信じていること、知っていることを思い起こさなければならない。これも、あの愚かな弟子たちがしなかったことである。もう少し落ち着いて、次のように考え、瞑想《めいそう》できなかったものかと思う。「さて、これからどうなっていくのだろうか。この舟でイエスと共に溺死することがあり得るだろうか。主イエスに不可能なことがあるだろうか。私たちは主の奇蹟を目撃してきた。イエスは水をぶどう酒に変え、目の見えない人や足の不自由な者を癒やされた。死人を復活させたこともある。私たちがイエス共々、このような仕方でおぼれ死ぬままに放っておかれることがあるだろうか。否、それはあり得ない。何はともあれ、神は私たちを愛し、見守っておられる。『あなたがたの髪の毛さえも、すべて数えられています』とまで教えられたではないか。」

これが信仰者のたどる思考方法である。そのうえで、「確かに私の目の前には嵐や高波がある。しかし……」と言うことができる。信仰によってつねにこの「しかし」ということばを付け加えることができる。それが信仰である。真理を土台として、すでに知っている事実から推論するのである。以上が、信仰を具体化する方法である。だが、弟子たちにはそれができなかった。そのために、あわてふためき、動揺したのである。もし、この道をたどらないならば、私たちも同じように動揺し、あわてってしまうだろう。そのようなわけで、どんな情況に立ち至っても、しばらく静まり、心を整えるべきである。「すべての情況は分かった。しかし……」と言うべきである。

では、これにどんなことばを続けたらよいだろう。「しかし、神は」「しかし、主イエス・キリストは」である。すべての目的は何だろうか。それは救いの完成である。信仰が教えているのは、それである。周囲のすべてが自分に対立し、絶望に突き落とそうとしているように感じるかもしれない。しかしクリスチャンは考える。「これからどうなるのか分からないが、しかし私は知っている。神は私を愛しておられる。そのひとり子を世に遣わされたのは私のためである。私が敵であった時、神は御子を遣わし、私のためにカルバリの丘の十字架上で死に渡された。私がまだ敵対者であり、反抗的な罪人であった時に、そうしてくださった。『私を愛し、私のためにご自分を与えてくださった、神の御子』（ガラテヤ二・二〇）を私は知っている。その血の代価によって救いにあずかり、神の子どもとされ、永遠の祝福を受け継ぐ者とされたことを知っている。」また、「敵であった私たちが、御子の死によって神と和解させていただいたのなら、和解させていただいた私たちが、御子のいのちによって救われるのは、なおいっそう確かなことです」とも教えられている（ローマ五・一〇）。それは必然的な論理であり、信仰はそのように展開していく。聖書の中で「大いなる約束」（Ⅱペテロ一・四）と呼ばれているものを思い出させるのが信仰である。「私をこのところまで導いてくださった神が、ここで私を見放されるとは信じられない。そんなことはあり得ない。それは神の性格に矛盾している」と信仰者は考える。このように信仰は、周囲の情況に振り回されるのを回避し、そして自分が信じ、知っている事柄を思い出させるものである。

さらに次の段階において、信仰によって以上のすべてを具体的な情況に当てはめていく。このこともまた、弟子たちがしなかったことである。だからイエスは彼らに、「あなたがたの信仰はどこにあるのですか」と尋ねられたのである。つまり、「信仰を持っていながら、どうしてそれを活用しないのか。なぜ、自分の知っていることを、この場で生かさないのか。どうして、それをこの問題に適用しようとしないのか」と問いかけておられる。これが信仰の具体化における第二のステップである。どんな状態にあろうとも、神との関係において正しいと分かっている事柄をそこで生かすべきである。そうすれば、神は決して不幸な事件が起こるままに放置されることはないことが分かるだろう。「神を愛する人たち……のためには、すべてのことがともに働いて益となる」（ローマ八・二八）。髪の毛一本たりとも無意味に損なわれることはない。神は永遠のいつくしみをもって愛してくださる。

起こってくる出来事すべてが自分に理解できるというのではない。十分に納得のいく説明が得られないような事が起こるかもしれない。にもかかわらず、神は決して無関心ではないと確信できるようになる。神が見放されるということは断じてない。あなたにとって最も大いなる救いのみわざを成し遂げられた神は、あなたのすべてを見守っておられる。暗雲が空を覆い、神の姿が見えなくなったとしても、神がおられることを信じ続けるべきである。「眉をひそめたくなるような摂理のかなたに、神の笑顔が隠されている」と言った人がいる。それを信じ続けるがよい。神の顔が見えないと言う人がいるかもしれない。地上に生じた暗雲によって神の姿が見えなくなる場合があるのは確かである。しかし、神はそこにおられる。そして、決定的なダメージを与えるような出来事が起こるのを見過ごされることは絶対にない。神がお許しにならないことは決して起こらない。だから、何が起きても驚くことはない。それは絶望に陥れる事件かもしれない。病気かもしれないし、突然の事故かもしれない。しかしどんな問題であれ、神がそれに遭遇させたのは、究極的にあなたの益とするためであると確信できるようになる。「すべての訓練は、そのときは喜ばしいものではなく、かえって苦しく思われるものですが、後になると、これによって鍛えられた人々に、義という平安の実を結ばせます」と約束されているとおりである（ヘブル一二・一一）。

以上が、信仰の働く有様である。しかし、それを実践するのは私たちである。信仰は自動的に働き始めるのではないからである。主体的に信仰をいろいろな場面に当てはめ、こう言わなければならない。「よろしい。しかし私には神について知っていることがある。それは真理であるから、この情況に当てはめてみよう。そして、もし自分の予想したようにならないとすれば、何か別の理由があるに違いない。」このようにして、ついに神の恵みによる目的があることを知るようになる。信仰を活用し、それに固く立つがよい。動揺させられないように注意する必要がある。敵は攻撃を仕掛けてくる。舟が沈むと思うほどに、水が入り込んでくる。しかし、「すべては神の御旨だ。すべては神の摂理の内にある」と悟るがよい。信仰に固く立つべきである。そして自分にこう語るがよい。「私は神を信じている。そして身をゆだねているのだ。私には確信がある。今この身に起こっていることの意味が分からないとしても、神を信頼し続けるのだ。」

ついに結びのことばを述べるところにきた。それは第三の原則、つまりきわめて弱々しい小さな信仰の価値についてである。これまで学んできたのは、信仰の試練および信仰の本質についてであった。最後の締めくくりとして、最も弱く小さな信仰にも価値があることを申し述べたい。この場面における弟子たちの信仰がどんなに貧弱で小さく、不完全であったにせよ、ともかく最後に正しいことを行うのに十分な信仰を持っていた。彼らは最後にイエスのもとに歩み寄ってきた。動揺し、思い悩み、狼狽し、疲れきった後、イエスのもとに来た。この情況にあっても主イエスには何かができるだろうという期待を、完全には失っていなかったのである。そこで主を揺り起こして、「イエスよ。何とか助けてください」と持ちかけた。それはまことに貧弱な信仰だったかもしれない。大変弱々しいものではあったが、それでも信仰であることを神に感謝しよう。「からし種一粒ほどの信仰」であったとしても、価値がある。それによって主イエスのもとに導かれるからである。

主のもとに行けば、このようなことが起こる。主イエスは、私たちの有様を見て失望を隠されない。そして、こう叱責されるだろう。「なぜ、それが解決できないのか。どうして信仰を活用しないのか。なぜ、世の人々の前でそれほど動揺するのか。どうして、あたかもクリスチャンではないかのように振る舞うのか。どうして、信仰を生かすべき時に、それができないのか。あなたが勇敢に嵐の中に立ち続ける姿を見ることができたら、私はどんなにうれしかったことか。なぜ、それができなかったのか。」神は私たちの姿に失望を示し、また叱責されるだろう。しかし、主の御名はほむべきかな。それでもなお、私たちを見捨てられることはない。拒否はなさらない。この弟子たちをも退けず、受け入れられたように、イエスは頼って来る者を受け入れてくださる。受け入れるばかりでなく、祝福し、平安を与えてくださるに違いない。

「イエスは……風と荒波を叱りつけられた。すると静まり、凪になった」とある。弟子たちの信仰は十分でなかったが、にもかかわらずイエスは、彼らが求めた状態をつくり出された。私たちが信頼し、聞き従っているのは、このような恵み深い主イエスである。しばしば主はクリスチャンの姿に失望し、また叱責されるが、無視なさることは決してない。イエスは受け入れ、祝福し、平安を与えてくださる。この弟子たちのために行われたことを、きっと私たちのためにもしてくださるに違いない。嵐を静めることでイエスは、これまで彼らが抱いていたより以上のキリスト理解を与えられた。弟子たちは主イエスの絶大な力に驚き、圧倒された。言わばすばらしい祝福への道を備えてくださったのである。

もし、今まさに試練や悩みや試みに遭っている人がいるならば、自分の信仰をあかしし、信仰を人々の前に示し、大いなる神の名に栄光を帰するすばらしい機会が与えられているのだと考えるがよい。しかし、もしそれができず、信仰を活用するには弱すぎると感じているなら、もし悪魔と滅びと罪によって取り囲まれ、攻撃されているならば私は勧告する。ただちに主イエスのもとに行くがよい。そうすれば、主は受け入れ、祝福してくださる。あなたを解放し、平安を与えてくださる。しかし、信仰は行動的なものであることをつねに忘れてはならない。信仰は活用されなければならない。「あなたがたの信仰はどこにあるのですか」と尋ねられたら、その信仰の対象は、必要な時、必要な場所に、いつでも存在しておられることを覚えておくべきである。

二一　強風を見て

それからすぐに、イエスは弟子たちを舟に乗り込ませて、自分より先に向こう岸に向かわせ、その間に群衆を解散させられた。群衆を解散させてから、イエスは祈るために一人で山に登られた。夕方になっても一人でそこにおられた。舟はすでに陸から何スタディオンも離れていて、向かい風だったので波に悩まされていた。夜明けが近づいたころ、イエスは湖の上を歩いて弟子たちのところに来られた。イエスが湖の上を歩いておられるのを見た弟子たちは「あれは幽霊だ」と言っておびえ、恐ろしさのあまり叫んだ。イエスはすぐに彼らに話しかけ、「しっかりしなさい。わたしだ。恐れることはない」と言われた。するとペテロが答えて、「主よ。あなたでしたら、私に命じて、水の上を歩いてあなたのところに行かせてください」と言った。イエスは「来なさい」と言われた。そこでペテロは舟から出て、水の上を歩いてイエスの方に行った。ところが強風を見て怖くなり、沈みかけたので、「主よ、助けてください」と叫んだ。イエスはすぐに手を伸ばし、彼をつかんで言われた。「信仰の薄い者よ、なぜ疑ったのか。」そして二人が舟に乗り込むと、風はやんだ。舟の中にいた弟子たちは「まことに、あなたは神の子です」と言って、イエスを礼拝した。

（マタイ一四・二二〜三三）

これから考察していく出来事には、前章で学んだルカ八章と共通する特徴が多くある。この出来事を通して教えられている中心点は、前章と同様、信仰の本質および性質、また正しい信仰の概念を持つことの大切さである。しかし、もちろん前の章とは少し異なった側面についてである。前章で見た問題点は、信仰が行動的なものであり、実践が必要であることを悟っていない点にある。そこで「あなたがたの信仰はどこにあるのですか」と問われているのである。大きく言えば、弟子たちは信仰を持っていたが、それを現実の情況に当てはめていなかったのである。ここでも引き続き信仰の本質について解明していくのだが、いくぶん異なった視点からである。

本論ではとても重要なことを考察するのだが、その前に絶対必要で不可欠な基本をわきまえておかなければならない。この湖上での嵐の出来事において注目すべき最初のことは、主イエスの人格である。パーソナリティーと呼んでもよいであろう。ここでもまた、イエスご自身の神性、つまり神そのものであることが明らかに示されている。強い風が吹き、波は荒れ狂っているが、イエスはその上を歩いておられる。そして、弟子の一人であるペテロにも同じことをさせられた。ここでも主は自然界を統治し、統制しておられる。

この点から出発しなければならない。というのは、もし主ご自身のことを十分に知っていなければ、信仰について論じることはできず、その正しい理解にも達しないからである。論じているのは宗教一般でなく、キリスト信仰についてである。その考察に欠くことができない条件は、主イエスの人格についての十分な理解である。ナザレのイエスが唯一の神の子であり、栄光の主、キリストであることを抜きにしては、キリスト教のメッセージは存在しない。このテキストに見るのは、宇宙の統治者また被造世界の主であり、その栄光を輝かせておられる主イエス・キリストの姿にほかならない。イエスはご自身の神性を明らかにし、それをまざまざと啓示しておられる。この点から論じ始めなければならないわけは、すべての福音書の究極の目的は、このキリストを描き出すことに尽きるからである。今取り組んでいる問題の考察においても、すべての悩みの根源はイエスがどのような方かを忘れていることにあると明言しておこう。

とはいえ、この出来事が記録されたのは、ペテロの体験に注目させることを目的としてであることも同様に明白である。主イエスの栄光と神性とを明らかにする箇所は福音書の至るところに認められるが、その一つ一つの出来事には、特別な側面また独特な内容が伝えられている。ここでは明らかに、使徒ペテロをめぐる出来事である。

ペテロはとても信仰的に、勇敢に行動し始めた。しかし、その後で困難を覚え、非常にぶざまな姿を露呈している。それがペテロの様子である。初めは信仰に満ちあふれていたが、終わりには、みじめな挫折者となり、助けを呼び求めている。何と短時間のうちにそうなったことだろう。このガリラヤ湖には突然に突風が吹き荒れるという特徴があると言われる。ある時は、凪のようであるが、次の瞬間には嵐が吹きすさぶ。そのように、この場面でも湖に変化が生じたが、同時に、ペテロの側でも情況を全く急変させるような何かが起こったのである。

この場面を考察するうえで大切なのは、その進み具合を注意深く観察することである。そして、次の点が注目されなければならない。前に学んだ嵐を静められた奇蹟と、今調べている出来事との間には、大きな違いがある。つまり、前章では新たな要素として嵐が起こり、弟子たちを狼狽させた。イエスが眠ってしまった後で、嵐がやってきた。ところが、今学んでいるペテロに関する出来事においては、事情は全く違う。ここには途中での外界の変化はなく、新しい情況は何もない。強風はそれ以前から吹き始めており、主イエスが弟子の乗った舟のそばに近付いて来られる前から吹き荒れていた。舟は湖の真ん中にあり、波にもまれていた。一方、イエスは一人で山に登り、祈っておられた。

注目しなければならないのは次の点である。弟子たちは舟に乗っていたが、イエスは共におられず、嵐が吹き荒れている。そこへ突然に主が現れ、この事件が始まる。覚えておくべき点は、ペテロが舟から外に足を踏み出した後で変化した要素は何もなかったことである。穏やかな水面に足を踏み出したところに嵐が襲ってきた、というのではない。イエスが舟の近くに現れる以前から、すでに嵐は始まっていた。これは非常に重要な点だと思われる。前章のような新しい要素は何もない。それなのにペテロは途中から困難を感じ始め、喜びを失い、狼狽し、みじめな姿になってしまった。なぜそうなったのかが問題である。問題はもっぱらペテロの内にあると言うことができる。主イエスはその状態をご覧になり、その原因は信仰の足りなさにあると判断された。それで、「信仰の薄い者よ、なぜ疑ったのか」と言っておられる。疑いを抱くのは、信仰の足りなさのせいである。このことから、いくつかの重要な教訓を得ることができる。もし、それらを習得しているならば、様々な霊的スランプの攻撃に対して身を守ることができよう。

何よりもまず第一に、ペテロの精神的な特徴に注目してほしい。あるいは、ペテロ的な気質と称してもよいだろう。これまでも繰り返し強調してきたが、回心して救いにあずかりクリスチャンになったとしても、各人の気質は変わらない。回心以前と全く同じ気質である。別人になるわけでなく、個性的な人格であり続ける。すべてのクリスチャンは「もはや私が生きているのではなく、キリストが私のうちに生きておられるのです」と断言し、さらに「今私が肉において生きているいのちは、私を愛し、私のためにご自分を与えてくださった、神の御子に対する信仰によるのです」と言うことができる（ガラテヤ二・二〇）。しかしながら、「私」はつねに同じである。あなたはつねにあなた自身である。クリスチャンとなった後も、そのままである。一人一人は独特な気質を持ち、それぞれに特徴のある性格を持っている。そのため、私たち一人一人には、特に陥りやすい誘惑がある。すべての者に共通する根本的な問題があり、アダムとエバの堕落に起因する罪が引き起こす問題もある。しかし、人間が罪を犯すのは同じ方法によってではない。

このことは、すべての者がよく承知している。キリスト教会に属する一人一人は同じ性質の者ではない。どれほど小さい群れであっても、それぞれは異なっている。そして、各人は、その人が特に注意していなければならない誘惑を持っている。他の人はその問題によって悩まされることが全くない。だが、彼らには彼ら特有の問題がある。感情的になりやすい人は、自分の感情を注意深く見守る必要がある。また同様に、憂うつになりやすく、気力を失いやすい人も気を付けなければならない。というのは、このような人は精神力が弱すぎるため、忍耐すべき時に忍耐できない傾向があるからである。ことばを換えて言えば、一人一人は特有の弱点を持っている。そして、それらは一般的に言って、神が与えられた特有の気質のゆえに生じるのである。この件に関連して最も注意していなければならないのは、多分それぞれの長所また特長についてであると言い足すことができよう。つまるところ、自分の長所によって失敗を犯すことが多いのである。

このことはペテロについても当てはまると思われる。ペテロの著しい特徴は、活動性、決断が早いという特徴、その行動的な人柄であった。そしてそれは、彼が問題を引き起こす原因でもあった。活動的な性格を持つのは、とても良いことである。この世界史に登場した偉大な人々は――私が彼らの生涯を正しく理解しているとすれば――行動力によってそうなれたのだと説明できる。知的能力や洞察力より、むしろ強固な行動力によっている。いわゆる偉人と呼ばれる人たちの伝記を読むと、それが分かる。行動力は、すばらしい資質であり、一般的に言って速断力を伴っている。しかしペテロは、この特質が原因となって、しばしば失敗を犯したのであった。

このような特徴を持つ人は、しばしば信仰生活に落ち着きを欠き、信仰生活のバランスを失いがちである。その明白な証拠が、ここに見られる。この出来事の初めにペテロが主イエスを認めた時の様子を見てほしい。彼は嵐の真っただ中にある舟に乗っている。そして信仰によってイエスに、「主よ。あなたでしたら、私に命じて、水の上を歩いてあなたのところに行かせてください」と申し出、実際に足を踏み出した。何と大胆な姿だろうか。実に勇敢である。しかし、そのすぐ後の姿を見てほしい。彼は恐怖のあまり悲鳴をあげている。それがペテロのいつもの特徴であった。イエスがご自身の死を予告し、どのように死んでいくかを語られた時、彼は次のように言ってはばからなかった。「たとえ皆があなたにつまずいても、私は決してつまずきません」（マタイ二六・三三）。しかし、それから数時間もたたないうちに、「そんな人は知らない」と嘘ならのろわれてもよいと誓い、イエスの仲間だということばを打ち消してしまった。ペテロ的な気質と呼ぶのは、それである。落ち着きがなく、幸福の絶頂にいたかと思えば、すぐに絶望感のどん底に落ちるような人である。熱心で、顔を紅潮させ、私たちは何もしなくてもよいと感じさせてくれる時があるかと思えば、すぐに全く意気消沈していっしょに信仰生活をやめようと言いだすようなタイプである。そんな人々が現実にいることを、あなたも知っているだろう。

その原因は何だろうか。恍惚《こうこつ》的な喜びとみじめな挫折感とを行ったり来たりする理由は何だろうか。原因は、その気質である。このような人の問題点は、よく考えもしないで行動に走る傾向である。信仰が十分な思考に基づいていないのである。物事を徹底的に熟考せず、思考力を正しく生かそうとしないのが難点である。ペテロの問題点はそれであった。福音書を読めば、初めに意志を決定するのは、つねに彼である。たとえば、ヨハネ二一章の出来事を取り上げてみよう。弟子たちは徹夜で漁をしたが、何もとれなかった。そこへイエスが現れて、岸辺に立たれた。ヨハネの記述によれば、弟子の一人が「主だ」と叫ぶと、「シモン・ペテロは『主だ』と聞くと、裸に近かったので上着をまとい、湖に飛び込んだ」(ヨハネ二一・七)。ペテロはつねに最初に行動する人物であり、すべてのことにおいて最初の者であった。そして、それが彼の問題点でもあった。

ペンテコステの後にも、その典型的な事例がはっきりと認められる。ガラテヤ人への手紙二章である。そこでも彼は、同じように軽率に行動する人物として描かれている。信仰のみによる義認という教えを実践すべき場面でペテロが身をひるがえしたので、パウロは非難しなければならなかった。その時ペテロは言い逃れができなかった。というのは、異邦人をキリスト教会に受け入れた最初の責任者は彼だったからである。コルネリウスの回心の様子を覚えているだろう。使徒の働き一〇章の記録を見ると、ペテロが霊的にとても高い次元にあったことが分かる。ユダヤ人出身の信者が異邦人の回心者をキリスト教会に導き入れるということは、画期的な出来事であった。ところがペテロは、その後アンティオキアに戻り、そこへヤコブが遣わした使者がやって来た時、信仰教理と矛盾する振る舞いを始めた。そこでパウロは面と向かってペテロを叱責しなければならなかった。なぜペテロは、この失敗を犯したのだろうか。それは初めからの問題であった。つまり、信仰義認の意味合いを熟考しないで、その教えをうのみにしていたのである。

このことは例外なく、このタイプの人々の問題点である。この行動力、速断力、この衝動性が原因で、彼らは物事を順序立てて考えたり十分に理解する前に軽率に行動してしまいやすい。そのため、信仰生活においても極端に走ってしまう。そして、これはしばしば霊的スランプの原因となる。だから、今これを考察しているわけである。

強調すべき第二のポイントは、この出来事の内に示されている懐疑心についての教えである。「信仰の薄い者よ、なぜ疑ったのか」とイエスは言われた。ここに重要な教理があることを神に感謝しよう。ここで学ぶ最初のことは、私たち自身が懐疑心を生じさせる場合があるということである。この場面での問題の源がペテロ自身にあることは、一目瞭然である。彼は波や風を見て、自分で不安を持ち始めた。起こる必要のなかった問題に、自ら飛び込んでいったのである。イエスのほうから、「ペテロよ。気をつけよ。自分が何をしているのか知っているのか」と語られたのではない。そうではない。だれ一人として、そのようなことばを発した者はいなかった。ペテロ自身が波風を見て、自分で不安を生じさせたのである。

私たちも同じ失敗をしないよう、十分注意していなければならない。しばしば私たちは、自分でスランプ状態を引き起こしてしまう。避けるべき事柄におもしろ半分に手を出して、疑惑を生じさせる場合がある。ここで言うのは、ある種の文学、あるいは自分に理解できないような議論に首を突っ込むことの愚かしさについてである。この点は、とても重要である。自分にはほとんど知識がないにもかかわらず、自然科学についての難問などと取り組もうとする愚かな人々がいる。十分な知識がないことを謙虚に認めて深入りしないほうがいいのに、そこへ首を突っ込んでしまう。そのために信仰を失いそうになった人々を、私は知っている。つまり彼らは、すでに知っている真理に固く立つべきであり、自分の手に負えないほどの難問を解決しようなどと思ってはならなかったのである。同じように私たちも、自分から進んで不信仰に陥ることがある。だから、そうならないようつねに注意しなければならない。

次に、疑惑は必ずしも信仰と相いれないものではない。このことを私は神に感謝している。これまでの牧会経験において、この原則を知らなかったために全くみじめな気持ちになった人々をたくさん見てきた。一度クリスチャンになれば、決して疑惑は起こらないと思い込んでいる人がいるようである。しかし、そうではない。ペテロは信仰を持ち続けていた。イエスは彼に、「信仰の薄い者よ」と言われたが、「ペテロよ。おまえは疑いを抱いているから、信仰は全くない」とは言われなかった。無意識のうちにそう考えている人々が多いが、その考えは間違っている。信仰があったとしても、なお懐疑心に悩まされることがある。これについては聖書だけでなく、それに続くキリスト教会の歴史の内にも多くの実例がある。
誤解されるのを覚悟のうえで、次のように言わせてほしい。もし、クリスチャン生活において一度も疑惑によって苦しんだことがないと言う人がいるとすれば、その人はもう一度信仰を徹底的に吟味して、いわゆる偽りの平安や自分勝手な宗教心に甘んじていないかどうかを点検する必要がある。この地上を歩んだ偉大な聖徒たちの生涯を学ぶならば、彼らが懐疑心で苦しんだことが分かるだろう。ここで主イエスは、はっきりと断言しておられる。疑いは信仰と相いれないものではない。懐疑心を持ちながら、同時に信仰を保ち続けている場合がある。ただし、それは弱い信仰である。

以上のことを別のことばで言い表してみよう。第三の原則である。もしも懐疑心によって振り回されるならば、それは信仰の弱さを示している。ペテロに起こったのは、まさしくそれである。信仰が全く消滅していたのではない。ただ信仰が弱かったために、不信仰が優勢になり、ペテロは圧倒された。そして狼狽させられたのである。もし、この恐怖と狼狽の真っただ中にあったペテロに尋ねたならば、教理的に誤りのない答えが返ってきたであろう。キリストの人格について質問したなら、きっと正しく答えただろうと、私は確信している。にもかかわらず、この瞬間にペテロは不信仰に圧倒されていた。信仰は彼の内にあった。しかし、ここでのイエスのことばに従えば、疑惑や不信仰に振り回されている状態は、信仰が非常に弱くなっていることを示している。このような状態は、決して放置すべきではない。懐疑心に襲われることがあるだろう。しかし、それに支配される必要は全くない。決してそれに甘んじてはならない。

では、どうすれば、それを克服できるだろうか。正反対のもの、つまり強い信仰によってである。人が疑惑に振り回されてしまうのは、信仰が弱いからである。したがって、全く逆の、強い信仰が必要となる。ここで何よりも強調されなければならないのは、それである。強い信仰にはどんな特徴があるだろうか。第一に、主イエス・キリストとその御力について正しく理解し、それを確信し、信頼し続けることである。

ペテロは、すでに見てきたように、きわめて勇敢に行動を開始した。真実の信仰があったからである。初めに彼は他の弟子たちといっしょに舟の中におり、周囲では嵐が吹き荒れていた。風は逆風で、舟は波にもまれていた。情況は、ますます困難を極めるようになっていった。そこへ突然にイエスが現れた。その姿を目にした弟子たちは、「水の上を歩いている者がいる。そんなはずはない。あれは幽霊に違いない」と言った。彼らが恐怖のあまり叫び声をあげると、イエスは「わたしだ。恐れることはない」と静められた。そして、その後に見られるのが、ペテロの真実な信仰の勇敢なあかしである。ペテロは答えて言った。「主よ。あなたでしたら、私に命じて、水の上を歩いてあなたのところに行かせてください。」

これこそ真実な信仰の現れである。そのことばの意味は分かるだろう。ペテロは大声をあげてイエスに次のように告げている。「もし、あなたが本当に主なる神であるならば、不可能なことは何もないはずです。私にこの舟から嵐の湖上に足を踏み出すように命令し、水の上を歩かせ、それを実証してください。」ペテロは主イエスを信頼し、その力と人格と大能を信じていた。ただ頭の中で信じていただけではない。立証しようと試みたのである。「そこでペテロは舟から出て、水の上を歩いてイエスの方に行った」とある。「主よ。あなたでしたら……」ということばのなかに信仰の本質がある。「もし本当にあなたであるならば、可能でしょう。水の上を歩けと私に命じてください。」これは信仰の表明にほかならない。そして、彼は実際にそうしたのである。

ここに再び、つねに明白でなければならない重大な原則がある。キリスト教の言う信仰とは主イエスを知ることに始まり、それに尽きるということである。信仰の始まりは、感情でなく、意志や行動でもなく、主イエスを知ること――この尊いお方を理解することである。この点に基礎を置くのでなければ、感情には全く価値がない。キリスト教信仰は、キリスト中心である。信仰とはキリストに関することを信じ、その方を知ることを意味する。イエスがこの世界に下られた栄光の主であることを悟り、受肉と処女降誕について知り、なぜ地上に誕生されたかを知ることである。イエスがこの世で何を成し遂げられたかを知り、その贖いのみわざを悟り、ご自身が語られたように、義人でなく罪人を招いて悔い改めさせるために世に下られたことを知ることである。イエスは、「医者を必要とするのは、健康な人ではなく病人です」と言っておられる（ルカ五・

三一）。また、キリストについて述べている真理を悟ることである。「キリストは自ら十字架の上で、私たちの罪をその身に負われた。それは、私たちが罪を離れ、義のために生きるため。その打ち傷のゆえに、あなたがたは癒やされた」（Ⅰペテロ二・二四）。

スランプ状態にある人々が私のところに来る時、その原因はほとんどと言ってよいほど、知る必要があることを知っていないためであるのを見てきた。「私はみじめな罪人です。私がどんな者であったか、どんなことをしてきたか、想像できないでしょう」と人々は語る。なぜ、そう嘆くのだろうか。それは、主イエスが「わたしが来たのは、正しい人を招くためではなく、罪人を招いて悔い改めさせるためです」（マタイ九・一三）と語られたことばの意味を十分に理解していないからである。自分がだめな人間だと分かったからこそ、主イエスのもとへ行くことが可能になる。そして、主が受け入れてくださることを確信できるのである。そのことが分からず、また信じられない人の信仰は、弱い信仰である。強い信仰とは、それを悟ることである。私はこのことを語り続け、つねに強調しなければならないと感じている。

かつて一度も面識がない人に対して、この件について長い手紙を書かなければならなかったことがある。相手の心は荒れすさんでおり、悩みのとりこになっていた。何が原因だったかと言えば、キリストが取税人や罪人の友であり、そのような人々のために死ぬという目的を持って世に来られたことを知らなかったのである。彼はキリストの神性についてはっきりとは知らず、この尊いお方のみわざについても十分に理解していなかった。そのために信仰は弱々しく、懐疑心がその心を支配していた。この人のように、大切な信仰教理を正しく理解していないために、みじめで、幸福感のない生活を送っている人たちが多くいる。それを悟っていたならば、自分に失望することと自体がまことの悔い改めの一要素であり、全き自由への入り口であることに気づくはずである。

言い換えれば、霊的スランプを克服するには、キリスト教教理つまり聖書の教えをよく知る必要がある。いろいろな集会を転々と渡り歩いて感情をかきたてることでなく、信仰の原則を知り、信仰の教えを正しく理解することである。それが聖書的な方法である。それがキリストご自身の方法であり、使徒たちのやり方でもあった。憂うつ感に打ち勝つには、主イエスを知る必要がある。そして、その情報は聖書の中にある。悩みが襲ってきたら、今こそ聖書の教えを学ぶ絶好の機会であると見なすがよい。それは口で言うほど簡単ではない。苦闘しながら習得しなければならない課題である。現代人の過ちは、集会に参加するのに自分の幸福感を追求しすぎることにあると私は感じている。このことは、どの教会にも共通する問題であり、みじめな信仰者が多いことの理由でもある。真理についての彼らの知識は不十分である。ただちに信仰に入った人々に向かって、イエスが次のように語られたのを覚えているだろう。「あなたがたは、わたしのことばにとどまるなら、本当にわたしの弟子です。あなたがたは真理を知り、真理はあなたがたを自由にします」（ヨハネ八・三一、三二）。疑いや不安から自由になりなさい。憂うつ感や意気消沈させるものから解放されるがよい。あなたに自由をもたらすのは、神についての真理、キリストの人格とみわざと職能についての真理なのである。

次に第二のポイントに移ろう。ペテロが信仰を持って正しく行動し始めたのにならって足を踏み出したならば、第二の点も忘れてはならない。残念なことに、ペテロはそれを実践できなかった。つまり、懐疑心を持って再考するのは避けるべきことである。「ああ。だが、もう一度、途中で考え直したほうがいいかもしれない」と思う人がいるだろう。しかし、それはキリスト信仰とは相いれない態度である。それは愚かなことである。足を踏み出してから疑うのは、実に愚かなことなのである。それがどんなに不合理で、ばかげたことかを見ておくのがよいだろう。これから後、誘惑に遭遇する時、ペテロの姿を思い起こすがよい。

彼は決して波風に目を奪われてはならなかった。なぜ、そうすべきでなかったのか。なぜなら、舟から外に足を踏み出す前に、すでにペテロはその危険性を知っていたからである。その理由は分かるだろう。主イエスが舟の近くに来られる以前から嵐は吹き荒れていたという大切な点は、以前に強調したところである。もし、ペテロが穏やかな湖上に足を踏み出し、その後で嵐が起こったというのであれば、少し情況は違ってくる。もしそうであれば、ペテロにいくらかの弁解も許されたであろう。しかし、ここではそうでない。ペテロがイエスに向かって「主よ。あなたでしたら、私に命じて、水の上を歩いてあなたのところに行かせてください」と申し出た時、波風という問題はすでに解決済みのはずである。すでに舟の中にいた時に、荒波と格闘していた。小舟が波にもまれていたのは明らかな事実であった。だから、ペテロがあのようにイエスに告げた時には、「湖上の状態がどうであろうとも、私は気にしません」という意味合いを含んでいたに違いない。その問題は処理され、解決されていた。そのうえで舟から足を踏み出し、水の上を歩いたのである。波や風には変化がなかった。新しい要素は何もなかった。新たな問題は、一つも襲わなかったのである。イエス・キリストは実際にペテロに荒れ狂う湖水の上を歩かせておられた。では、なぜペテロは波や風に目を奪われたのだろうか。その原因は、何だったのだろう。原因は、どこにも見当たらない。ペテロが疑惑を持つのは愚かしいことであり、ばかげていると言ったのは、そのためである。

弱い信仰には、いつでもこの問題がつきまとっている。すでに解決済みのはずで、乗り越える方法が与えられている問題に、また舞い戻ってしまう。もし主イエス・キリストに信頼した者であるならば、いろいろな困難と出会い、それらをすでに解決したはずである。さもなければ、信仰には入らなかったであろう。では、なぜ逆戻りするのか。それは全く愚かなことである。それは不信仰であるだけでなく、実際の行動の問題ともなる。なぜ座り込んでしまって、舟から踏み出す前にすでに解決したはずの問題を蒸し返そうとするのか。繰り返して強調しておきたいのは、次に示すような信仰の消極的な側面の重要性である。つまり、神に信頼したならば、懐疑心をかきたてるような事柄を一定のところに押しとどめ、それに目を奪われないように努めなければならない。すでにそれを処理してしまったならば、再び蒸し返すべきではない。この説教集の中で、この点は何度も繰り返して訴えなければならない。何としばしば、このような逆戻りが悩みの原因となることだろうか。ペテロは決して周囲の波風に気をとられるべきではなかった。弁解の余地はない。再考を促すようなことは、何も起こらなかったのである。解決済みのことを蒸し返さないこと――これは信仰の本質にかかわっている。逆戻りをはねのけなさい。それにつかまってはならない。その誘惑に対して、「おまえはすでに解決済みだ」と宣言するがよい。

さらに、もう一つの原則を見ていこう。信仰とは、もっぱら主イエスだけを仰ぎ続けることに尽きるという点である。このことをさらに細分化し、いくつかの要素に分けてみよう。信仰がある人は次のように告白することができる。「神は、ご自身で始められたことを行い続けられる。みわざの初めは奇蹟であった。初めに奇蹟的な働きをなし得たとすれば、それを継続することは可能である。神は、すでに始められたみわざを続けることができる方である。」パウロも次のように述べている。「あなたがたの間で良い働きを始められた方は、キリスト・イエスの日が来るまでにそれを完成させてくださると、私は確信しています」(ピリピ一・六)。同じように、トプレディもこう言っている。「神の恵みが始めたみわざを力ある神の御腕が成し遂げる。」これは文句のつけようのない真理である。

第二に、主イエスを十分に理解し、神を仰いでいるならば、決して疑いは生じてこない。イエスが共におられないならば、私たちは全く絶望的である。どれほど長い間信仰生活を続けてきたかは問題でない。ただ一歩一歩、主イエスに信頼して歩むだけである。主を離れては、人は何もできない。疑惑や懐疑心を克服するただ一つの方法は、つねにイエスを仰ぎ、疑いの種に目を奪われないことである。疑惑を静めるには、主を見上げるほかはない。主イエスとその栄光とを知れば知るほど、疑うのは愚かであると分かるだろう。

そういうわけで、つねに主を仰ぎ続けるがよい。きのうの信仰できょうを生き抜くことはできない。ペテロが間違いを犯したのは、そのことのように思われる。彼は強い信仰を持って行動を始めたが、信仰によって進んで行く代わりに、それ自体に頼ろうとしていた。昔の信仰を根拠にして今日を生きることは不可能なのである。過去の回心の経験をあてにして生きようとするのはやめなさい。自分がどこにいるかに気づく前に、信仰を失ってしまわないためである。一つの劇的な体験に頼ることはできない。日ごとにイエスを見上げなければならない。「私たちは……信仰によって歩んでいます」とある（Ⅱコリント五・七）。つまり、主イエス・キリストへの信仰によって生きているのである。回心した日に神の恵みを必要としたように、臨終の日にもそうである。私たちはあらゆる瞬間に神の顧みを必要としている。

聖書には、これに関する例証がたくさんある。最も印象的なのは、エジプトを脱出したイスラエル人たちが安息日以外の毎日、マナを与えられた姿である。それが神の方法である。神は前もって一か月分を与えようとはされない。私たちに必要なのは、日ごとに新しい食物である。だから、神と共に一日を始め、神と共に生活するがよい。ペテロの致命的な過ちは、この点にあった。つまり、イエスから目を離したことである。信仰は戦いである（参照Ⅰテモテ六・一二）。あなたは世の荒波の上を歩いている。その歩みを続ける唯一の秘訣は、主イエスから目を離さないことである。

慰めのことばをもって、この章を閉じたいと思う。この出来事からの最大の教訓は、主イエスは決してあなたがおぼれ死ぬままに放置されることはないという点である。ペテロは恐れ、狼狽して、「主よ。助けてください」と叫んだ。するとイエスはすぐに手を伸べて、ペテロを助け、「信仰の薄い者よ、なぜ疑ったのか」と言われた。そして、「二人が舟に乗り込むと、風はやんだ」とある。ここにある慰めを神に感謝しよう。主は、おぼれ死ぬままに捨て置かれることはない。あなたは神のものだからである。私たちは神を失望させることがあるかもしれない。全く挫折してしまったと感じる時がくるかもしれない。しかしイエスは、「だれも彼ら（クリスチャン）をわたしの手から奪い去りはしません」と断言された（ヨハネ一〇・二八）。パウロも次のように述べている。「私はこう確信しています。死も、いのちも、御使いたちも、支配者たちも、今あるものも、後に来るものも、力あるものも、高いところにあるものも、深いところにあるものも、そのほかのどんな被造物も、私たちの主キリスト・イエスにある神の愛から、私たちを引き離すことはできません」（ローマ八・三八、三九）。神の愛は決して私たちを離れることはない。もうだめだと思う時、神の手が差し伸べられ、あなたを支える。ただ主イエスを仰いで、ジョン・ニュートンと共に次のように告白しようではないか。

これまでに知った主の愛に
　私は強くさとされる。
死へと追いやる悩みの内に
見捨てられることは決してない、と。
あのエベン・エゼルの一つ一つを
　思い起こせば確信できる。
主は喜んで御手を伸べ、
　きっと支えてくださる、と。

絶望の淵から声をあげて叫ぶがよい。あきらめてはならない。どうしてよいか分からないような場面に直面したなら、神に祈るがよい。主はあなたの声を聞き、必ず目を留めてくださるだろう。

しかし、それが結論ではない。次のことばを結びとしなければならない。この出来事の最大の教訓は、神が支え、守ってくださるということである。もし主を仰ぎ続けているならば、そんなに大きな叫び声をあげる必要はないだろう。神を信頼しているならば、決して途中で倒れることなく、歩み続けることができるだろう。もしペテロが主イエスに目を留めていたならば、湖水の上を歩き続け、決して狼狽しなかったはずである。主イエスは実に偉大なお方である。宇宙の統治者である。ご自身が水の上を歩けるだけでなく、ペテロにも湖水の上を歩かせることができた。主にはできないことは何もない。「神にとって不可能なことは何もありません」と明言されているとおりである（ルカ一・三七）。そして、イエスは神である。そういうわけで、信仰者は主を仰いで、チャールズ・ウェスレーと共に次のように言うことができる。

信仰、強い信仰は神の約束に目を留め、
ただそれだけを見続ける。
不可能にもひるまず、こう確信する。
「それとても神にはたやすいこと」と。

それこそが信仰である。信仰者、ことに強い信仰を持つ者は、神の約束を第一にし、ただそれだけを見続けている。そして、他のものには惑わされない。クリスチャンは不可能と思われることや周囲の荒れ狂う波風にもひるまず、「神にはたやすいことだ」ときっぱりと断言する。そこで次のように言うことができる。「あなたがたを、つまずかないように守ることができ、傷のない者として、大きな喜びとともに栄光の御前に立たせることができる方、私たちの救い主である唯一の神に、私たちの主イエス・キリストを通して、栄光、威厳、支配、権威が、永遠の昔も今も、世々限りなくありますように。アーメン」（ユダ二四、二五節）。

一二　奴隷の霊

あなたがたは、人を再び恐怖に陥れる、奴隷の霊を受けたのではなく、子とする御霊を受けたのです。この御霊によって、私たちは「アバ、父」と叫びます。御霊ご自身が、私たちの霊とともに、私たちが神の子どもであることを証ししてくださいます。子どもであるなら、相続人でもあります。私たちはキリストと、栄光をともに受けるために苦難をともにしているのですから、神の相続人であり、キリストとともに共同相続人なのです。

（ローマ八・一五〜一七）

冒頭のテキストの内容ほど重大な事柄は、これまで一度も書かれたことがない。この聖句は、大切なこの章全体の中でも、比類のない真理の表出として際立っている。聖書全体からしても、最もすばらしい言明の一つである。このテキストを取り扱ううえで大切なのは、なぜパウロがこれを記したかという理由を正しく知ることである。このような響きの良い聖句にふれると、ことばそのものに陶酔したり、その漠然とした印象のみに気をとられてしまいやすい。その美しい響きを楽しむあまり、内容を理解しない場合がある。そのため、元来そのテキストが意図している教えを自分のものにできないことがある。

この重大なテキストを学んでいこう。なぜ、パウロはこれを記したのだろう。目的は何だろうか。こう語った理由は何だったのだろう。その答えは一五節にある。彼はそこで次のように述べている。「（なぜならば）あなたがたは、人を再び恐怖に陥れる、奴隷の霊を受けたのではなく……」〔訳者注・ギリシア語原典には、冒頭の一語が見出される〕。つまり、このことばは、それ以前の内容とかかわりがある。これを記す際に、パウロは明白な目的を持っていた。ローマのクリスチャンたちを失望の霊、意気消沈と抑うつの霊から解放したいという願いである。実際に彼らがその状態にあったのかもしれない。もし、その時点でそうでなかったとすれば、その状態に陥らないようにとの配慮からである。パウロの目的は、スランプ状態（つまり奴隷の霊、敗北感と失望の霊）を脱却する方法を教えることにあった。

すでに見てきたように、この霊は信仰生活を続けている私たちをつねにねらっている。パウロは、文脈と無関係に、この重大なことばを発したのではない。また突然に思いつきで語った真理でもない。これに類することばは、大使徒パウロが実際的な問題について論じている時、その端々によく現れている。新約聖書に含まれるパウロの手紙には、教理的また神学的な言明が満ちている。しかしながら、新約聖書の書簡が集められたのは神学の教科書とするためだという見方は間違っている。そうではない。不思議に思う人がいるかもしれないが、この点を覚えておくことが大切である。この種の教理的な言明はつねに具体的な目的を持って、牧会的な配慮を第一としてなされている。パウロの手紙は牧会的な書簡であり、それらが記されたのは、人々に、信じ受け入れたキリスト教信仰の喜びと実際的な生活指針を与えようとしてのことである。

そのようなわけで、どのようにしてパウロがこの言明をするに至ったかを正しく知ることが、とても重要である。ここでの失望の原因は何だろうか。それは、クリスチャン生活に必ず伴う問題性にほかならない。罪と取り組む方法と呼ぶこともできよう。パウロはこの壮大な手紙の六章の初めからこの問題を取り扱っている。ここでも同様である。彼が手紙を送った相手は、悔い改めて主イエス・キリストを信じた人々である。しかし今や、信じ受け入れた生活を送るうえで何らかの問題にでくわしている。周囲の世界は彼らに対立し、敵対している。さらに、自分の内に残っている罪の本性とも対決しながら生きていかなければならない。信仰生活は戦いであり、闘争である。外にも内にも罪がある。そして、その真ん中に主イエス・キリストに従い、主がこの世界で送られた生活にならって生きたいと望んでいる人たちがいる。だから、失望や憂うつ感を引き起こすような問題としばしば取り組まなければならなくなる。

すでに、狡猾な悪魔《サタン》が私たちを失望させようとして用いる様々な手段の例をたくさん見てきた。ここで述べるのも非常に一般的な問題であり、特に信仰を真剣に受け止める良心的な人たちを襲う問題である。このタイプの人は、「今や私は回心して信仰を持ったので、すべては順調に運ぶだろう」とは考えず、むしろ、「信仰生涯は重大で光栄ある生き方だ。私はそれを全うしなければならない」と言う。ここで考察するのは、そのような人たちを襲う誘惑についてである。

この問題の核心は、いったい何だろうか。彼らがクリスチャン生活について知らなければならない真理が残っているということである。私たちクリスチャンに何が可能かを悟っていないことである。つまるところ、それは信仰教理を十分に理解していないことに発している。あるいは、信仰生活におけるもう一つの落とし穴と呼んでもよい。すでにこれまで、信仰にかかわる様々な問題を考察してきた。たとえば、信仰は行動的なものであることを見た。この点を忘れて悩み始める人たちが多くいる。それは、信仰を活用しなければならないことを悟っていないためである。また、信仰に踏みとどまり、信仰を活用し続けなければならないことを忘れたため、問題に陥っていく人がいる。つまり、正しく出発するだけでは十分でない。信仰の歩みを続けなければならない。一時も気が抜けないのである。しかし、ここで見る問題は、正しい信仰を身につける必要があることを知らない点にあると思われる。目の前に真理が置かれているとする。だが、もしそれを自分のものとしないならば、助けにはならない。この点を把握できないのは、罪の結果として生じた人間の特徴の一つである。

すべてのクリスチャンがこのことを経験しているに違いない。これまでに何度となく読み返し、熟知していると思っていた聖書の一節を読んでいる時、その意味の深さが突然理解できるようになり、それまでに経験しなかったほどに心を打たれる場合がある。すべての者がこのような経験をしてきたに違いない。聖書を読んでいながら、何としばしば私たちは、真理に対して形ばかりの同意をするだけで、そこに語られている内容を見過ごしにしていることだろうか。

今考察している問題の本質は、この点にあると思われる。これは、パウロが「奴隷の霊」と呼んでいる心理状態を引き起こす原因となりやすい。「あなたがたは、人を再び恐怖に陥れる、奴隷の霊を受けたのではない」と彼は述べている。「奴隷の霊」とは何のことだろうか。束縛の霊にとらえられる危険、霊的な自由を奪われた状態に陥ることである。霊的奴隷の状態は、一般的に言って、クリスチャン生活を一種の戒律と見なし、より高尚な律法と見なす傾向から生じてくる。

ここで考えているのは、十戒や道徳律法の遵守によっては救われないことを十分に認めている人々についてである。自分たちを律法から解放したのはキリストであり、そうできたのは主のみであることを明らかに知っている人々である。彼らは自分の努力だけでは決して律法を完全に守ることはできないと認めている。キリストが律法ののろいから贖い出してくださったことを知り、信仰義認についても明白に認めている。ところが、もう一度信仰生活を積極的に見つめ直し、自分にも気がつかないような微妙な仕方で、クリスチャン生活を一種の新しい戒律と見なし始める。その結果、束縛の霊、奴隷の霊のとりこになってしまうのである。彼らは、信仰生活とは自分が成し遂げなければならない重大な使命であり、自分が守るべき規律だと見ている。

たとえば山上の説教を読み、それをクリスチャンの模範的な姿を描いたもの、望ましい生き方であると考える。また、福音書に記録されたイエスの教えを読む時も同様である。さらに新約聖書中の手紙を読み通し、使徒たちが与えたいろいろな命令を知り、「これこそクリスチャンのあり方だ」と考える。このような勧めのことばを見ると、それを自分が受け止め、実際の日常生活の中で実践すべき戒めであると考える。別なことばで言えば、聖化を信仰者の重大な使命のように感じているわけである。そこで、それを実現できるようになるため、生活プランを組織的に定め、自己訓練の戒律を作り始める。

この態度はローマ・カトリック教会とその教理の内に典型的に認められる。禁欲的な修道院制度は、その明らかな証拠にほかならない。そこには、キリスト教の真理と取り組みながら、「明らかに信仰生活は崇高で、気高い生き方だ。もし信仰生活を全うしたいと願う者ならば、それに全生涯をかけるべきだ」と考えている人々がいる。ある者はさらにことばを進めて、「商売やこの世的な職業にとどまり、世俗社会にあって生きながら、そうすることは不可能だ。この世の汚れから身を引き、分離しなければならない」とまで主張する。そして、それを実行しているのである。さて、これは霊化つまり聖の追求と信仰生活が全生涯にかかわる事柄であるとする思想の極端なかたちである。もっぱらそのために身をささげ、その実現のために規律などを作らなければならないとする考えである。

使徒パウロによれば、それは奴隷の霊にほかならない。そして、これはローマ・カトリック教会に限ったことでなく、カトリック信者だと自称する人だけの問題でもないことは明らかである。それはどこにでも認められる。福音主義に立つクリスチャンの間にも見受けられる。私たちは新しい律法を作り上げてしまいやすい。もちろん、はっきりと律法とか戒律とかは呼ばない。もし自分が律法の下に身を置いていると悟るならば、そのところにとどまりはしないだろう。にもかかわらず、その傾向が残っているのである。

このことは新約聖書中の様々な手紙の中に、それに言及する聖句があることによって立証できる。パウロがコロサイ人に宛てて記した主張を見てみよう。この件を取り扱った明白な聖句が、そこにある。二章の終わりに、パウロが次のように述べている箇所がある。「こういうわけですから、食べ物と飲み物について、あるいは祭りや新月や安息日のことで、だれかがあなたがたを批判することがあってはなりません。これらは、来たるべきものの影であって、本体はキリストにあります。自己卑下や御使い礼拝を喜んでいる者が、あなたがたを断罪することがあってはなりません。彼らは自分が見た幻に拠り頼み、肉の思いによっていたずらに思い上がって、かしらにしっかり結びつくことをしません。このかしらがもとになって、からだ全体は節々と筋によって支えられ、つなぎ合わされ、神に育てられて成長していくのです。もしあなたがたがキリストとともに死んで、この世のもろもろの霊から離れたのなら、どうして、まだこの世に生きているかのように、『つかむな、味わうな、さわるな』といった定めに縛られるのですか。これらはすべて、使ったら消滅するものについての定めで、人間の戒めや教えによるものです。これらの定めは、人間の好き勝手な礼拝、自己卑下、肉体の苦行のゆえに知恵のあることのように見えますが、何の価値もなく、肉を満足させるだけです」（二六～二三節）。

このテキストによって、初代教会において何が起こっていたのかについての洞察が得られる。知らない間に、ある種の律法的な禁欲主義が入り込んできていたのである。現在では、このままの形では存在しないかもしれないが、その傾向と誘惑は残っている。

またパウロは同じことについてテモテに書き送り、警告している。テモテへの手紙第一、四章を見てほしい。「しかし、御霊が明らかに言われるように、後の時代になると、ある人たちは惑す霊と悪霊の教えとに心を奪われ、信仰から離れるようになります。それは、良心が麻痺した、偽りを語る者たちの偽善によるものです。彼らは結婚することを禁じたり、食物を断つことを命じたりします。しかし食物は、信仰があり、真理を知っている人々が感謝して受けるように、神が造られたものです」（一～三節）。

確かに今日でも、パウロが否定しているような態度の人が見受けられる。肉類を食べるのをやめた非常に敬虔なクリスチャン女性のことを、私はよく覚えている。彼女は、クリスチャンは動物の肉を食べるべきではないと確信し、それを実践したいと願っていた。その根拠は、肉を食べるためにはまず動物を殺さなければならないが、それは愛の精神に反するというのである。彼女は自分に一つの規律を課したわけであるが、その目的は何だろうか。彼女の考えによれば、真実のクリスチャン生活を送ることである。キリスト教信仰をまじめに受け止めた結果である。彼女は福音的な信仰者であり、信仰義認の教理もはっきりと理解していた。しかし無意識のうちに、クリスチャンとして生きることを新しい戒律とし、それを自分の身に課したのである。結婚を禁じ、食物を断つことを命じる「惑わす霊」についての先ほどの聖句で、パウロが「人を再び恐怖に陥れる、奴隷の霊」と呼んでいるものが如実に描き出されていると言えよう。

以上の事柄を今日の世界に認められる現実と比較して考えてみよう。クリスチャンに新しい戒律を課そうとする誘惑についてである。この説教集において、あとでもう一度この点を詳しく論じたいと願っているが、ここではその原則を記すにとどめたい。この「奴隷の霊、とりこにする霊」はつねに恐怖心を伴っている。「神は私たちに、臆病の霊ではなく、力と愛と慎みの霊を与えてくださいました」とパウロはテモテに書き送っているが（Ⅱテモテ一・七）、ここでは同じことを、「あなたがたは、人を再び恐怖に陥れる、奴隷の霊を受けたのではない」と表している。

では、それはどのような意味において恐怖を引き起こすのだろうか。まず初めに、それは神への間違った恐怖心を引き起こす傾向がある。確かに、神への正しい恐れというものがある。それを軽んじ、無視するのは、罪にほかならない。だが、神への誤った恐怖心というものもある。人を臆病にする恐れ、言わば「思い煩いを伴う恐怖」である。ここで考えているのは、この神への間違った恐怖心を増大させる傾向がある人々のことである。彼らは神を過酷な主人と見ている。いつでも監視の目を光らせ、失敗や落ち度を探し回り、もしあれば刑罰を与える厳しい主人のように感じている。またある人たちは、神とは、遠く離れた所にいて律法を課すだけの者と考えている。すでに言及したカトリック教会の伝統の中に、このような神観が潜んでいることは明白である。しかし、それはこの問題を抱えている人すべてに共通する要素である。つまり、神は遠く離れた存在であり、厳格な律法を課すだけの者と思っているのである。

また、神への恐怖心にとどまらず、クリスチャンの使命の重大さへの恐れも伴っている。自分にゆだねられた使命の内容と重大さを悟り、それを恐れ始める。その結果、信仰生活はただ世俗社会から身を引き離すことによってのみ可能であると考え、商売や世の職業を営みながらクリスチャン生活を全うすることは不可能であろうと考える。そこで信仰が一種の恐怖心と恐れに変わっていく。そして臆病になってしまう。以上が彼らの信仰生活に対する態度である。そこには喜びがなくなっていく。使命の重大さを認めるあまり、恐怖心に圧倒されてしまうからである。そして、自分の現実の姿と正しい信仰生活のあり方とを比較して、悩み始めるのである。

さらに、この恐れの霊が現れるもう一つの場合は、悪魔の力について誤った恐れを抱かせることである。これについて少し説明しなければならない。悪魔に対する正しい恐れというものがある。ユダの手紙の中に、それへの言及がある。ペテロの手紙第二においても同様である。悪魔の存在を冗談の種にする、軽率で霊的に盲目な人たちがいる。そのような態度をとるのは、悪魔とその力について全く無知だからである。しかし同時に、悪魔についての間違った恐怖のとりこになってもいけない。つまり、悪魔の力を知っている人々のあり方が問題なのである。それは霊的感受性の豊かな人たちである。この誘惑に襲われるのは最も敬虔な人たちである。彼らは悪魔の力の強大さを知り、それが自分に向けられているのを感じ取って恐れるのである。

また同時にこの人たちは、自分の内にある罪について恐れている。自分の弱さを叱責し、真っ暗でやみのような心について思いめぐらすことにばかり時間をかけている。ここでもまた私たちはバランスを保たなければならない。自分の罪深さと心の徹底的な汚れに気づかないクリスチャンは、キリスト信仰においては全くの駆け出しにすぎない。それを少しも知らないとすれば、その人が本当にクリスチャンであるかどうか疑わしいものである。聖書によれば明らかに、自分の内に罪があることを認めない人は、信仰に入って日が浅い人か、さもなくば新生していない者である。罪の正しい認識を持つことと、恐怖の霊のとりこになること（つまり、喜びを軽蔑し、重い心を携えて生活するという状態）とは全く異なっている。

これは今日ではあまり見かけない姿である。こう言うのは、現代のクリスチャンはあまりにも楽天的で軽薄すぎると感じるからである。現代の問題は、あまりにも考えが浅く、楽天的すぎるという点にある。もしも前世紀に、十八、十九世紀に立ち戻ることができたとすれば、そこには全く逆の傾向があったことが分かる。つまり、いつも嘆き、つねに苦悩を抱えて生活し、決して喜びを味わわないという傾向である。そこで、もし喜んでいる人がいるとすれば、その人のどこかに罪があると考える人々がいたほどである。このように、自分の内にある罪の力を知るだけにとどまり、恐怖心のとりこになるというのも間違っている。

ことばを換えて、次のように要約することができよう。このタイプのクリスチャンを苦しめる奴隷の霊が引き起こす恐怖心は、つまるところ自分自身についての恐れ、また挫折への恐れである。言わば彼らはこう言っているようなものだ。「私はクリスチャンになった。しかし問題は、私にその生活が全うできるかどうかだ。信仰生活はあまりにも重大で、あまりにもすばらしく、とてつもなく崇高だ。どうすれば、このような生涯を全うできるだろうか。どうすれば信仰の高嶺にたどり着くことができるだろうか。」そして同時に、自分の弱さと使命の重大さ、また悪魔の力について思いめぐらしながら、この奴隷の霊のとりこになってしまう。そして束縛されたように感じ、思い悩み、失敗を恐れるあまり、恐怖心のとりこになるのである。

使徒パウロは、このような状態にある人々に向かって語りかけている。「あなたがたは、人を再び恐怖に陥れる、奴隷の霊を受けたのではない。」これは、あたかも次のように言っているようである。「以前は、とりこにする霊と恐怖心に圧倒されていたが、すでにそこから解放されたのだ。どうして、そこに逆戻りするのか。」それでは、どうすればこの状態を克服できるだろうか。使徒パウロは、この重大なテキストの中でその要点を述べている。解決をもたらすのは何だろうか。それは聖霊についての教理、つまり聖霊がクリスチャンの内におられるという真理を悟ることである。

それがメッセージの中心である。パウロによればこれは二つの意味合いを含んでいる。第一に、自分を捨て、自分の十字架を負い、主イエス・キリストに従うという重大で誉れある使命と取り組もうとするなら、キリストがこの世を歩まれたように歩み、生きなければならないと悟るべきである。自分が生まれ変わった者であり、神が御子の似姿に造り変えてくださったことを思い出す必要がある。また「私は何者なので、そのように生きなければならないのか。どうして、そんなことができると望み得ようか」という疑問が生じる時、それに対する答えは聖霊についての教えである。聖霊が自分の内におられるという真理である。これは何を教えているだろうか。

まず第一に、自分の内におられる聖霊の力について教えられている。どうすれば肉の欲望に振り回される生活をやめることができるかという問題を取り扱った一三節において、パウロはすでに次のように語っている。「もし肉に従って生きるなら、あなたがたは死ぬことになります。しかし、もし御霊によってからだの行いを殺すなら、あなたがたは生きます」(ローマ八・一三)。ここでも同じ教えが繰り返されている。「神は私たちに、臆病の霊ではなく、力と愛と慎みの霊を与えてくださいました」という聖句もある（Ⅱテモテ一・七）。「あなたがたは自分の力だけで生きているのではないことを悟るべきです」と、パウロはローマの信徒たちに説いている。「あなたがたは自分の使命について、あたかも自分一人で、自分の力だけで重大な信仰生涯を生き抜かなければならないと考えているようだ。あなたがたは自分が赦され、罪が取り除かれ、洗いきよめられたことを神に感謝しているが、それですべてだと思っているようだ。そして、自力でクリスチャン生活を全うするように放置されていると感じている。」またパウロは訴えている。「もしそう考えるならば、恐れと束縛感のとりこになるのは当然だ。それは全く絶望的なことだからである。それはとりもなおさず、古い律法よりも格段に実行不可能な新しい律法を持つことにほかならない。しかし、それは間違った考え方である。というのは、聖霊があなたがたの内におられることを忘れているからである。」

実を言えば、パウロはこの主題を八章全体にわたって取り扱っている。たとえば三節には次のことばがある。「肉によって弱くなったため、律法にできなくなったことを、神はしてくださいました。神はご自分の御子を、罪深い肉と同じような形で、罪のきよめのために遣わし、肉において罪を処罰されたのです。」

ここで言う「肉によって弱くなったため、律法にできなくなったこと」とはいったいどういう意味だろうか。律法は一人の人間をも救うことができず、だれ一人として信仰生活を全うさせる力を持たないという意味である。それは、人間の肉の弱さに起因する律法の無力さのためである。まさしく「肉によって弱くなったため、律法にできなくなった」のである。律法の内に問題があるのではない。律法それ自体が弱いのだと論じることは、明らかに、できない。人間には十分な律法が与えられており、その遵守が命じられている。弱さは人間の肉の中に存在するのであって、律法の中にではない。律法が弱いのではない。弱いのは、それを実行すべき人間のほうである。

ある老練な説教者がこの点を次のように適切にたとえたのを聞いたことがある。彼は、シャベルで庭を掘り起こしている人物の姿を引き合いに出した。土を掘る作業をしている間、しばしばシャベルの柄が壊れた。この場合、シャベルの刃には何も問題はなかった。それに不都合はなかった。問題はその柄が弱すぎることにある、と彼は指摘した。シャベルの刃は鉄製で、十分な強さがあった。問題は、木で作られた弱い柄の部分にあった。

これは一つのたとえであるが、もしクリスチャン生活において私たちが自力で守らなければならない新しい律法を自分に課すとすれば、必ず挫折することも等しく真理ではないだろうか。だが、そうなる必要はない。聖霊が私たちの内におられるからである。「あなたがたは肉のうちにではなく、御霊のうちにいるのです」(ローマ八・九)。

ローマの手紙八章五〜一四節に、それがどのように論述されているかを見てほしい。新生していない生まれながらの人間とクリスチャンとの決定的な違いは、後者が内にキリストの霊を宿していることにある。どのような経験を持つ人であっても、キリストの霊を持っていないならば、その人はクリスチャンではない。「しかし、もし神の御霊があなたがたのうちに住んでおられるなら、あなたがたは肉のうちにではなく、御霊のうちにいるのです。もし、キリストの御霊を持っていない人がいれば、その人はキリストのものではありません」と明言されているとおりである（九節）。

ここでパウロは同じ主張を繰り返し、「あなたがたは奴隷の霊の内にとどまる必要はない」と言っている。どうしてだろうか。なぜなら、聖霊が内にいて力を与え、強くしてくださるからである。パウロは何度もこのメッセージを繰り返している。ピリピ人への手紙二章一三節を開いてみよう。「神はみこころのままに、あなたがたのうちに働いて志を立てさせ、事を行わせてくださる方です」と述べている。その直前では「自分の救いを達成するよう努めなさい」と勧めている。どのようにしてだろうか。「恐れおののいて」である（一二節）。

現代のクリスチャンは、あまりにも楽天的すぎるのではなかろうか。パウロは、「恐れおののいて自分の救いを達成するよう努めなさい」と述べている。しかし人々は、回心の時も恐れを持たず、その後にも恐れを感じないでいる。「恐れおののく」ことを知らないのである。「恐れおののいて自分の救いを達成するよう努めなさい。神はみこころのままに、あなたがたのうちに働いて志を立てさせ、事を行わせてくださる方です」と言われている。それもまた御霊の働きである。これが、奴隷の霊と間違った恐怖心を克服する方法である。

私たちは、神の霊が内にあることを認めるべきである。神を探し求め、その助けを願い求め、神に信頼しなければならない。それは何も受動的になる必要があるという意味ではない。苦闘の真ん中にあって神が力を与えてくださることを信じることである。神が努力を命じられないならば、無理にそうする必要はない。神が働きかけられる時、そうするのである。そして、このことを悟る時、信仰者の使命は達成不可能なものではなくなる。ガラテヤ人への手紙四章における並行的なテキストの中でパウロは、「神は……御子の御霊を、私たちの心に遣わされました」と語っている（六節）。聖霊とは、神のひとり子の霊である。私たちクリスチャンは、神の御子が地上におられた時に宿しておられたのと同じ聖霊を内に与えられていることを知っているだろうか。私たちに賜るのは、御子の内にあったのと同じ御霊である。イエスに力を与えた聖霊は、私たちにも力を与えてくださる。以上がパウロの主張である。

引き続いて、第二の原則を検討しよう。聖霊が内におられると、神との関係がはっきりしてくる。それはすばらしいことである。「あなたがたは、人を再び恐怖に陥れる、奴隷の霊を受けたのではなく、子とする御霊を受けたのです。この御霊によって、私たちは『アバ、父』と叫びます。」聖霊が内におられるということは、私たちが神の子どもになったことを思い起こさせてくれる。まことに、私たちは成人した神の子どもであって、幼児ではないのである。このテキストは、私たちが成長した子どもであり、成熟の年齢に達していることを意味している。私たちは正真正銘、すべての特権を保証された神の子どもである。このことが悟れるならば、再び恐怖に陥れようとする奴隷の霊は克服できる。それは、「敬虔で信仰的な畏怖心」を損なうことなく、奴隷の霊がもたらす恐怖心を除き去るのである。

どうしてそうなるのだろうか。それは、クリスチャン生活を送る目的は、ただ単に一定の水準に達することでなく、神に喜んでいただくことだと分かるからである。というのは、神は私たちの父だからである。「あなたがたは……子とする御霊を受けたのです。この御霊によって、私たちは『アバ、父』と叫びます」とある。奴隷には「父よ」と叫ぶことが許されておらず、また奴隷の霊は神を父とは認めない。その霊は神が父であるとは悟らず、むしろさばきを下す審判者と見ている。だが、それは間違いである。キリストを信じる者となった私たちは、信仰によって、神が自分の父であることを悟る必要がある。キリストは、「私たちの父よ」と祈るように教えられた（マタイ六・九）。永遠の神が私たちの父となられたのである。

それが分かる時、すべては変わる。神は父親のような存在であり、いつも見守っておられる。また、とこしえの愛をもって愛してくださる。神が愛してくださったからこそ、ひとり子を世に遣わし、私たちの罪のために十字架の死に渡されたのである。それが神と私たちとの関係である。それを悟った瞬間から、世界のすべては変わり始める。その時から、律法を厳守しようとする苦闘は、父なる神に喜んでいただきたいという願望に変わる。人は体験的に次のことを知っている。つまり、子が父に対して持つ愛、子が感じる尊敬、子が抱く恐れは、奴隷が感じるような恐怖心とは全く異なっている。その恐れは、父親に喜んでもらいたいという願いに基づいている。そして、それが分かる時、とりこにする奴隷の霊から自由にされるのである。クリスチャンの生き方は、もはや規則や戒律の問題ではなく、神がこれまでに成し遂げてくださったいっさいのことに感謝を表したいとの願いが中心となるのである。

しかしながら、それで終わりではない。「私たちが神の子どもであることを証ししてくださいます。子どもであるなら、相続人でもあります。私たちは……神の相続人であり、キリストとともに共同相続人なのです」とある（ローマ八・一六〜一七）。これは非の打ちどころがない主張である。もし私たちが神の子どもであるならば、主イエス・キリストと結び付いているはずである。主イエスは「多くの兄弟たちの中で御子が長子」（二九節）であり、信仰者は子ども、また相続人として主に結び付けられている。

ヨハネの福音書一七章二三節に記録されている驚くべき内容を覚えているだろうか。イエスが父なる神に祈られたことばである。「わたしは彼らのうちにいて、あなたはわたしのうちにおられます。彼らが完全に一つになるためです。また、あなたがわたしを遣わされたことと、わたしを愛されたように彼らも愛されたことを、世が知るためです。」ここで主イエスは、父なる神がひとり子であるご自身を愛されたように、クリスチャンを愛しておられると言われた。そのようなわけで、私たちは今や神の子どもであることを悟るようになる。新しい威厳、新しい立場と地位、またすばらしい特権が与えられているのに気づくようになる。

もう一度、先ほどの「大祭司の祈り」に立ち返り、信仰者がこの世で神の栄光を現すことについてイエスがどう言っておられるのかを見てみよう。それは、主イエスが父なる神の栄光を現されたのと同じ仕方においてである。この点を十分理解しているだろうか。それこそがクリスチャン生活であり、クリスチャンの生涯の目的である。つまり私たちは、自分は神のものであり、神の栄光を現さなければならないことを認める必要がある。それが人生を見る視点である。何とすばらしい立場にあることだろうか。そして、聖霊が内に宿り、それを可能にしてくださる。御霊は世界のすべてを変貌させ、再び恐れを抱かせる奴隷の霊から解放してくださるのである。

さらに次のように言うこともできる。つまり、聖霊が自分の内に宿っておられることが分かるようになる。コリント人への手紙第一、六章におけるパウロの訴えの中心は、それである。「あなたがたのからだは神から受けた聖霊の宮であることを知らないのですか」（参照六・一九）。それが肉の罪を克服する方法である。人々が悩みや問題を抱えて来て、「このことについて祈り続けてきたのですが……」と嘆く時には、「友よ。あなたは自分のからだが聖霊の宮であることを知っていますか」と尋ねることにしている。それが解決法である。

誤解されるかもしれないが、このような人たちは祈る時間を少なくしてでも、もっと考える必要がある、と申し上げたい。自分のからだが「神から受けた聖霊の宮」であることを思い出さなければならない。祈りは確かに大切であるが、考える時間も必要不可欠である。なぜなら、祈りが単なる逃避の手段となり、時として、失望し、挫折感を抱いている人がやみの中であげる悲鳴にすぎなくなる場合があるからである。祈りは賢明なものでなければならない。そして、解決の方法が示され、力が与えられるのは、自分のからだが聖霊の宮であることを悟った人たちに対してだけなのである。

さて最後の原則として、クリスチャンの内に宿る聖霊は、信仰者の未来に思いを向けさせる。「子どもであるなら、相続人でもあります。私たちは……神の相続人であり、キリストとともに共同相続人なのです」(ローマ八・一七)。これが、クリスチャン生活を見る正しい視点である。パウロは何度もこの主張を繰り返しており、しばしば、ローマ人への手紙八章の結びの二節にあるすばらしい内容を結論としている。クリスチャンは自分の未来について確固たる信仰を持っている。どんな疑惑をも克服して、「死も、いのちも、御使いたちも、支配者たちも、今あるものも、後に来るものも、力あるものも、高いところにあるものも、深いところにあるものも、そのほかのどんな被造物も、私たちの主キリスト・イエスにある神の愛から、私たちを引き離すことはできません」と確信している（三八～三九節）。問題は、一定の規律を厳守したかどうかではない。むなしい心で事を行おうと苦闘したかどうかが問題ではない。要は、自分に与えられた目標に向かって進んでいるかどうかである。恐怖心を抱かせる奴隷の霊を克服する方法は、神の子どもであるならば栄光の神の国に入れられると確信し、また自分の内外にあるいっさいのものは決して神のご計画を妨げることができないと確信することである。したがって、クリスチャン生活とは、それに対して心身を整えることである。ここに、世に打ち勝つ勝利――私たちの信仰がある。何についての信仰だろうか。自分の究極的な運命についての確信である。

あるいは、ヨハネが第一の手紙三章二節で述べているところを見てほしい。「愛する者たち、私たちは今すでに神の子どもです。やがてどのようになるのか、まだ明らかにされていません。しかし、私たちは、キリストが現れたときに、キリストに似た者になることは知っています。キリストをありのままに見るからです」とある。すると、どうなるのか。次の節に記されている内容が大切である。「キリストにこの望みを置いている者はみな、キリストが清い方であるように、自分を清くします。」聖潔な生き方を最も強く迫られるのは、自分が神の子ども、またキリストとの共同相続人であり、自分の未来が確実に保証されており、それを妨げるものは何もないと悟る時である。それを悟るならば、キリストにならって清い生活を送るよう努めるようになる。また、むだに過ごす時間などないと感じるであろう。

以上が、三節から成る主題聖句の中に見られるパウロの主張である。それらはすべて実際的である。それが信仰生涯を全うする方法である。クリスチャン生活を律法や戒律と見てはならない。そうでなく、まず自分に聖霊が与えられていることを思い起こすがよい。そのうえで、使命の達成に努めるがよい。父なる神は、あなたに目を留めておられる。また見守っておられる。聖書の言い回しを借用するならば、あなたは神のものであるゆえに、神は「ねたむほどに慕っておられる」（ヤコブ四・五）。あなたはキリストのものであり、キリストの兄弟である。からだの内に聖霊が宿り、あなたは栄光の未来を保証されている。すると、どうなるのか。自分の未来の運命を瞑想しながら、次のように言うがよい。

わがたましいよ。
全き救いを受け入れよ。
罪と恐れと悩みを乗り越えて行け。
どんなところでも喜びを見つけ、
みわざと使命を果たし続けよ。
思いみよ、
どんな御霊が内に宿り、

どんな御父の笑顔が向けられ、
どんな救い主が死に渡されて、
救いの内に入れられたのかを。
神の子どもよ。
どうして嘆き、不平不満をもらすのか。

奴隷と恐怖の霊のとりこになるとは、何と間違ったことだろうか。「神の子どもよ。どうして嘆き、不平不満をもらすのか。」その必要は、どこにもない。「思いみよ、どんな御霊が内に宿り、どんな御父の笑顔が向けられ、どんな救い主が死に渡されて、救いの内に入れられたのかを。神の子どもよ。どうして嘆き、不平不満をもらすのか。」この詩は、主題のテキストを見事に解説している。それを受け入れ、身につけ、実践しようではないか。自分がどう感じるかについて心を痛める必要はない。あなたに対して神はすばらしい祝福を約束しておられる。もしキリストのうちにあるならば、「罪と恐れと悩みを乗り越えて行き」、真理に向かった顔をもたげるがよい。全き救いを受け入れて、勝利を確信して生き抜こうではないか。

一三　偽りの教え

それなのに、あなたがたの幸いは、今どこにあるのですか。私はあなたがたのために証ししますが、あなたがたは、できることなら、自分の目をえぐり出して私に与えようとさえしたのです。

（ガラテヤ四・一五）

霊的スランプ、つまり信仰生活における幸福感の喪失のもう一つの原因を考察するために、使徒パウロがガラテヤの諸教会のクリスチャンたちに投げかけたこの質問に注目したい。実を言えば、ガラテヤ人への手紙全体がこの問いに関連している。このように問われるガラテヤ人たちは、かつて使徒パウロが語った福音に耳を傾けた人々である。以前は典型的な異邦人であり、異教徒たちであった。神との正しい交わりがなく、神、御子、またすばらしい救いがどんなものかを全く知らないでいた。だがパウロが来て、福音を宣べ伝えた時、その福音のメッセージを大喜びで受け入れたのであった。

彼らが最初にパウロに会った時、また彼が初めて説教した時に人々が喜んだ様子を、パウロは詳しく述べている。彼らの間にいた時、パウロは明らかに健康がすぐれなかった。何らかの眼病で苦しんでいたことは、ほとんど疑いの余地がない。彼がそこにいた時、人々はできることなら自分の目をえぐり出してパウロに与えたいとさえ思ったと回顧しているからである。彼の両目は痛々しく炎症ではれ上がり、不快でいやな印象を与えていたと思われる。使徒パウロの容姿は、決して好印象を与えるようなものではなかった。コリントの教会に対しては、彼が弱々しい姿であったことを述べている（参照Iコリント二・三）。パウロはあたりを威圧するような容姿を持っていなかった。目の病からくる見苦しさを別にすれば、何の変哲もない普通の男であった。しかし、ここに回顧されているように、人々はそれにつまずかなかったのである。パウロは、「私の肉体には、あなたがたにとって試練となるものがあった」と述べているが（ガラテヤ四・一四）、にもかかわらず人々は、「神の御使いであるかのように、キリスト・イエスであるかのように」パウロを迎え入れ、すばらしい救いの喜びを分かち合ったのである。

しかし、その感激は過ぎ去り、人々は幸福感を失ってしまった。そこでパウロは、「あなたがたの幸いは、今どこにあるのですか」と問わなければならなくなった。彼らは喜びを失ったばかりか、パウロに対立するほどになった。その状態はあまりにも深刻だったので、使徒パウロは、「私の子どもたち。あなたがたのうちにキリストが形造られるまで、私は再びあなたがたのために産みの苦しみをしています」という言い回しを用いたほどである（四・一九）。

さて、かつての彼らの喜びについてパウロが発する質問は、きわめて強烈である。実を言えば、彼は以前にも同じことを別なことばで訴えている。ガラテヤ人への手紙一章六節では、「私は驚いています。あなたがたが、キリストの恵みによって自分たちを召してくださった方から、このように急に離れて、ほかの福音に移って行くことに」と述べ、さらに三章一節では次のように訴えている。「ああ、愚かなガラテヤ人。十字架につけられたイエス・キリストが、目の前に描き出されたというのに、だれがあなたがたを惑わしたのですか。」これ以上の聖句を引くまでもなく、このガラテヤのクリスチャンたちは幸福感に満ちあふれ、新たに見出した救いを心から喜んでいた一時期があった。しかし今や霊的な喜びを失い、意気消沈していたことは明らかである。

問題となるのは次の点である。この変化の原因は何だろうか。彼らに何が起こったのか。それに対する答えは、きわめて単純であり、一言で述べることができる。それはすべて間違った教えのせいである。ガラテヤの諸教会の問題点は、それであった。彼らの問題はすべて、うかつに信じ込んだ偽りの教えから生じたものであった。

このことは新約聖書に繰り返し取り上げられる課題である。この件に一言もふれていない手紙は、ほとんどない。形成途上にあった諸教会は、ある種の教師たちによって惑わされていた。その人々は、使徒パウロの教えを踏襲しているように見え、メッセージも説教法も多くの点で似かよっていたが、それに独自の教理を付け加えた人々であった。その結果、教会の中に混乱が生じ、さらに、多くのクリスチャンを憂うつにさせ、幸福感を失わせるに至ったのである。むろん、これは悪魔《サタン》のしわざであった。使徒パウロはためらわずにそう明言し、悪魔は「光の御使いに変装する」とさえ教えている（Ⅱコリント一一・一四）。サタンはキリストを信じる者たちを襲い、その心に様々な偽りの教えを入り込ませてくる。その結果、しばらくの間ではあるが信仰のあかしが妨げられ、喜びが奪い去られてしまうことになる。新約正典が確定された後の教会史にも、そのような事実が散見される。それは初めから存在し、以来ずっと存在し続けている問題である。教会の歴史は、たくさんの異端の台頭と、それに対抗する教会の苦闘、また聖霊の力による教会の解放の歴史であったと言ってもよい。

明らかに、これは非常に重大な課題であるが、ここでは問題点を紹介し、大まかに言及するにとどめたい。偽りの教えは、実に様々な形で現れてくるが、大きく言えば、二種類に大別できる。時としてそれは、あからさまな真理の拒否、信仰の中心的教理と教義の否定という形をとる。その形で現れてくる場合があることを、はっきり知っておかなければならない。キリスト教という名称を掲げながら、実際にはその中心メッセージを否定するという場合がある。主イエス・キリストの神性や信仰の基本また中心的な教義を否定しながら、なおキリスト教だと自称する教えが過去にも存在していたが、今日でもなお認められる。

しかし、偽りの教えがつねにその形をとるとはかぎらない。もう一つの様式がある。今特に注目したいのは、それについてである。ある意味において、この二番目の様式は最初のものより危険である。そして、これがガラテヤの教会の内に存在したものである。そこには信仰のあからさまな拒否はなく、中心教理が論争の的となっているわけでもない。そうでなく、すでに信じ受け入れた事柄以上に何かが必要であるとする教えである。それがガラテヤ地方に生じた混乱の源であった。

ある教師たちがその地方の教会を行き巡り、次のように主張したのである。「確かに私たちは福音を信じ、パウロの教えに同意している。それは全く誤りがない。彼が語ったすべてのことは正当であった。しかしパウロには言い足りなかった点がある。絶対に必要なポイントを言い落としている。その必要なものとは、割礼である。すでに信じているいっさいのことを大切に守るがよい。だが、本当のクリスチャンになりたければ、割礼も受けなければならない。」これが彼らの教えの中心であった。

このような教えがどのようにして教会に入り込んできたかを知るのは、さほど困難ではない。つまるところ、初代のクリスチャンはユダヤ人たちであった。四つの福音書や使徒の働きの中に、その歴史を読むことができる。彼らを公平な目で見なければならない。すると、その状態は容易に理解できる。彼らは自分たちの古い信仰が神の与えられたものであり、真実なものであると確信していた。そこで問題となるのは、クリスチャンの説く新しい教えを、自分たちの古くからの伝統的な教えを手がかりとしてどのように理解するかである。

ユダヤ人たちは、割礼は神によってアブラハムに命じられ、それ以後ずっと継承されてきたことを知っていた。しかし今ここに、割礼はもはや必要でないとする新しい教えが起こってきた。また、古来からのユダヤ人と異邦人との隔てはなくなり、割礼やその他の儀式律法のすべては目的を果たし、もはや神の民の義務ではなくなったと主張している。しかし、この教えをすなおに喜べない人々が多くいた。また、それによって異邦人たちが神の民に加えられるというのも快いことではなかった。初めには、以上の点が問題と感じられるところであった（たとえば、使徒ペテロでさえ、そのことに困難を感じていた。そして神が天から幻を与えられて初めて、コルネリウスらの異邦人をキリスト教会に迎え入れる心備えができたのである）。またある人々は、割礼を受けてユダヤ人になることなく、どうして異邦人がクリスチャンになることができるのかをいまだ十分に理解できないでいた。キリスト信仰は自分たちの古来からの信仰の必然的な結果であることは分かったが、割礼を受けないで、どうして人が信仰に入り得るかが理解できなかった。

そこで、このような人々がガラテヤの異邦人クリスチャンのもとへおもむき、もし本当のキリスト信者になりたければ、割礼も受け、律法の下に身を置かなければならないと教えたのであった。

以上が、ガラテヤ人への手紙の中で使徒パウロが論じている問題である。この手紙を読むならば、必ず心を動かされ、圧倒されるであろう。彼は情熱を込めて筆を進めている。この問題についての関心がとても強かったため、普段用いる書き出しのあいさつ文を短く切り上げ、手紙を書き始めるとすぐに本論に入り、問いかけている。なぜパウロはこれほどに情熱を傾け、こんなに感情を高ぶらせているのだろうか。その答えは、言うまでもなく、ガラテヤのクリスチャンたちの信仰状態がきわめて危うくなっていると感じたためである。また、もし彼らがこの件についての真理を見抜けなければ、その信仰生活のすべてが崩壊すると思ったからである。

そのようなわけで、パウロがこれほどまでに熱情的に語っている手紙はほかにない。次のことばを見てほしい。「しかし、私たちであれ天の御使いであれ、もし私たちがあなたがたに宣べ伝えた福音に反することを、福音として宣べ伝えるなら、そのような者はのろわれるべきです」（ガラテヤ一・八）。これ以上に熱情的なことばは、決して他の箇所には見られない。パウロは繰り返して訴えている。「私たちが以前にも言ったように、今もう一度、私は言います。もしだれかが、あなたがたが受けた福音に反する福音をあなたがたに宣べ伝えているなら、そのような者はのろわれるべきです」（九節）。こう宣言することによってパウロは、「たとい、この人々が私の語る内容を理解できないとしても、問題ではない。いずれにせよ私たちすべてはクリスチャンなのだから」と考えようとする過ちを一掃している。それは全くの誤りである。ここには一種の偏狭がある。なぜなら、パウロが主張し教えるように、キリスト信仰の全体がこの件にかかわっているからである。

冒頭のテキストに注意を促すのは、私がガラテヤ教会の歴史に興味があるからではなく、それが現代にも当てはまるからである。それが新約聖書のすばらしさである。聖書は人文学科の教科書ではない。最も現代的な書物である。新約聖書に述べられている問題や異端のうち、今日の教会に全く形跡をとどめていないものは一つもない。今私たちが取り組んでいるのは、霊的なスランプ状態についての単なる学究的な議論ではない。問題にしているのは私たち自身のことであり、お互いの現実である。それは今の時代にも存在しており、ガラテヤにあった異端が形を変えて私たちの周囲に存在するからこそ、それに注目しているのである。

多くのクリスチャンが次のような経験をしている。初めて福音の真理にふれた時、人々はそれに驚嘆する。「これまでキリスト信仰とは何なのかを全く知らなかった」と驚きの声をあげる。そこで大喜びで福音を受け入れ、すばらしい祝福を体験する。しかし、その後しばらくして別の教えに出会う。本で読んだ教えかもしれないし、だれかの説教かもしれない。友人の一人が語ったことばかもしれない。そのようにして別の教理に出会う。そして、その教えに心を引かれる。なぜなら、それはきわめて霊的な響きを持っており、もし信じさえすれば特別な祝福が与えられると約束するからである。そこで、それを信用してしまう。しかし後に、自分には喜びがなく、混乱していることに気づくようになる。その教えを受け入れず、軽率に信用しなかった他の人たちも幸福感を失い、当惑している。その教理によって混乱させられ、また明確にそれに返答できないからである。喜びは消え去り、人々は当惑する。いずれにせよ、最初の幸福感を失ってしまうのである。

そのような教えを詳述する必要はないだろう。読者自身が、そのような実例を知っていると思う。しかしながら、詳しく論じようという意図からでなく、ただ例証としていくつかの点を述べなければならない。エホバの証人やセブンスデー・アドベンチストなどの異端に見られる明白な例のほかにも、ローマ・カトリック教会の内にも聖書に教えられていない教えへの服従と恭順を強要する過ちが認められる。浸礼方式による成人のバプテスマが救いにとって絶対に必要であるとする教えも、その一例である。また、聖霊を受けたことが確かならば、必ず異言が話せなければならないという主張を、しばしば耳にする。また時には、肉体的癒やしを強調するあまり、クリスチャンは病気になるはずがないとする教えに出会うことがある。

以上は、ほんの一例にすぎない。ほかにも多くの誤った教えがあるが、これらに言及したのは、このことが現実的な問題であって、理論上の問題ではないことを知るためである。私たちすべてが、このような間違った教えに出会う。そして、そのすべてが、今考察している異端的な要素を含んでいることを示したいのである。

使徒パウロはここに重大な原則を明示しているように思われる。それは、様々な危険から身を守り、「キリストは、自由を得させるために私たちを解放してくださいました」という確信を持ち、さらに「再び奴隷のくびきを負わされないように」（ガラテヤ五・一）と願う者がいつでも覚えていなければならない原則である。

パウロがこれらを書き送ったのは、危険に瀕している人たちへの愛のゆえである。ガラテヤ人への手紙四章一九節に見られるように、彼は子どもに接する親のように思っている。学者ぶっているのではなく、心が偏狭なのでもない。不寛容でもなく、自己中心的でもない。そうでなく、パウロの関心の中心は、人々の霊性と喜びのある信仰生活である。「私の子どもたち」と呼びかけている。また母親のように思い、「あなたがたのうちにキリストが形造られるまで、私は再びあなたがたのために産みの苦しみをしています」とも言っている。

そして私がこの問題に注意を促すのも、同じ気持ちからである。できることなら、こんなことは言いたくないというのが、正直な気持ちである。私たちは、パウロのような厳しさを好まない時代に生きている。「私のどこが悪いのか」と居直る時代である。そして、この風潮は教会外の人々の間だけでなく、明らかに教会の内にも存在している。そのようなわけで、この主題を論じるのは気が重い。しかし、現代人の考えがどのようなものであるにせよ、もし神のみことばの正しい教えを宣教しないならば、神が私をキリスト教の宣教活動に召されたその召命に反することになると感じる。それゆえ、私はなお説教を続けるのである。

さてそれでは、どのようにして間違った教えに対処すべきだろうか。パウロが第一に取り上げるのは、権威の所在である。それが最初になければならない。この混乱や悩みの本質は、感情や経験ではない。それは決して結果だけで判断されてはならない。偽りの教えも人々に幸福感と感激とを与えることができるからである。このことを明白に知っている必要がある。もしも表面的な現実や結果だけで判断するならば、この世の新興宗教やキリスト教の異端のすべては正当なものと言わなければならない。

それでは判断の基準となる権威とはいったい何だろうか。パウロはガラテヤ人への手紙一章ではっきりと述べている。まことに権威の問題は、一、二章で語られている中心主題である。そこで使徒パウロは自分の立場を明らかにしている。自分自身について多くのことを語ったのは、その権威が疑われていたためである。彼は、別の教理を主張する人たちに対抗し、自分の福音理解の正当性を訴えている。「しかし、私たちであれ天の御使いであれ、もし私たちがあなたがたに宣べ伝えた福音に反することを、福音として宣べ伝えるなら、そのような者はのろわれるべきです」と述べている（八節）。なぜか。どのようなわけで、そう言えるのか。「兄弟たち、私はあなたがたに明らかにしておきたいのです。私が宣べ伝えた福音は、人間によるものではありません。私はそれを人間から受けたのではなく、また教えられたのでもありません。ただイエス・キリストの啓示によって受けたのです」（一一、一二節）。これが理由である。

さらに、自分自身がどのようにして宣教活動に入ったかが述べられている。「ユダヤ教のうちにあった、かつての私の生き方を、あなたがたはすでに聞いています。私は激しく神の教会を迫害し、それを滅ぼそうとしました。また私は、自分の同胞で同じ世代の多くの人に比べ、はるかにユダヤ教に進んでおり、先祖の伝承に人一倍熱心でした」（一三、一四節）。パウロは、ダマスコへの途上で主イエス・キリストが現れ、彼を宣教に召される瞬間まで、ここに書かれているように生きていた。しかしその時に、自分が母の胎内にいた時から宣教のために選ばれていたことを知ったのである。パウロは主イエス・キリストご自身から使命とメッセージを与えられた。まことにそのとおりである。

しかしパウロは、それ以上のことを発見した。彼は特異な仕方で宣教活動を始め、コリント人に対して自分は「月足らずで生まれた者のよう」であると述べているが、にもかかわらずパウロにゆだねられた福音は、イエスが肉体をとっておられた公生涯の間いっしょにいた他の使徒たちに与えられた福音と全く同一であることが分かった。エルサレムで他の使徒たちと話し合った時、パウロは彼らが宣べ伝えているのと全く同じ福音を宣べ伝えていたことに気づいた。福音は直接の啓示として個人的にパウロに示されたのだが、他の使徒たちは彼が宣教しているのと全く同じ内容を宣べ伝えていたのである。

ここに権威の基礎がある。これまで述べたことが、この箇所でパウロが主張し、議論の土台としている権威である。いろいろな人が様々な意見を述べ合っているという次元の問題ではない。宣べ伝えているのは、自分の個人的な考えではないとパウロは訴えている。福音は、他の使徒たちに与えられたのと同様、パウロにも示された。そこで彼らのすべてが異口同音に同じことを宣教していたのである。教理の正当性は、その使徒性にある。使徒のメッセージと一致するかどうかである。それが試金石であり、基準である。新約聖書に教えられ、宣言されているイエス・キリストの福音は、ほかならぬ主イエス・キリストご自身の権威を伴っている。主がそれを使徒たちに与えられたので、彼らは宣べ伝え、また書き記したのである。ここに唯一の基準がある。そして、それは今日でも唯一の基準なのである。

新約聖書をほかにして、基準は全く存在しない。だから、すべての教えや見解は、この光に照らして判断されなければならない。そうすると、様々な偽りの教えはつねに二つの流れのいずれかに属していることが分かる。第一の部類は、使徒のメッセージの一部を否定するタイプである。すべての使徒たちが同意し、また宣べ伝えていた使徒のメッセージという絶対的な真理が存在するということを明らかにしておこう。そのような明確なメッセージが存在する。

そのメッセージの全体を宣べ伝えないで、一部分を除き去るタイプの偽りの教えがある。これによって誤った方向に導かれているクリスチャンが今日、多くいる。もし、はなはだしく間違った内容を口にしているならば、すぐに誤りであると分かる。しかし、それが使徒的なメッセージを矮小化《わいしょうか》したものとか、一定の事柄に言及しないというだけの場合には、すぐにその教えが間違っているとは判別できない。たとえば、主イエス・キリストの位格についての教理において正しくない場合がある。受肉を否定したり、一つの人格に二つの本性が宿ることを認めないものがある。処女降誕や公生涯における奇蹟を否定したり、文字どおりの肉体の復活を認めない場合もある。キリスト教と自称していても、それはまことの真理ではない。あるいは、キリストのみわざの一部を受け入れない教えがある。「神は、罪を知らない方を私たちのために罪とされました」(Ⅱコリント五・二一）ということばを否定するものがある。キリストの死は驚くべき愛の模範にすぎない、と論じる人がいる。神が私たちの罪をキリストに負わせ、十字架上で罰せられたことを否認する者がいる。

しかし、キリストが私たちの罪の身代わりとして死なれたということは、使徒たちの宣教の要点である。だから、もしそれに言及しない教えがあるとすれば、それは使徒的な教えとは呼べない。新生の教理についても同様である。あまりにもしばしば、この教えが軽んじられ、それが絶対不可欠であることが主張されないでいる。

あるいはまた、人の行為と行動についても同じことが言える。新約聖書には行為と行動の大切さが強調されている。ある人々はキリストを信じていると言うが、キリストを信じてさえいればそれで十分であり、実際に何をしているかは問題でない、と勝手に思い込んでいる。だが、それは道徳律廃棄論という恐るべき誤りである。新約聖書には実際的な行動の大切さが教えられ、「信仰も行いを欠いては死んでいるのです」と警告されている（ヤコブ二・二六）。そういうわけで、これらのことを教えないものは使徒的なメッセージとは呼び得ないのである。

第二の間違いは、すでに少し見たように、これとは正反対である。つまり、福音の真理に何かを付け足すという誤りである。使徒的なメッセージが正しいことを認めたうえで、それ以上に必要なことがあるとする見解である。それこそ、ここで特に注目していく事柄である。もう一度、大原則を思い起こさなければならない。すべての教えは、感情や体験や結果でなく、人々がどう言っているかでなく、新約聖書の教えによって判断されなければならない。試金石は使徒性であり、新約聖書の教えである。

もう一つの重要な判定法は、細心の注意を払って、その教えに含蓄された意味を解明することである。パウロがガラテヤ人への手紙二章でしているのは、それである。その新しい教えはキリストを否定するようには全く見えなかったが、パウロはそれが最も重要な点において主イエスを拒むものであることを明白に見抜くことができた。そのため、アンティオキアでは使徒ペテロと対決しなければならなくなった。コルネリウスとのかかわりにおいて幻を与えられたペテロは、それを十分に理解したはずであるが（参照使徒一〇章）、後になってユダヤ人の教師に惑わされ、異邦人といっしょには食事ができず、交わりはユダヤ人とに限ると感じ始めていた。そこでパウロは面と向かってペテロに、そう考えることは信仰と矛盾しているとはっきりいさめなければならなかった。当のペテロは信仰の放棄を望んではおらず、救いはキリストへの信仰のみによって与えられることを否定しようとは思ってもいなかった。しかしペテロは、自分の現実を示され、行動によってキリストへの信仰に何かが付加されなければ救われないと言っていることを悟る必要があった。つまり、自分のことばと行動が示している意味をつねに点検してみるべきなのである。

一つの実例によって、その意味を示したいと思う。ある時私は、この点について混乱していた一人のクリスチャン女性と話し合っていた。彼女は、信仰を持たないで良い生活を送っている人がどうしてクリスチャンではないのかが分かっていなかった。「あの人々がクリスチャンでないとどうして言えるのか、私には理解できません。あの生活態度をご覧なさい」と、彼女は主張した。彼女自身は立派なクリスチャンであったが、同時に、基本的なところで混乱していた。そこで私は次のように説明した。「ちょっと考えてみてください。あなたは自分の言っていることが分かっていますか。そのことばの意味を理解していますか。それは実のところ、あの人々は十分に善良で優秀で高貴だから、神の御子、主イエス・キリストは必要でない、神の子が天から下られたのは、彼らにとっては無用のことであったとすることばです。主イエスが十字架で死ぬ必要はなかった、なぜなら彼らは自分の行いと善良な生活によって神と和解できるのだから、という意味です。それは信仰を否定するものであることが分からないのですか。確かに、それはキリストご自身の降臨と死が不必要であったという主張なのです。」すると彼女は、自分のことばに含まれている意味合いに気づいて、納得してくれた。だから、物事の表面だけを見るのでなく、それが示唆する裏の意味も考えてみなければならない。

第三に、ガラテヤ人への手紙にある説明によれば、この種の異端の特徴は、啓示された聖書に何かを付け加えるところにある。パウロは事実上次のように訴えている。「割礼についての彼らの教説は、キリストのメッセージには含まれていない。彼らは、キリストからそれを与えられたとは言えない。キリストが私にメッセージを託された際には、すべての者が割礼を受ける必要があるなどとは言われなかった。それは主イエスの啓示とは別のものであり、使徒のメッセージには含まれない付け足しである。」

今論じているような異端には必ずこのような特徴がある。たとえば、ローマ・カトリックの教理を取り上げてみよう。カトリック教会は今日でも最初の使徒たちと同じ霊感を受けていると主張する。しかし、そう言う根拠は聖書の中にはない。そのうえ、神の啓示がローマ教会に与えられ続けていると主張している。この主張は、狡猾な手段によってでなく、公然となされている。その意味するところはつまり、カトリック教会は聖書と同等の権威を持つということである。彼らは、教皇が「教皇の座から（エクス・カセドラ）」述べる宣言は新約書簡と同じように霊感されており、聖書の啓示に付け加えられるべきであると言うのだ。しかし、これはローマ・カトリック教会に限ったことでなく、同じような主張をする者がほかにもいる。

このような異説は、うのみにする前に、面倒でもまずその起源を調べてみるがよい。そこでは、ほとんどと言ってよいほど、ある人物に「幻」が与えられたとされる。異端的な信仰のほとんどに預言者と目される女性が登場する。その歴史を読むならば、一人の女性の権威に依存する教えであることが分かる。使徒パウロは、「私は、女が教えたり男を支配したりすることを許しません」と訴えているが（Iテモテ二・一二）、このみことばは彼らには問題と感じられない。そればかりでなく、その女性は幻を見、また特別な啓示を与えられたとされる。そして人々は、「確かに、それは聖書に書かれていないが、神から直接にこの人物に示されたことである」と主張する。つまり、聖書の啓示に何かを付け加える。それ以外のもの、よりすぐれたものと称される何かを、である。そして、創始者たちはイエス・キリストの使徒たちと同じように霊感されたと考え、そこに最終の権威を置くのである。異端的な運動にこのパターンを当てはめてみると、ほとんどの場合にそうであると分かるだろう。

しかし、福音的なキリスト教会の中にも、聖書について同じ見解を持つ人々が多くいることを忘れてはならない。次のように言う人々がいる。「まことに初代の使徒たちは霊感を受けていた。しかし、人間は今日でも同じように霊感を受け続けている。聖書の霊感を否定するのではないが、それに付け加えるべきことばがあると思う。何も第一世紀だけが真理の啓示の時ではない。この二十世紀においても、はるかにすぐれた知識と研究によって私たちに特別なことが啓示され続けているはずだ。」つまり、聖書に対する付加である。これは、聖書はもはや十分に有効ではなくなっており、近代の学者の発見が付加されなければならないとする見解である。しかし、現代の考え方と物の見方を付加することは、とりもなおさず、未来にはそれにまさる啓示があると認めることとなのである。

もう一つの共通する特徴は、ある事柄を特別に強調することである。ガラテヤ人の場合には、割礼がそれであった。しかし、それが何であれ、一つの点が特別に強く教えられ、それが運動全体の原動力になるのである。真の信仰者となるには、もう一つの事柄を付け足さなければならない、と主張される。つまり、土曜安息日、特別なバプテスマの方式、異言、癒やしなどである。それが必要不可欠なもの、また重大なことであるとされる。その一つの点が過度に強調され、つねに中心に置かれる。そして、それが強調されるあまり、自分がキリストのものであること以上に、それに目を奪われてしまう。異端的な運動は、割礼であれ何であれ、一つの点が過度に強調された結果として生じてくる。

第三に、それらすべてはキリストに何かを付け加えようとする。ローマ・カトリック教会は次のように主張する。「もちろん私たちはキリストを信じている。しかしさらに、ローマ教会の絶対性も信じなければならない。処女マリアを崇拝し、過去の聖徒たちに向かって祈り、また教皇制度や司祭制度を受け入れなければならない。」

伝統的な信仰教理について言えば、私自身は多くのプロテスタント信者よりむしろ、ローマ・カトリック教会の人々に近いと感じている。しかし、現にプロテスタントの群れに協力し、その一員であるのは、カトリック教会がキリスト以外のものを付加して信奉しているからである。つまり、ローマ教会の絶対性、マリア崇拝、教皇の無謬《むびゅう》性、死者礼拝などである。カトリックでは、キリストだけでは十分でないと見られており、主が比類のない栄光を持つ姿で王座に迎えられていないからである。

その他の異端についても同じことが言える。何らかの特別な経験が必要だとか、パウロも言及しているような「各種の日と月と季節と年」の遵守が命じられたり、特別な儀式を受けることが義務付けられたりする。つまり、「キリストおよび何か」であり、それを付け足す必要があると主張される。

さらに第四の点として、この間違った教えは、様々なかたちで信仰だけでは十分でないとの結論に至ることを知る必要がある。使徒パウロはガラテヤ人への手紙五章六節ではっきりと次のように述べている。「キリスト・イエスにあって大事なのは、割礼を受ける受けないではなく、愛によって働く信仰なのです。」偽りの教えは、つねに自分で何かを行わなければならないと教える。

何事かを追加し、自分の側で何かを身に受けなければならない。信仰のみでは十分でない。信仰だけでは立つことはできず、義認は信仰のみによるのではない。すばらしい救いを経験するには、その前に一定のわざを成し遂げ、何か特別なことをしなければならないと主張する。しかしパウロによれば、そのようなことを言うのは「恵みから落ちてしまった」状態にほかならない（ガラテヤ五・四）。

さて終わりに指摘したいのは次の点である。この最後の吟味方法について、神に感謝している。それは私にとって大きな助けだったからである。つまり、偽りの教えを信じ受け入れることは、必ずそれまでの信仰生活を否定することになる。「あなたがたの幸いは、今どこにあるのですか」とパウロは質問している。このことばで何を言いたいのだろう。パウロが訴えているのは次のことである。「ああ愛すべき愚かなガラテヤ人たちよ。初めに私がそこへ行った時にあなたがたが経験したことはむだだった、全く無意味であったと本気で考えているのか。あの幸いは、どこに行ってしまったのか。愚かなガラテヤ人よ。だれがあなたがたを迷わせたのか。律法の行いに頼ろうとする人はすべて、のろいの下にあるのだ。だが、あなたがたは聖霊を受けている。正気に返って、御霊を受けていることを思い出すがよい。御霊を受けたのは、律法を行ったからか。もちろん、そうではない。今、その自分の過去の経験を否定していることが分からないのか。」

偽りの教えはすべて、以上のような欠陥を持っている。使徒パウロがペテロとの論争の記事で指摘しているのは、そのことである。パウロはペテロに、本来の信仰に立ち返るようにと勧めている。アブラハムについての論述の中心点も、それである。アブラハムが祝福を受けたのは、割礼の後でなく、割礼を受ける以前であった。だから、割礼が絶対に必要不可欠であるとは言えない。アブラハムにすばらしい祝福が与えられたのは、割礼の前であり、その後ではなかった。だから、割礼が絶対に必要であると主張することは、彼の経験を否定することになる。これまで私は何度もこの議論を用いなければならなかった。様々な偽りの教えは巧妙で魅力的であり、自分に必要なもの、間違いのないものと感じられるからである。

しかし、経験に関するこの議論を思い起こすと、ふと我に返らされる。たとえば、偉大な聖徒たちの間にあって傑出し、驚くほどに聖霊に満たされていたジョージ・ホイットフィールドやジョン・ウェスレーのことを思い出してみよう。彼らが大切に守ったのは、週の最初の日（日曜日）であって、土曜安息日ではない。また特別な方法でバプテスマを受けたのでもなく、異言で語ったことも一度もない。癒やしの集会などを開いてもいない。この人たちは知識や洞察力や理解力が足りなかったと言えるだろうか。

近頃人目を引いている新しい教えは、時代と歴史を貫いている最も大切なクリスチャンの経験の一部を否定していることが分かるだろう。それらは事実上、真理は彼らによってのみ明らかにされ、また教会は約二千年の間無知とやみの内をさまよっていたと主張している。とんでもない話である。それらの主張は、「あなたがたの幸いは、今どこにあるのですか」という問いによって吟味されなければならないと悟るべきである。

ついに結論の部分にきた。究極的な吟味の方法は次のことである。これまで述べたすべての点を点検すれば、私と共に、使徒パウロがガラテヤ人への手紙六章一七節で語っている内容を言い表すことができよう。「これからは、だれも私を煩わせないようにしてください。私は、この身にイエスの焼き印を帯びているのですから。」パウロは何が言いたいのだろう。これは、「しかし私には、私たちの主イエス・キリストの十字架以外に誇りとするものが、決してあってはなりません。この十字架につけられて、世は私に対して死に、私も世に対して死にました」という意味である（六・一四）。

パウロは言う。割礼の有無を問題にするのはやめるがよい。そんなことには関心がない。土曜安息日を遵守する人々や、その他の分派について語るのはやめるがよい。完全なクリスチャンになるために必要不可欠な行為があるなどと言って、面倒をかけないでほしい。私はそれらの必要性を全く感じないのだから。私には肉的な誇りがあってはならない。誇れるのは、ただ主イエス・キリストのみわざだけである。ほかのどんな教えでもなく、ただキリストのみである。イエス・キリストによって「世界は私に対して十字架につけられ、私も世界に対して十字架につけられた」ゆえに、キリストのみで十分である。

繰り返し明言しておきたい。誇るものは何もない。自分の信じる正統主義さえも自慢の種とはしない。それ自体を神の代わりに信奉する危険があるからである。誇るのはただ救い主イエス・キリストのみである。このお方によって救いは成し遂げられ、私はこのお方と共に死に、共に葬られた。このキリストと共に罪に死に、神に向かって生きる者とされ、復活して天上の座に着く者とされた。この方ただ一人によって、世は私に対して十字架につけられ、私もこの世に対して十字架につけられた。だから、キリストに代わって王座に着こうとする者、主に何かを付け加えようと望む者を、私は拒絶する。イエス・キリストについての使徒的メッセージの絶対性と明確さ、そのすばらしさのゆえに、だれ一人としてそれに付加してはならないと神は断言しておられる。ただキリストにあって、そのみわざの完全さを喜ぼうではないか。

一四　善行に飽きる時

失望せずに善を行いましょう。あきらめずに続ければ、時が来て刈り取ることになります。

（ガラテヤ六・九）

聖書は、この世に生きる信仰者を助けるために記された書物である。このことは特に、新約聖書に含まれる手紙について言える。その手紙すべては、教会内に持ち上がった問題のために書かれている。だから、そのメッセージを理解するには、ある人が書斎で記した論文のようにして読んではならない。事情は全く逆であって、使徒パウロは伝道者また巡回説教者であった。そして端的に言えば、問題が生じた時、人々がその問題の原因と解決方法を見出せるようにと願って手紙を送ったのである。

そういうわけだから、起こってきた問題の様々な原因に言及されている。現代の霊的スランプの原因について、これらの手紙に全く取り扱われていないものは一つもないと断言できる。信仰生活における病の本質はつねに同じであり、全く変わっていない。外見は異なり、問題が表面化する様子は変化するかもしれないが、そのすべての源は悪魔《サタン》である。悪魔はその究極の目的を決して変更しないのである。

霊的なスランプ状態のもう一つの原因を見ていこう。これまでも何度か指摘したが、もう一度初めに確認しなければならない事柄がある。つまり、私たちの敵である悪魔の恐るべき狡猾さである。すでに、悪魔がクリスチャンを誘惑し、偽りの教えによって信仰者の喜びを奪い去る方法について見てきた。中心にあってはならないものを中心に据えたり、種々の宗教を混ぜ合わせた新しい教理を持ち出してくるサタンの巧妙なやり方を考察してきた。

しかし、ここで見るのは、全く違った別の問題点である。冒頭のテキストで使徒パウロが関心を持っているのは、異端や偽りや新興宗教に目を奪われて、それが真の信仰だと勘違いして間違った道にそれていく危険についてではない。この箇所で気にかけているのは、そのことではないのである。ここでサタンはもっと狡猾な働き方をしている。つまり、どこにも間違いは見当たらない。何が起こっているのかと言えば、正しい方向に進んでいながら、ただ疲れを覚え、うんざりし始めていることである。ここで考察するのは、正しい道にあり、正しい方向に進んでいる人々の状態である。間違いのない方向に進んでいるのだが、問題は、生気がなく、手足を引きずって歩いているような姿である。その人々の露呈する生きざまが、この世界にあるクリスチャンに望まれる姿と全く異なるという点である。

疲れやすく飽きやすいという傾向を理解する最もよい方法は、まず初めに、その全体像を把握することであろう。それは「中間期の危険」と呼ぶことができよう。信仰生活に限らず、人生全体についても同じようなことがある。壮年期の悩み、あるいは中年の危機と呼ぶこともできよう。それはすべての人に訪れてくる危機である。年を経るにしたがって、遅かれ早かれ、すべての者が直面しなければならない問題である。

今日では若い青年たちに非常な注意が払われており、また老人についてもかなり注目されている。しかし、人生で最も問題が多いのは中年期であると私は確信している。青年には、やり直しの機会があり、老人には埋め合わせる余裕があるが、中年にはそのような可能性がないように感じられる。それは、すべての者が避けて通れない難関である。年をとるにしたがって、活力や体力が衰えるようになり、俊敏でなくなり、様々な能力が弱まっていくのを感じ始める。今実感していないとしても、これは、すべての者が聞いて知っている現実である。これはまた、仕事や職業の場においても真実ではないだろうか。これは今や多くの人々の問題となっている。つまり彼らは成長と発展の段階を経て、すでに一定のレベルに達している。そして様々な理由から、それ以上に拡大することは不可能になっている。この段階にある人々は、そこまで至ることができた熱情と動機を失い、同じレベルにとどまらなければならないことに問題を感じている。実業界にいる人に、しばしばこのことが起こる。時として、事業を起こすよりも、それを維持し運営することのほうが、ずっと難しく感じられる。ある意味において、形成途上ではすべてが順調に感じられるが、ひとたび目標に達し、情熱がさめてきた時、その状態を維持することがとても困難に思われるようになる。

これについては日常生活の中から、仕事や職業や様々な働き場にある経験から、際限なく例証をあげることができる。どんな分野についてであれ、歴史に名を残すほどの成功者の自伝を読むならば、すべてが異口同音に、平凡な中年時代が人生において最も困難が多い時期であったと述懐しているのに気づくだろう。

以上のことは信仰生活においても同じように真実である。初めのすばらしい経験の後に、この段階がやってくる。信仰生活の初期には、すべてが目新しく、刺激に富み、感動することも多く、生き生きしている。この段階にあっては発見が相次ぎ、それが際限なく続くように感じられる。ところが、ある日、すべてを知り尽くしたと感じる。今や信仰生活のすべてを会得してしまったと思うようになる。もはや初期のように物事に驚かなくなる。それらを知っており、何度も聞かされているからである。そこで、初めの頃に信仰を鼓舞した新しい発見の喜びは失われてしまう。驚くようなことは何も起こらず、変わったこともなく、進歩も発展もないように感じられる。

これは私たち一人一人についてもしかりである。個々の仕事についても、教会活動についても、すべての人々の集まりについても同様であろう。国家についても、社会についてもしかりであろう。この現象は海外宣教とのかかわりにおける最も重大な問題の一つであると教えられ、その事実を知っている。海外で活動したことのある宣教師たちは、私が何を言わんとしているかを十分に理解できるだろう。それは、私たちが新鮮な驚きを感じなくなり、それまで知らなかったことを行うという感動と興奮が失われ、毎日同じことを繰り返す生活を続ける時に、必ず訪れてくる状態である。そんな時試練が到来すると、信仰生活の初期であれば支えとなったかもしれない初めの勢いによっては、もはやそれを乗り越えられなくなっている。

ここでパウロが取り扱っているのは、その状態である。自分の個人的な悩みに加えて、他の人が原因である問題や苦悩が覆いかぶさってくるかもしれない。様々な仕方で人々が、してはならない罪を犯すかもしれない。このような試練と問題と悩みの結果、この危機の内にあって私たちは時として善行を続けることに嫌気がさすようになる。このように、進歩や発展の可能性がなくなったと感じる時がやってきて、私たちはしばしば意気消沈してしまう。その瞬間には、働きが進んでいるかどうか、後退しているか前進しているのかさえ分からなくなってしまう。すべてが停止し、何も起こっていないと勘違いしてしまう。ガラテヤにいるあるクリスチャンたちがこの状態に陥っていたことは疑いがない。彼らの情況については前章で解明したところである。つまり、偽りの教えや異端などがはびこり、この状態に影響を与えていたことは疑うことができない。

ここで考察するのは、仕事に疲れた人々でなく、むしろ嫌気がさしてきた人々であると言ってもよい。「失望せずに善を行いましょう」と勧められている、そのような状態である。これについて、どう考え、どのように対処したらよいだろうか。まず最初に、この種のスランプ状態にあっては、いくつかの重要な「禁止事項」があると言わなければならない。この倦怠の状態に陥った時には、積極的な行動を始める前に、絶対的に重要な「禁止事項」があると知るべきである。

第一に、それをどのように感じていようとも、周囲からの誘いに乗ってはならない。人々からの提言だけでなく、自分の内からの誘惑もある。すぐ身近なところで語っている声がある。その声が、あきらめよ、降参せよ、断念せよと勧めても、聞き従ってはならない。それは、この状態にある人にやってくる大きな誘惑である。「私は疲れて、もう嫌になった。人生は重荷だ」と感じるかもしれない。その時、断言すべきことばはただ、「それに耳を貸してはならない」という禁止の一言である。どん底の気分にある時は、いつでも第一にこの禁止事項を守らなければならない。それが最低の基本である。自分自身に向かって、「どんなことが起こっても、歩き続けよ」と言うべきである。決してあきらめたり、自暴自棄に陥ったりしてはならない。

とはいえ、それは最も重大な誘惑ではないだろう。最大の誘惑は、第二の禁止命令として次に示すものである。つまり、情況の推移に身をゆだねてはならない。中には進んで辞表を出し、「私は休職します」ときっぱり言える人もいるが、大多数の者はそうではない。このような時、多くの人々は時の流れに身を任せ、熱意を失い、希望を失ったままに惰性で生きる危険に瀕している。彼らは働き続けてはいるが、将来に望みのない、生気を失った姿になってしまっている。

さらに分かりやすく言えば、この時点での問題は次のような考えに陥ることである。「私は、かつて持っていたような情熱を失ってしまった。それは決して取り戻せないだろう。そのうえ、目的も充実感もないままに生きなければならない。人生は過酷な義務にすぎない。かつての喜びは今や失われてしまった。それは過去のものになった。あのような喜びは、もはや永遠に味わえないだろう。私はただこの道を歩み続け、運命に身をゆだねるほかはない。挫折者とは呼ばれたくないし、運命に逆らって生きる気力もない。ただ生きていくだけだ。人生に希望を感じないままに、重い足取りで生きるしかない。以前のように意気揚々と歩むことはできない。ただ黙々とこの生活を続けるほかはない。」これが、あきらめの霊の素顔である。それに耐え得るとすれば、その人は冷徹な禁欲主義者であろう。

すべての危険の中で最も重大なのは、それである。ここでもう一度指摘したいのは、それは私たちが最も関心を寄せている信仰生活における危険であるだけでなく、人生のすべての局面においてそうだという点である。職業生活において、そのような態度に陥る場合がある。ある意味では、日常生活を営むうえでも同様である。実際に、「黄金時代は過ぎ去った。すばらしい日々は過去のものとなってしまった。あのような時は、再びめぐってこないだろう。なのに私は生き続けなければならない」とつぶやいている者が多い。確かに、過去にはすばらしいことがあった。そこには英雄的な姿があった。しかし、思い出に浸るだけでは問題は解決しない。その間違いに気づいてほしい。確かに、それは悪魔の誘惑である。それによって、もし神の民から希望を奪い去ることができるなら、サタンは小躍りして喜ぶであろう。

私が今日の情況を見るに、これがキリスト教会の直面している最大の問題であると思われる。つまり、熱情を持たないで、単なる義務として教会生活を続ける危険である。前に進んでいることは確かであるが、神の期待されるような仕方ではなく、疲れきった姿で、足取りも重く、とぼとぼと歩いている。

さらに第三の、そして最後の禁止事項を取り上げよう。これもまた重大な脅威であると分かるだろう。三番目の危険は、疲れて倦怠感に襲われる時、人為的な興奮剤などに頼ろうとすることである。この誘惑は周知のことである。良い職業につき、事業を続けてきた人々が倦怠感に陥って破滅していく原因は、多くの場合これである。かつて持っていたような気力と精力がなくなったと感じ、また時の流れとともに、仕事も絶好調とは思えなくなる。どうしたらよいか自分にも分からなくなる時、ある人が来て、今必要なのは何らかの強壮剤であると提言する。この時訪れる最大の危険は、飲酒への道である。自分の心を力づけるためにと思って少しずつ酒を飲み始めた多くの人々が、酒におぼれて世を去っていった。あるいは同じようにして麻薬やその種のものに手を出す人々もいる。

　このことは信仰生活においても非常に重大で決定的な意味を持っている。教会の中にも霊的倦怠感を同じ方法で解決しようとしている人々が見受けられる。彼らは人を興奮させる方法をいろいろ考案し、目新しい手法を採用する。この沈滞状態から抜け出さなければならないと考え、目新しい計画を案出する。教会の外に張り出される宣伝文句の中に、それが時として認められるのではないだろうか。つねに目新しい広告を出し、興味をそそる呼び物で人目を引こうとしている教会があることを思い起こすことができる。このような教会は明らかに人工的な興奮に頼っており、前述の考えに基づいてそのようにしているのである。その牧師や役員たちは次のように考えている。「私たちの教会は惰性的になり、活気が失われてきている。この状態をどうすべきだろうか。これ、あるいは、あれをしたらどうだろう。そうすれば活動や奉仕が盛んになり、新たな興味を引き起こすことができるだろう。」

　信仰生活あるいは教会におけるこの種の考え方は、一般社会における一つのものに比較できる。つまり、自分を興奮させ、奮い立たせるために酒や麻薬に手を出す人の姿である。それは、とても巧妙な誘いであり、とても狡猾な脅威である。もっともらしく聞こえ、それが自分に必要なもののように思われるが、その背後には恐るべき虚偽がある。科学的な視点からして、それは実のところ、自分をさらに疲れさせることにほかならない。アルコールや麻薬に頼れば頼るほど、自分の体力や気力を枯渇させてしまう。そのうえ、力を消耗するにつれて、さらに強い酒、もっと多量の麻薬を欲しがるようになる。そして、このプロセスは累積的に進行していく。信仰生活においても同様である。

それゆえに、特に重要な三つの禁止事項に言及した。これからは積極的な方向に目を向けていこう。前に述べたような恐るべき落とし穴に注意すべきであるが、そのほかに可能なことはないだろうか。まさに良い行いを続けることに嫌気がさしている時、何をすべきだろうか。第一に必要なのは、自己吟味である。自分を点検することから始めなければならない。今の生気のない状態は改善できないと考えてはならない。人工的な興奮剤に手を出すのもよくない。座って静かに、「今、なぜ私は倦怠感を覚えるのだろうか。この活気のなさの原因は何だろうか」と問うてみるがよい。これは純粋な質問である。その答えを得るまでは、状態を改善しようとあせってはならない。原因を知らずして、正しい解決法は与えられないからである。原因を突き止める前に処置を急ぎすぎることは、間違っている。まず最初に、その状態を分析すべきである。だから、自分が倦怠感を持っている理由、この状態に陥った原因を問うてみる必要がある。

この問いには、様々な答えが考えられる。その状態に至ったのは、肉体労働のしすぎかもしれない。仕事で疲れてはいるが、飽き飽きしてはいないという場合がある。普通の生活であれ、信仰生活においてであれ、働きすぎて自分のエネルギーと肉体の活力とを消耗してしまっている人がいる。あまりに精魂込めて働き続けたり、過度の緊張が続くような場合には、必然的に問題が生じてくる。それが苦悩の原因であるなら、もちろん、必要なのは身体への配慮である。旧約聖書の中に、これについての適切な実例がある。カルメル山で英雄的な働きをした直後に、スランプに陥ったエリヤのことを思い出してほしい。彼は、エニシダの木陰に座り、意気消沈していた。しかし、彼が本当に必要としていたのは、十分な睡眠と食事であった。そして神は、その両方を与えられた。霊的な励ましを与える前に、食事と休息の時を備えられたのである（参照Ⅰ列王一九章）。

さて次に、それが根本原因ではないと仮定しよう。何かほかのことが苦悩の原因であるという場合が考えられる。信仰生活を続け、クリスチャンとして奉仕する際に、肉的なエネルギーによっている場合がしばしばある。聖霊の力によって働く代わりに、自分の力で活動していることがある。肉的、人間的な力に頼り、肉体的なエネルギーで働き続ける場合がある。もしかしたら、自分だけで神のみわざを行おうとしていないだろうか。もしそうであれば、結果は明らかである。神のみわざは、きわめて崇高な働きであるゆえに、ついには私たちは押しつぶされてしまうだろう。だから、自分を吟味し、このみわざを行っている方法に誤りがないかどうかを点検しなければならない。肉的なエネルギーによって説教することさえ可能である。しかしもしそうするならば、すぐに霊的な疲れを感じ、憂うつに陥ってしまうだろう。

しかし、もっと重要で、もっと霊的な次元での問題が生じてくる。人は、なぜ自分はこの働きをしてきたのか、本当の動機は何なのかと必ず自問自答するようになる。これまでずっと活動的に、喜んで奉仕してきたが、今やそれが重荷になってきた。そのような時、次のような疑問が浮かんでくる。「なぜ、これまでそれを努めてきたのだろうか。」これは恐るべき問いである。というのは、これが真の動機を問う初めての機会かもしれないからである。私たちは自分の動機が純粋であることを疑おうとせず、その前提に立って行動している。しかし、そうでないことに気づくことがある。スリルと興奮とを追い求めて活動している人々がいる。これについては疑問の余地がない。これまでに私は、キリスト教の宣教活動には大いなる刺激があるという理由から積極的に伝道している人々の姿を見てきた。また、自分がつねに何かの行動をしていなければ安心できないという人たちもいる。彼らは自分が追い求めているのは行動に伴うスリルと興奮であることに気づいていない。

そのような生き方をしていると、必ず行き詰まりを感じるようになる。疲れを覚えるようになると、確実に、私たちの強敵が頭をもたげてくる。それは、自己である。一生懸命に活動してはいるが、それは自己を満足させ、喜ばせ、「おまえは何とすばらしいやつだ。何と多くの業績を成し遂げていることか」と自分に言いたいがため、という場合がある。自己は、己が重要な存在であると主張したがっている。必ずしもすべてが神の栄光のためでなく、自分の栄光のためであったと、私たちは認めなければならない。自分は賞賛を期待しておらず、「栄光は主のものである」と口では言うかもしれないが、その実、結果を見たがっており、それが新聞などに取り上げられるのを望んでいる。自己が頭をもたげてきたためである。自己は恐るべき支配者である。どのような形であれ、自己を喜ばせ、自己満足を味わうために働いているとすれば、結末はつねに嫌気と倦怠感である。奉仕とのかかわりにおいて自分の動機を点検することは、とても重要なことである。

最後に、非常に大切な問いが残っている。つまり、自分の働き自体によって振り回されていないかということである。神の働きとしてでなく、仕事そのものが生活の中心になっていないだろうか。このことばを実感している人が多いことを、私は知っている。信仰生活における最大の危険の一つは、自分の行為に依存する生き方である。別な言い方をすれば、奉仕が信仰者の働きの対象としての正しい位置からはずれ、人間を振り回すものとなってしまう。

私が目にした最も悲惨な情況は、自分が仕事や働きのノルマに振り回されて年月を送っていたことに気づかなかった人々の姿である。彼らは仕事によって動かされていた。ところがある時、病気や老人になって、もはやかつてのように行動できなくなると、沈み込んでしまう。自分で自分の身をどう処すべきかが分からないのだ。これは、自分の行為に依存して生きてきた結果である。これは近代文明の特徴とも言うべき傾向の一つと思われる。確かに現代、ノイローゼの最大の原因の一つは、それである。悲しいことに世界は狂っており、私たちは恐るべき惰性と多忙な生活によっていやおうなしに動かされている。人間がコントロールしているのでなく、物や仕事が人間を振り回している。そして、へとへとに消耗させられ、それに圧倒されてしまっているのである。

以上が、自己吟味というきわめて重要なプロセスにおける中心的要素である。もう一度、この原則を強調しておきたい。もしも現在、生活のどの側面についてであれ倦怠を覚えているならば、しばらく立ち止まって、「なぜ倦怠感があるのか。どうして、こうなったのか」を謙虚に問うてみることをお勧めする。人生への取り組み方、特に自分が行っていることへの態度を総点検し、クリスチャン生活についてどう思っているかを明確にするがよい。なぜ信仰に入ったのか、信仰生活とはどんな生活なのか……。立ち止まって、以上のような質問を自分にしてほしい。

さらに、この件について積極的な対処法を考えてみたい。ここでの使徒パウロの教えに従えば、もしこのスランプ状態からの解放を望むのであれば、いくつかの原則を知らなければならない。まず第一に、クリスチャン生活は人生全体にかかわっており、そこには様々な局面や段階がある。新約聖書にはキリストにある「幼子」の状態への言及があり、また信仰の成長について語られている。ヨハネは第一の手紙を、子どもたち、小さい者（青年）たち、成人にあてて書き送った。事実そのとおりであり、それは聖書的である。クリスチャン生活はいつも同じであるわけではない。初めがあり、継続の段階があり、そして終わりがある。これらの段階に伴って、様々な変化が存在する。最も変化に富むのは、感情であろう。信仰の初期には、一般的に言って、感情の起伏が激しいのが普通である。しばしばクリスチャンが憂うつになるのは、その感動が失われるからである。彼らは自分が成長してきたという変化に気づいていない。今の自分は過去の自分と同じでないという理由から、どこかが間違っていると考えがちである。しかし、信仰的に成長し成熟していけば、変化が生じるのは当然であり、その変化が経験の場でも差異を引き起こすのは明らかである。

この点を、一つの例証で述べてみたい。ある時私は、四歳くらいと思われる子どもが母親といっしょに家から出て来るのを見かけた。その女の子が家から出てくる姿に引きつけられたのである。その子は歩いてではなく、飛び出して来て、スキップをし、子羊のように跳びはねていた。ところがさらに見ていると、母親のほうはゆっくりと歩いて出てきた。さて、信仰生活においても、これと同様のことがあるのを決して見逃してはならない。子どもはエネルギーを豊富に持っており、それをどのように制御すべきかを十分に学んでいない。母親は、実際には、子どもよりもずっと大きなエネルギーを持っている。しかしながら、表面的に見るならば、母親のほうが劣っているように見える。静かに歩いて出て来たからである。しかし、実はそうではない。子どものほうにより大きなエネルギーがあるように見えるが、実際には、成人のほうが格段に大きい活動力を秘めている。多くの人たちが自分は活力を失ったと考えて、疲れ、またスランプ状態に陥るのは、このゆっくりとした動作の意味を誤解しているからである。信仰には様々な段階があることを認識しよう。信仰生活には成長の局面があることを認めようではないか。時として、この事実を悟るだけで問題が解決する場合もあるのである。

次に、第二の原則を見ることにしよう。「失望せずに善を行いましょう」とある。しているのは「良い働き」であるということを忘れてはならない。この点が忘れられる傾向がある。「ああ、毎週毎週、同じことの繰り返しだ」とつぶやくことがある。こういう不満を抱きながら生活している。このような態度で生きているならば、私たちは当然飽き飽きしてくる。しかしパウロが、あなたはクリスチャン生活を営んでおり、その信仰生活とは積極的に善を行う生き方である、と主張しているのを思い出してほしい。もしも信仰生活を変化に乏しい苦役と見なしているならば、それは神への侮辱である。

では、クリスチャン生活とは、どんな生活のことだろうか。この質問は、とても重要である。この問いに対して、しばしば、信仰生活とは他の人々がしていることを行わない生活であるという答えを聞く。あるいは、この狭いまっすぐな道を歩み、この世の働きから身を引き、天上のことに思いをはせることであると言われることもある。また、教会へ通うことであるとか、それは過酷な使命であり、自分の無能さを悟る苦々しい生活であるなどと答える人もいる。あまりにもしばしば私たちは、このような態度で信仰生活を続けていないだろうか。

前述の問いに対して、信仰者の使命は「善を行うこと」である、と答えるべきである。もしも私たちがクリスチャン生活は過酷な職務あるいは義務だと感じるようになり、あるいは信仰生涯を全うするためには自分を叱咤激励し、歯を食いしばって忍従しなければならないと考えているとすれば、それは神を侮辱することであり、キリスト信仰の本質を見失っていると言わなければならない。信仰生活は苦役ではない。クリスチャン生活は「生きている」ということばに値する唯一の生き方である。信仰生涯のみが、正しく、きよく、純真で、善である。それは神の御子ご自身が生きられたような生涯である。神ご自身のようにきよくなることである。それこそ信仰生活を続ける理由である。ただ漠然と何事かを続けるために一心不乱に努力するという決意ではない。そうでなく、信仰生活とは正しくすばらしい生活であり、「善を行う」生涯であることを、私は努めて思い起こすようにしている。不平を言い、ぐちをこぼし、つらく困難だと感じるような生活に、どうして落ち込んでしまったのだろうか。

次の質問をしてみたい。どうしてあなたは、このクリスチャン生活に入ったのだろう。今、狭い道を歩んでいると感じているが、どうして広い道からここに来たのだろうか。何によって、その変化が生じたのだろう。これらの問いに対する答えは、ただ一つである。きょうまで信仰生活を続けてきたのは、神のひとり子が天を離れ、私たちの救いのために地に下られたからである。ご自身の永遠の栄光をすべて放棄し、みどり子として誕生し、飼葉おけの中に横たえられるほどの謙遜を示されたからである。主イエスは三十三年の間、この地上の生涯を経験された。そして、つばを吐きかけられ、ののしられた。頭にいばらの冠を押し付けられ、私の罪の刑罰を負って十字架に釘づけられた。それこそ、信仰に入り、今日まで信仰生活を続けてきた理由である。だから、もし一瞬でも、自分が努めてきたこの歩みの重大さ、栄誉、すばらしさ、崇高さを疑うことがあるとすれば、それはイエスにつばを吐くことにほかならない。想像するだけでも忌まわしいことである。

「失望せずに善を行いましょう」と勧められている。友よ。もし自分のクリスチャン生活に嫌気がさしたり、退屈な仕事だとか、過酷な義務だと思うならば、信仰生活の原点に立ち返ることをお勧めする。自分がたどった信仰の入り口までの歩みをさかのぼってみるがよい。この世の悪と罪とを直視し、その果てにある地獄について考えるがよい。しかる後に、信仰生活の未来を見つめ、自分が人間に与えられ得る最もすばらしい戦いの真ん中に置かれていること、また世界に存在する最も高貴な道の上にいることを悟るがよい。

しかし、それで終わりではない。さらに加えて、地上における信仰生涯は栄光の未来への準備段階にすぎないという原則がある。「失望せずに善を行いましょう。あきらめずに続ければ、時が来て刈り取ることになります」と言われている。疲れを覚え、倦怠感に襲われ、信仰生活は自分には重荷だと思う時があるかもしれない。そんな時には初心に立ち返り、自分の人生を瞑想し、それを永遠とのかかわりで考えてみるがよい。静かに、信仰生涯の意義を問うてみるがよい。それは永遠への準備段階にすぎないことが分かるだろう。地上の生涯は永遠への控えの間にほかならず、この世界でするいっさいのことは永遠の御国を期待してのことである。この世における最大の喜びとても、未来における永遠の歓喜の初穂にすぎず、その先取りにすぎない。これを想起することは、とても大切である。

私たちが意気消沈するのは、骨の折れる日常生活の繰り返しによってである。「またもや耐え忍ばなければならない一日がめぐってきた」とつぶやく者がいるかもしれない。ある説教者は、「また日曜日がやってきた。きょうは二度も説教しなければならない」とひとり言を言うかもしれない。なんと嘆かわしいことばだろうか。日常の労苦によって、時として私たちはそのような状態に陥れられる。それを克服する方法は、人生を永遠という、より重大な流れの中に置いてとらえ、「私たちは永遠の栄光に向かって進んでいる。今の生活は、その準備段階にすぎない」と悟ることである。このことが分かると、全く異なった態度が生じてくる。「良い行いを続けるがよい。刈り取る日は確実に近付いている」とパウロは言っている。「失望せずに善を行いましょう。あきらめずに続ければ、時が来て刈り取ることになります。」この将来の刈り取りについての真理を悟りさえすれば、意気消沈することはなくなるであろう。

「この世には手に負えない問題が多すぎる」——これが苦悩のもとである。私たちは自分の問題に没頭しすぎている。もっと頭をもたげ、将来を期待し、未来に輝いている永遠の祝福を楽しみ待つべきである。クリスチャン生活とは、近付いてくる大いなる刈り入れの初穂を先取りした生活である。「目が見たことのないもの、耳が聞いたことのないもの、人の心に思い浮かんだことがないものを、神は、神を愛する者たちに備えてくださった」とある（Ⅰコリント二・九）。また、「上にあるものを思いなさい。地にあるものを思ってはなりません」とも勧められている（コロサイ三・二）。自分の目的地にある栄光について、十分心に銘記するがよい。それが処方箋であり、問題の解決法である。私たちが刈り取ることになっている収穫は確実で、保証されている。

そこでパウロはコリント人に次のように語っている。「ですから、私の愛する兄弟たち。堅く立って、動かされることなく、いつも主のわざに励みなさい。あなたがたは、自分たちの労苦が主にあって無駄でないことを知っているのですから」（Ⅰコリント一五・五八）。感情がどうであろうとも、自分の働きを続けるがよい。使命を果たし続けるがよい。神はその働きを祝福し、必要に応じて恵みの雨を降らせてくださる。豊かな収穫が約束されている。それを楽しみに待つがよい。必ず「時が来て刈り取ることになる」からである。

また何にもまして大切なのは、自分が仕えている主について考えることである。イエスがどれほど苦しみを経験し、どれほど忍耐深くあられたかを思い起こそう。ヘブル人への手紙一二章の力強い訴えを、もう一度見てみよう。「あなたがたは、罪と戦って、まだ血を流すまで抵抗したことがありません」（一二・四）。しかし、主イエスはその模範を示された。キリストは世に下り、それを耐え抜かれた。何という忍耐だろうか。キリストは何と平凡な人生を生きられたことか。その生涯のほとんどは、自分を誤解した取るに足らない普通の人々と共に費やされた。それでもイエスは歩みを続け、決して不平をもらされなかった。

どうして、そんなことが可能だったのだろう。「この方は、ご自分の前に置かれた喜びのために、辱めをものともせずに十字架を忍び……」とある（ヘブル一二・二）。これが理由である。自分の未来に喜びが置かれていたからである。主イエスは王座に着く日が来ることを確信しておられた。自分が刈り取ることになっている収穫を凝視しておられた。その日が来るのを信じておられたからこそ、逆境にもめげず、それを堂々と、意気揚々と耐え抜くことができたのである。

そして私たちクリスチャンは、主の似姿になる特権を与えられている。「だれでもわたしについて来たいと思うなら、自分を捨て、自分の十字架を負って、わたしに従って来なさい」と招かれている（マタイ一六・二四）。これである。さらには、主の御名のために苦しむという名誉にあずかるかもしれない。パウロはコロサイ人にあてて驚くべきことばを書き送っている。「私は、キリストのからだ……のために、自分の身をもって、キリストの苦しみの欠けたところを満たしているのです」（コロサイ一・二四）と、その特権について述べている。キリストを信じる私たちが、苦しみを味わわずして特権にあずかっているとすれば、どうだろうか。

そういうわけだから、愛する主の姿を思い起こし、イエスを仰ぎ、不信仰な倦怠感に身をゆだねることについて赦しを請うがよい。このようにして自分の人生を見直すがよい。そうすれば、確実に、新しい希望と新しい力と新しい活力がわき上がってくるのを覚えるだろう。もはや人為的な刺激などは不必要になる。それは、クリスチャンの特権とふさわしい喜びによって、もう一度、心が躍るのを知るからである。そして、つぶやきや不平をもらしていた自分を恥じるようになり、もっと意気揚々と前進できるようになる。そしてついには主イエスが次のように語られるのを耳にするのである。「よくやった。良い忠実なしもべだ。……主人の喜びをともに喜んでくれ。……さあ、わたしの父に祝福された人たち。世界の基が据えられたときから、あなたがたのために備えられていた御国を受け継ぎなさい」（マタイ二五・二一、三四）。

一五　自己訓練

だからこそ、あなたがたはあらゆる熱意を傾けて、信仰には徳を、徳には知識を、知識には自制を、自制には忍耐を、忍耐には敬虔を、敬虔には兄弟愛を、兄弟愛には愛を加えなさい。
（Ⅱペテロ一・五〜七）

使徒ペテロは、この第二の手紙の最初の章において、霊的スランプのもう一つの原因について述べている。この手紙を記した究極の目的が、その解明にあったことは確実である。失望している人々、つまりすでに信じ受け入れた信仰を疑い始めるほどに気落ちした人々を励ますために、ペテロは手紙を書き送った。このような疑惑は、霊的なスランプ状態において持ち上がってくる危険であり、重大事である。この状態が解消されないままに長引くと、必ず疑いと不信仰とをもたらし、救われる以前の古い生活を振り返る原因となる。

幸いなことに、この手紙の中でペテロは、スランプ状態を如実に描き出してくれている。手紙を受け取る人々について、間接的にいくつかの特徴を記している。たとえば、このテキストでの勧めの後、八節では次のように述べている。「これらがあなたがたに備わり、ますます豊かになるなら、私たちの主イエス・キリストを知る点で、あなたがたが役に立たない者とか実を結ばない者になることはありません。」もしも「これらが……備わり……ますます豊かになるなら」、今のような状態にはならないだろう、と言っているが、これはどういう意味だろうか。もしそうであれば「私たちの主イエス・キリストを知る点で、あなたがたが役に立たない者とか実を結ばない者になることはありません」とある。裏を返せば、彼らの状態は「役に立たない者、実を結ばない者である」ということである。それればかりでなく、「これらを備えていない人は盲目です。自分の以前の罪がきよめられたことを忘れてしまって、近視眼的になっているのです」と述べられている（一・九）。

ここに人々が信仰を失い始めていることが暗示されている。というのは、もし「これらのことを行っているなら、決してつまずくことはありません」と言われているからである。それだけでなく、もし正しい道を忠実に歩んでいるなら、「召しと選びを確かなもの」にできるはずである。この時点で彼らがその要点を見失っていたことは明白である。

とはいえ、彼らがクリスチャンであることについては疑問の余地がない。この点は繰り返して強調しておかなければならない。ここにペテロが描き出しているような人々は全くクリスチャンではないと考える、非聖書的で間違ったクリスチャンについての概念を持つ人たちがいるからである。しかし、彼らは明らかにクリスチャンである。そうでなければ、ペテロはその人々に手紙を書き送ったりしなかっただろう。何の問題も持たず、つねに順調な歩みを続けている多くの人々は、間違ったクリスチャンの概念を抱いている。いつでも上機嫌でないなら、その人はクリスチャンとは呼べない、と考えている人たちがいるのである。

しかし、このようなクリスチャン像に固執することは、全く聖書的でない。確かにこのような人たちもクリスチャンである。ただ幸福感がなく、生活の場に信仰が生かされず、生活態度に目立った変化がなく、他の人々に益をもたらさないだけである。さらに、その人自身について言えば、創造的な力に乏しく、信仰はあるが喜びと確信に満たされていない。ただ「役に立たない者、実を結ばない者」なのである。この表現には、他の人々の益とならず、知識と理解力が十分でない信仰者の姿がありありと描き出されている。彼らは主を知る知識においても成長していない。今日これほど多くの情報や知識の源が手近にあるにもかかわらず、それを自分のものにしようと努めない。それればかりか学ぼうとする意欲もなく、成長もしていない。それゆえに実りもない。

事実、この人々は明らかにクリスチャンではあるが、その信仰をほとんど表現しない。また自分の回心の意義も理解せず、「以前の罪がきよめられたこと」さえも忘れている。そしてあたかも、それらとは無縁であるかのように生活している。以上の事柄はつねに、必ずと言ってよいほど同時に起こってくる。信仰の洞察という点において理解が乏しく、また実を結んでいないなら、信仰の純潔を保つことはできず、他の人たちの助けや励ましになるような生活もできないだろう。

以上がペテロの描き出す問題の人たちである。残念なことに、だれでも、このようなタイプの人がいることを知っている。クリスチャンであることは否定できないが、その実生活に信仰がほとんど反映されていない人々である。一見して、暗い表情で、悲しみをたたえている。クリスチャンが聖霊を受けるならば、「その人の心の奥底から、生ける水の川が流れ出るようになります」と主イエスは言われたのに（ヨハネ七・三八）、そのような様子はどこにも見受けられない。かえって、「役に立たない者、実を結ばない者」の姿をさらしている。その人からは何の実も得られず、周囲の人々に良い影響を及ぼすことも全くない。

また彼自身について言えば、その生活態度は弱々しく、成長もなければ、発展も見られない。生活すべてが無意味に思われ、その人自身は懐疑心に翻弄され、意気消沈し、幸福感を失っている。また自分の内にある希望の根拠を説明できそうにもない。口では神を信じていると告白するが、その信仰の基礎がいつでも揺すぶられているような状態にとどまっている。このような状態こそ、使徒ペテロが取り上げているものであり、また私たちが考察していく状態である。

第一に考察すべき点は、この状態の原因である。なぜ、そのような状態に陥るのだろうか。ペテロが描くようなクリスチャンたちが実際にいるが、なぜそうなるのだろうか。なぜ、魅力的で生き生きとした活気のある生活を送っている実りの多い他のクリスチャンのようになれないのか。その違いを生じさせるのは、何だろうか。考えなければならない問題点は、これである。ここでペテロははっきりと、このスランプ状態の背後にある究極的な原因は一つであると語っている。つまり、自己訓練が十分でないこと――それが苦悩の根である。実生活における自己訓練と秩序のなさが問題なのである。幸いなことに、ペテロは一般的な言明に終始してはいない。新約聖書の著者たちは一般論にとどまることなく、さらに筆を進めて具体的に述べ、問題を詳しく論じている。感謝なことに、使徒ペテロはこの件についても同じように論述を続けている。

なぜ、この人たちの信仰生活には自己訓練が欠如しているのだろうか。実生活に訓練がなく、規律がないのは、なぜだろうか。第一の理由は、信仰について間違った概念を持っていることである。このことはペテロの手紙第二、一章五節の冒頭に示されている。「だからこそ、あなたがたはあらゆる熱意を傾けて、信仰には徳を……加えなさい」とある。つまり、信仰に加えて、次の要素を備えよと勧め、ペテロはそれらを順番に数え上げている。

これは人々が間違った信仰の概念を持っていたことを暗示している。それは非常にありふれた誤解である。人々は信仰を魔法のようなものと見ていたようである。別なことばで言えば、信仰を持っていれば十分であり、信仰は生活の中で自動的に働くものであり、またクリスチャンとしてなすべきことは真理を信じることだけであると考えられていた。信仰を受け入れる必要はあるが、それをしさえすれば、後のことは自然に起こってくる。必要なのは、決断して一歩踏み出すことだけである、と誤解されている。私はこれを魔術的な信仰、あるいは自動的な信仰概念と呼びたい気がする。

しかし、別な表現も可能である。必要なのは神秘的な信仰であると、しばしば主張される。この考えが多くの人々の問題の原因となっていることは確かである。私が「神秘的な信仰」と呼ぶのは、信仰はすべてを包含するとみる考え方である。否定的に言い表すならば、そのような人々は、ここでペテロが勧めるように、信仰に徳、知識、自制、忍耐、敬虔、兄弟愛、また愛を付け加える必要があることを悟っていない。彼らの持つ決まり文句は、ただ一つだけである。その決まり文句とは、「つねに主を仰げ」である。「主を仰いで」さえいれば、ほかには何もしなくてもよい、それ以外のことを試みることは「わざによる救い」を信奉する立場に逆戻りすることだと言われる。そこで、信仰生活に問題を感じ始めた人に向かって、「ただ主を見上げ、主を待ち望むがよい」と勧めるのである。

これは非常にありふれた間違いである。この最も興味深い例は、このような見解を持つ学者の注解書の中に見ることができる。実際的な問題が詳しく論じられるような聖書テキストの説明になると、彼らは明らかに困難を感じ始める。その人たちの考えからすると、こまごまとした現実にとらわれてはならないからである。つまり、なすべきことはただ一つ、「主を待ち望み、神を仰ぐこと」である。そうしてさえいれば、ほかに何もする必要がない。しかしこの考えは、今考察している種類の霊的スランプと無気力をもたらす最大の原因である。このような人は幸福感を失ったままで長い時間を費やすことになる。「ただ主を待ち望め」また「主を見上げよ」という勧めを実践しようと努力してみる。それで、しばらくの間は順調にいくが、あれこれするうちに調子が悪くなり、「待望」の心を持ち続けられなくなり、再び幸福感を失ってしまう。問題は解決されないままにぶり返してくる。そのようにして、人生の大半は、自分がこれしかないと思い込んでいるただ一つの立場を確立しようとの試みのために費やされる。

ここに明らかに非常に重大なポイントがある。私たちは自分の信仰についての概念が聖書的なものであるかを点検し、ペテロが信仰に様々な要素を「加え、付け足さなければならない」と述べていることばの意味を正しく理解する必要がある。

この状態を引き起こす第二のおもな原因は、疑いもなく、怠惰あるいは気の緩みにほかならない。ペテロのことばを借りるならば、努力の欠如である。「あなたがたはあらゆる熱意を傾けて……」と勧められている。彼はこの点を強く印象付けようと望んでおり、ペテロの手紙第二、一章一〇節でも努力の大切さを繰り返し主張している。

だれもがこのことを承知していると思う。すべての人間が怠惰に向かう一般的な傾向を持っているが、それは疑いもなく悪魔が引き起こすものである。それが信仰生活に影響を及ぼすと、等しい熱意や熱心さを保つことができず、また自分の社会での働き、職業、事業、趣味あるいは関心事に対して傾けるのと同じエネルギーを注ぎ込めなくなることに気づいているだろう。順調に活動している時であっても、祈禱会となると突然に疲れをおぼえ、うんざりするという経験がないだろうか。また聖書を読もうとすると、しばしば生気がなくなり、眠くなってくるのである。それは肉体の弱さが原因であり、自分ではどうすることもできないと、多くの者が思い込んでいる。いずれにせよ、信仰にかかわる事柄と取り組もうとするとすぐに、それまでどれほど積極的で活動的であったとしても、怠惰と気の緩みが生じてくるという問題にぶつかってしまう。

あるいは、言いわけを考えて延期するという方法がある。聖書を読んで研究し、また注解書の一冊でも読みたいと願ってはいる。ところが、その気にならない時、自分の気分がすぐれないままに物事を行おうと努力するのは良くないことだと考える。もう少し気分が良くなるまで延期したほうがよい、後でもっと適切な機会がやってくるだろう、と言いわけする。あるいは時間がないとか、適当な機会に恵まれていない、と弁解する。すべての者がしばしば、このような経験をしている。そしてその時がくると、奇妙なことに再び、それと取り組めない理由を思い付くのである。ほとんどの者が自己訓練と生活秩序と心の準備の欠けた生活をしていることは、議論の余地がない。

おそらく、今日ほどクリスチャン生活が難しい時代は、今までなかったであろう。私たちが生きている世界と社会の機構は、いくつかの事柄をほとんど不可能にしている。実生活において最も困難なのは、自分の生活を秩序立て、統制することである。その本当の理由は、周囲の情況そのものでなく、世の流れに押し流されていく危険を悟って踏みとどまろうとしないこと、あるいはそれに気づかずに翻弄されてしまっていることである。

現代は目を奪うものが多すぎる。一日は新聞の朝刊とともに始まる（多くの人々は一部では飽き足らず、数種類のものを読んでいる）。そして数時間後には夕刊が届けられる。このような卑近なものによって私たちは攻撃されている。新聞を購読する義務はないのだが、実際そこにあり、皆が同じように買っている。それは玄関先まで配達されてくる。目の前にそれが置かれると、意識しない間に、時間を奪い去ってしまう。ラジオ、テレビ、課せられた仕事のノルマ、出席すべき会議、ここそこの事件、また様々な問題が持ち上がってくる。これらすべての詳細を論じる必要はないだろう。ただ事実として、今私たちは一人残らず自分の生活のために奔走し、自分の生活を確保し、統制し、生き抜くために戦っている。牧師ならだれでも、今日最も頻繁に耳にするのは次のことばだと言うだろう。「私にはどうしてよいか分かりません。できることなら聖書を読み、祈り、瞑想したいのですが、忙しくて十分な時間がとれないのです。」

これに対する答えは簡単である。それは自己訓練の欠如であり、自分の生活を秩序立てるのに失敗している姿にほかならない。周囲の情況について不平をもらしても無益である。答えはただ、

「私たちすべてに同じ時間が与えられている」ということに尽きる。これについては議論の余地がない。もし他の様々のことを行う時間があるとすれば、時間がないわけではない。これを克服する秘訣は、他のことを行う代わりに、たましいにかかわる大切な事柄のために時間をさき、それに努めることである。これが第二の苦悩の原因である。つまり、心の奥底ですでに感づいているように、生活を統制する力の足りなさ、生活を秩序立て、自制することの失敗である。

これまで原因を論じてきたが、次に解決法を見ていくことにしよう。使徒ペテロはこの状態に対して、どんな処置を勧めているだろうか。解決法は、この苦悩の原因と全く逆のことである。最も大切な第一の点として、「あなたがたはあらゆる熱意を傾けて……」と強調されている。ある翻訳では、「力の限りを尽くして」と訳出されている。努力が肝心である。「だからこそ」――つまり、直前に述べられているような大いなる約束が与えられているので、信仰と実生活に必要なすべてのものが備えられているので、世にある欲のもたらす滅びを免れたので――これらすべてを覚えながら、「あらゆる熱意を傾けて」、力を尽くして努めるがよいというのである。あるいは一〇節には、これらを実践するために以前よりも「いっそう励みなさい」と励まされている（Ⅱペテロ一・一〇）。ここに解決法がある。つまり、自己訓練と努力を実行することである。

この件を実証する最も良い方法は、歴史の中にある具体例を参照することであろう。教会史において賞賛される聖徒たちの伝記を読むならば、必ずすぐに、その人物の実生活における最大の特徴は自己訓練と自制力であったと分かるだろう。それは傑出した神の人すべてに共通する普遍的な特徴である。ヘンリー・マーティン、デービッド・ブレイナードや、ジョナサン・エドワーズ、ウェスレー兄弟、ホィットフィールドらの伝記を読み、その旅行記を一読してみるがよい。どの教団、どの分野の教会活動に携わっていたかにかかわらず、彼らはすべて自分の生活を整えるのに努力し、自己訓練の必要を強調している。明らかにそれは、きわめて聖書的であり、必要不可欠なものである。

「神に近づく者は、神がおられることと、(努めて) 神がご自分を求める者には報いてくださる方であることを、信じなければならないのです」と、ヘブル人への手紙の著者は述べている(一一・六)。私たちは努めて、熱心に神を求めなければならない。「しかし、その教えは良いわざによって義と認められるという思想ではないか」と言う人がいるかもしれない。サタンは実に狡猾な存在である。「おまえはローマ・カトリック的な異端に逆戻りし、カトリック教義のような信仰理解に向かい始めている」と訴えてくる。その議論に対して次のように答えなければならない。信仰に様々なものを「付け加え」、そのためにあらゆる努力をしなければならないと主張しているのは、霊感を受けていた使徒ペテロである。ことさらに聖書すべてが霊感されていると強調するペテロ自身である。ますます熱心になり、さらに実践的になるようにと、彼は勧めている。

もちろん、ここに矛盾は全く存在しない。わざによる義認の教えの間違いは、自分自身の訓練や努力によって救われると思い込むことである。しかし、自分の働きに頼ることの逆は、何もしないことではない。すべてのことを行うが、そのいずれにも究極的な信頼を置かないことである。間違っているのは働きそのものでなく、そこに信仰の基礎を置き、自分のわざに信頼することである。だが、これは何と微妙な落とし穴だろうか。現代のプロテスタント教会、特に福音的な諸教会の中にある重大な危険の一つは、わざによる義認の間違いを恐れるあまり、働きはどうでもよいと言っている点にあると思われる。信仰のみが大切であり、信仰に立つ者にとっては自分の行動は問題ではないと主張され、その実生活には自制が全く失われている場合がある。言語道断の誤りである。良きわざへの間違った信頼の逆は、怠惰や自己訓練の欠如ではなく、何もしないことでもない。そうでなく、努力して、もっと一生懸命になって熱心に自分の信仰にすぐれた資質を付け加えることである。

　しかしつねに、自分の働きだけでは十分ではない。努めて神を尋ね求める者に報いてくださるのは神ご自身であることを忘れてはならない。多くの人々は、かつての聖徒たちが持っていた信仰的知識のひとかけらでも得られさえすればいっさいのものをささげてもよいと言っている。「もし、あのような喜びさえあれば、全世界をささげるものを。なぜ私には信仰が燃え上がる経験がないのだろうか」と嘆いている。このような人に対して、与えられないのは真剣に努力して求めていないからだと答えなければならない。あの聖徒たちの生涯を見よ。あの信仰者たちが聖書朗読と祈りといろいろな形の自己吟味と信仰的な奉仕に費やした時間について考えてみるがよい。彼らは、信仰生活を続けるには修練と自己訓練が必要であると確信していた。そしてそのように努めたからこそ、神はご自身の恵み深さを示し、心が燃え上がるような経験を与えて、彼らに報いられたのである。

そういうわけで、第一に自己訓練と生活秩序の確立が必要であることを知るべきである。この件について私は、ここで少し詳しく述べなければならないと感じている。時間の管理と日常生活の秩序が重要であることに同意するならば、多少の犠牲を払ってでも、ある事柄を実行しなければならない。つまり、もし聖書は新聞よりも大切であると本当に信じているならば、新聞を開く前に聖書を読むべきである。何はさておき、聖書朗読が実行されなければならないと悟るべきである。また、祈りの時間が確保され、黙想の時間が聖別されなければならない。何をやり残そうとも、これらを実行しなければならない。それが第一歩である。これは、実生活に貫かれなければならない要素の一つである。多くの人たちが活気を失い、みじめな気持ちになり、スランプ状態に陥っているのは、自分自身を統制できていないという単純な理由からである。それを実行しなければならないのは、本人である。決して自動的にそうなるのではない。他のだれ一人として、その人の身代わりになれないのは確かである。私は断言する。これらを具体的に実践できないならば、その人は引き続き憂うつ顔の信仰者であり続けるだろう。「あらゆる熱意を傾けて」「力の限りを尽くして」「いっそう励みなさい」、ぜひとも、これを実行すべきである。

第二の原則は、信仰に付け足さなければならないものがある、ということである。いろいろな聖書の翻訳を見ると、「信仰に付け加えよ」「信仰に補足せよ」「信仰に……を備え付けよ」などと訳出されている。学者の研究によれば、この「付け加える」というギリシア語は演劇の演出とのかかわりで使用されたことばであり、オーケストラやコーラスなどを「動員する」という意味である。楽器の演奏やコーラスを動員すれば、その演劇はもっと生き生きしたものとなる。それは元の演劇に付随し、それをさらに効果的なものとする要素である。この単語の背後には以上のような意味合いがある。中核となるものに何かを付け加え、備え付け、補足することである。つまり、元の信仰を生き生きとしたものとし、より効果的な信仰とすることを表している。

それでは、信仰に何を付け加えればよいのだろうか。使徒ペテロはその要素の一覧表を示している。次にそれらを説明しなければならない。初めに、「信仰には徳を……加えなさい」と述べている。これはどういう意味だろうか。これもまた、翻訳の過程で意味が不明瞭になったことばである。これは今日私たちが言うような意味での「徳」ではない。今日流に言えば、この一覧表に示される一つ一つは徳に数えられるからである。ここでの元来の意味は、活力、つまり倫理的な活力であり、力、実践力という意味である。

このことは非常に重要である。ペテロが問題としているのは、生気を失った、節度のない、だらだらとした信仰者の実情である。そこで彼は、人々に大切なことを思い出させることから始めている。「あなたがたは信仰を持っている。真理を信じ受け入れている。そのことは疑いがない。私たちと同様に、尊い信仰が与えられている」（参照Ⅱペテロ一・一）。それでは、そのうえ何が必要なのだろうか。ペテロは、今持っている信仰に付け加えて、活気のなさを克服しなければならないと訴えている。別な言い方をすれば、信仰に活力を加え、自分自身を強化しなければならない。足を引きずって歩いているような信仰態度から脱皮し、神が期待されるように生き生きと歩み、信仰にそのような力と活力とを動員しなければならない。すぐにも倒れそうなほどに、いつでも弱々しく、衰退しているような印象を与える活気のないクリスチャンであってはならない。覇気を失ってはならない。自分の信仰に雄々しさを加え、「徳」と訳出されている活力を付け足さなければならない。

この勧めは、現代、ことのほか必要である。平均的なクリスチャンと平均的なこの世の人とを対比し、比較してみるがよい。まずクリスチャンは、霊的な事柄、神の国、神とキリストについての知識に関心があると主張している。それがクリスチャンの言い分である。また信仰を持っているとあかしし、その内容について何とか説明できるだろう。それではそのクリスチャンを、スポーツ界での様々な試合や出来事に関心を寄せている平均的なこの世の人と比較してみるがよい。その違いは歴然としている。世の事柄に関心を持っている人に無気力は認められない。その興奮した様子と活力とを見るがよい。クリスチャンと比べてみて、クリスチャンがどんなに無気力で、どんなにか弁解のことばが必要かを悟るがよい。それは、このタイプのクリスチャンが信仰に活力を動員していないからである。彼は自分がクリスチャンであり、真理のことばを信じていると言うが、その信仰に活力を「加える」ことに失敗しているのである。

次に「信仰には徳を、徳には知識を……」と続いている。この知識とは「教理についての知識」という意味ではない。もちろん、ある程度の教理の知識がなければ信仰に至らないだろう。だが、ここでは洞察力、理解力、あるいは悟りのようなものを意味している。キリストを信じたとしても、その瞬間にすべてを知るわけではない。その時にいっさいを理解できるわけではない。それは出発点にすぎない。新約聖書の手紙の中には、理解力において成長せよという勧めが繰り返されている。「あなたがたの愛が、知識とあらゆる識別力によって、いよいよ豊かになり……」と、パウロは祈っている（ピリピ一・九）。このところで使徒ペテロが語っているのも、それである。クリスチャンは信仰に入ったことに安んじ、そこにとどまっていてはならない、と訴えられている。すでにクリスチャンになっているが、さらに信仰生活についての洞察を深めてゆかなければならない。自分を取り囲んでいるいろいろの狡猾な危険に気づかなければならない。サタンの巧妙さを理解すべきである。つまり、理解力が必要なのである。信仰のうえに、物事の本質を見抜く力、洞察力、理解力を「付け加える」ために努力しなければならない。そのために、努力して聖書そのものや聖書に関連した本、また信仰教理についての良書を読むべきである。これらを実践することなくしては、決して信仰を十分に理解することはできないだろう。

時としてそれは苦痛を伴うことであり、確かに大変な自己訓練が必要とされる。どんな学科についてであれ、一生懸命に努力して勉強することなしに優秀な学生になることは決してできない。全く苦労することなしに最高の成績を得たというような天才的な人物についての物語は、神話か作り話である。そんなことは起こり得ない。偽りである。知識なくして――その知識は努力して追い求めなければ得られないが――まことの理解と真実の知識を手に入れることができる人は、一人もいない。それには自己訓練と実践の努力が必要である。つまり、信仰に知識を付け足すには懸命な努力が不可欠である。

次の要素は「自制」である。あるいは克己《こっき》と呼んでもよい。ここでは単に生活全般を整えるという意味ではない。ここでいう自制とは、もっと特徴のある特別なことである。つまり、自分の生活の一挙手一投足すべてを統制すべきことが言われている。日常の飲食に至るまでの事柄いっさいをコントロールしなければならない。暴飲暴食のために健康を損ねている人々が多いと、専門家たちは報告し続けている。それは事実であり、現代、その傾向が増大していることは疑いがない。それが私たちへの脅威となっている。肉欲の充足には、だれもが心を引かれる。そして自制心の欠如によって、疲れを覚え、気力を失っている人がいる。自分の食欲や情欲、激情、野心などを制していない人々である。暴飲暴食に身をゆだね、あるいは長時間の惰眠をむさぼっている。このことについて洞察を得るには、偉大な聖徒たちの伝記やその日記を読み、彼らが自分をどのように処したか、また自分の生活をどうやって統制したかを読むのがよい。彼らが欲望に振り回される生活をどんなに恐れたか、また何としてもその誘惑に勝たなければならないと明確に理解していたことが分かるだろう。

次の「忍耐」とは、耐え抜くことを意味している。失望を与えるいっさいの情況を耐え続けることである。あなた自身がそれを実行しなければならない。信仰にそれを付け足すべきである。それはただ受動的に「主を待つ」だけでなく、自分で忍耐力を発揮し、日ごとに絶え間なく進み続けることである。

次には「敬虔」であるが、ここでは疑いもなく、神との正しい関係を保つことに関心を持ち、注意深くあることを意味している。さらに一覧表の締めくくりの二つの要素として、ペテロは隣人に対する態度を取り上げている。「兄弟愛」とは同信のクリスチャンとの正しい関係を意味している。また「愛」とは、いまだ信仰に至らない人々も含めての隣人への愛である。これらについても注意していなければならない。

使徒ペテロは以上のような段階を教えているが、同時に、それらの勧めを実行するうえでの励ましを記している。どのような励ましだろうか。まず第一に、現在の私たちの特権を思い起こさせている。信仰者は「神のご性質にあずかる者となる」と語っている（Ⅱペテロ一・四）。

これまで私が論じたのは難解な教えだと感じ、クリスチャン生活を再び困難な使命に逆戻りさせたと感じるなら、また疑惑が残り、ためらいを感じているならば、いくつかの質問をしてみたい。あなたは自分がクリスチャンであるとはどういうことか承知しているだろうか。自分が「神のご性質にあずかる者」となったことを理解しているだろうか。神のひとり子が天から下り、カルバリの十字架にかかられたのは、あなたを救うためであり、世と世的な欲情から解放するためであったことを知っているだろうか。それは「欲望がもたらすこの世の腐敗」を免れるためである。欲情こそ滅びの原因である。その状態にとどまりたいのか。それとも、そこから逃れたいのか。キリストが死なれたのは、あなたをそこから救い出すためであり、あなたはすでに解放されている、とペテロは述べている。まさにこのゆえにこそ、「あらゆる熱意を傾け」るのである。

さらにペテロは訴えている。「あなたは過去の罪からきよめられたことを忘れたのではないか。自分がキリストと共に死に、それによって律法と罪に対して死んだことを忘れてしまったのではないか。」同じことをパウロは、「罪に対して死んだ私たちが、どうしてなおも罪のうちに生きていられるでしょうか」と言っている（ローマ六・二）。ペテロの主張も同様である。それを理解しなければならない。信仰の戦いのさ中にある者にとって、何と大きな励ましのことばであろうか。

しかし、それで終わりではない。さらに洞察を深める必要があるとペテロは言う。もし先ほど述べたことを実行しさえすれば、現在において大いなる喜びと幸福感が与えられるだろう。「ですから、兄弟たち。自分たちの召しと選びを確かなものとするように、いっそう励みなさい」とある（Ⅱペテロ一・一〇）。自分の召命と選びとを確かなものとするのは、ペテロの勧めを実践することによってである。もしそうしないなら、決して喜びは与えられないだろう。

「聖書には『信じる者はだれでも……』と教えられており、私は信じている。だからそれで十分ではないか」と言うのは、あまりにも浅薄である。それは真実であるが、必ずしも十分ではない。それが確信の一部であると主張するのは正しいことであるが、それを確信するだけにとどまっているとすれば、あなたは大きな過ちを犯しているのである。自分の召命と選びとを確かなものにしたいと願うならば、使徒ペテロが数え上げた事柄を一生懸命に努めなければならない。そうするならば、大いなる喜びと平安と幸福感が与えられるだろう。また、自分が置かれている場所を悟り、未来に約束された栄光を先取りして味わうようになるであろう。

「これらのことを行っているなら、決してつまずくことはありません」と言われている（一・一〇後半）。様々なことにつまずくことほど私たちを失望させる要因はない。つまずくとみじめな気持ちになり、幸福感を失い、意気消沈してしまう。すると憂うつ感に襲われて、すべてが絶望的だと思ってしまう。だから、つまずきを避けることが肝要である。ペテロの勧めに従っていれば、決してつまずかないであろう。何もしなくても十分に支えられるという意味ではない。ペテロは、

「これらのことを行っているなら、決してつまずくことはありません」と言っている。だから、つまずいて倒れないために、これらを一生懸命に実践しなければならないのである。

最後に、「このようにして、私たちの主であり救い主であるイエス・キリストの永遠の御国に入る恵みを、豊かに与えられるのです」というペテロのことばに注目しよう（Ⅱペテロ一・一一）。何とすばらしいメッセージだろうか。ここで彼は救いにあずかる恵みについて語っているのではない。彼らはすでに救われていたからである。ペテロが語っているのは、栄光の御国への入場についてである。「豊かに与えられる」という表現に注目してほしい。神の国に入る恵みが豊かに「与えられる」と、ペテロは言っている。

ここに七節で「加える」と訳されたのと同じ単語が用いられている。これらのものを信仰に「加えなさい」、そうすれば神の国に入る恵みが豊かに「与えられる」であろう。これらは互いに呼応し合っている。つまり、ペテロは次のように言おうとしている。「もしこれらを実行するならば、そしてもし自分の生活を鍛練し、秩序のある信仰生活を営み、それによって信仰に様々な資質を付け加えるならば、この世において決してつまずいたり倒れたりしないだろう。」そしてその確信からは大きな喜びと幸福感が生じてくるだろう。また歴史の幕が閉じられる時には、この世から来るべき世へと復活し、すばらしい天の風をいっぱい帆に受けて進んでいくだろう。そこには何のためらいもない。無残な姿で帰還するのではない。そうでなく、「豊かな恵みと共に御国に入る」という特権が与えられるのである。だから、テニソンのように次のような嘆きを口にする必要はない。

私が大海原へ出帆すれば
そこには酒場のざわめきは聞こえない。

永遠の御国への入場は、見知らぬ大海原に出帆するような不安なものではない。むしろ世の嵐が凪いで、神の御前における永遠の安らぎと栄光の港に意気揚々と凱旋するようなものである。

もしも幸福感がなくスランプ状態にあるクリスチャンがいるとすれば、それは自己訓練が欠けていることが原因であると見てよい。だから私たちは心を引き締めて行動し、精一杯の努力を続け、信仰を確立し、恐れを克服すべきである。自分の信仰と思想とを明確にし、それを実践するように心がけよう。信仰に力と活力を加え、さらに知識、自制、忍耐、敬虔、兄弟愛を付け加えるよう努力しよう。クリスチャン生活の喜びを味わい、また他の人々に助けとなるような有益な者へと成長しよう。恵みと知識においても成長し、周囲にいる知人たちが魅力を感じるような信仰者となろう。その姿を見る人々が同じ信仰を持つようになり、決して裏切られることのないすばらしい尊い約束の恵みにあずかることを期待しようではないか。

一六　試練

そういうわけで、あなたがたは大いに喜んでいます。今しばらくの間、様々な試練の中で悲しまなければならないのですが、試練で試されたあなたがたの信仰は、火で精錬されてもなお朽ちていく金よりも高価であり、イエス・キリストが現れるとき、称賛と栄光と誉れをもたらします。

（Ⅰペテロ一・六、七）

これまで、クリスチャンが霊的スランプで苦しむ様々な理由を考察してきたが、ここでは使徒ペテロが取り扱っているその原因を研究してみたい。この手紙が書き送られた最大の目的が霊的なスランプ状態を克服することにあったことは、ほとんど疑うことができない。そこでペテロは相手の人たちに信仰の内容を思い起こさせることから始め、問題と感じている主題にすぐ入っている。

最初は救いのすばらしさを示すことから問題を説き起こしている。「私たちの主イエス・キリストの父である神がほめたたえられますように。神は、ご自分の大きなあわれみのゆえに、イエス・キリストが死者の中からよみがえられたことによって、私たちを新しく生まれさせ、生ける望みを持たせてくださいました」と述べた後、「そういうわけで、あなたがたは大いに喜んでいます。今しばらくの間、様々な試練の中で悲しまなければならないのですが……」と語っている。これが手紙を受け取る人たちの情況である。彼らは復活の希望のゆえに「大いに喜んで」いるが、同時に「様々な試練の中で悲しまなければならない」。

すでにいくつかの事例を見てきたが、ここでの描写にもまた全く正反対の要素が含まれている。一方では大いに喜んでいるが、同時に他方では悩み悲しんでいる人々の姿をペテロは描き出している。しかし、これまでに何度も見てきているように、ここに矛盾はない。ある人は逆説的であると感じるかもしれないが、決して矛盾するものではない。確かに新約聖書に述べられているクリスチャンの状態は、いつでもこの二つの要素を含んでいるように思われる。使徒ペテロが描いている人々は、一方では「大いに喜んで」おり、同時に「悩まされている」のが分かる。

これは、考察を進める前に明確にしておかなければならない点である。このようなことは全くあり得ないとする人がいるが、これはきわめて浅薄な信仰理解である。つまり、「すべての問題が消えうせて、今では毎日が楽しくて仕方がない」と言えなければ信仰的でないとする見解である。このような人々はペテロが描くような状態を一瞬たりとも受け入れることができず、「悩みの内にあるクリスチャン」は信仰者であるかどうか疑わしいとさえ主張する。信仰生活に関するこのような教えを聞くと、人がひとたび信仰に入る決断をし、ひとたび悔い改めさえすれば、悩みは完全になくなり、人生の海原には波一つ立つはずがない、というような印象を受ける。そこでは、すべてが完璧なものとなり、問題のひとかけらも残らない、と主張される。

このような見解に対して、それは新約聖書に教えられているキリスト教ではないと答えなければならない。それは異端的な新興宗教が掲げている標語であり、近代の心理学も同じような主張をしている。だが、聖書の正直さを知る時にこそ、神への本当の感謝がわき上がってくる。聖書によって私たちは自分自身の赤裸々な姿を教えられ、この世の生き方についての真理を示されるのである。

そういうわけで、まず最初に聖書の教えこそがクリスチャン生活の基礎であることを認めようではないか。さて、ここに出てくる「悲しまなければならない」という表現を正しく理解する必要がある。悲しむとは、悩んでいる状態であり、心が重いことを意味している。それは何事かに痛みを感じているだけでなく、その経験が悲しみをもたらしていることを伝えている。人は悲嘆によって苦しめられ、その結果、幸福感を奪い去られることがある。同じようにペテロは、大きな喜びと悲しみという二つの要素を同時に持っている人々を描いている。

このような描写は聖書のあちらこちらに見られる。その完璧な例として、コリント人への手紙第二で使徒パウロが自分について述べている一連の対照を取り上げてみよう。「私たちは四方八方から苦しめられますが、窮することはありません。途方に暮れますが、行き詰まることはありません。迫害されますが、見捨てられることはありません。倒されますが、滅びません。私たちは、いつもイエスの死を身に帯びています……」と述べている（四・八〜一〇）。この言明は、初めは互いに矛盾するように聞こえるが、実はそうではない。互いに相反するような二つのものを同じ人が同時に体験するということは、クリスチャンの不思議である。

すると、「もしそうであるなら、どこに問題があるのか」という疑問が生じてくるだろう。問題は、両者のバランスを保つことに失敗している点にある。つまり、悩みや悲嘆に圧倒されて意気消沈してしまいやすいことである。問題の中心は、一時的に途方にくれることがあるという点にではなく、その気分が優勢になり、自分の手に負えなくなる点にある。そしてその結果、私たちを見ている人々に「苦悩と悲嘆」は露呈しても、「大きな喜び」を表出できなくなってしまうことが問題なのである。

以上の論述の意義、つまり私たちが理解し覚えていなければならないのは、クリスチャンは周囲に起こっている出来事に対して無感覚になってはいないということである。この真理を強調する必要があると感じるのは、信仰生活についての概念が間違っているために著しく不自然な生き方をしているクリスチャンがいるからである。悲嘆や悲しみは、クリスチャンが持つべき感情である。ある意味において私は、悲しむべき情況に置かれている信仰者の心の内に悲嘆の感情がないのはキリスト信仰の正しいあり方ではないと言いたいほどである。それは不自然であり、聖書の思想から逸脱している。これはキリスト教ではなく、むしろ禁欲主義あるいは異端宗教によって引き起こされる心理状態のような気がする。

聖書を読んで、聖徒たちが人間的な弱さを失っていなかったことを知るのは、示唆に富み、また大きな励ましである。彼らは悲しみや悲嘆を体験し、孤独を味わい、失望を経験した。これについては聖書中にたくさんの実例がある。その中で他のだれよりも顕著な例は、使徒パウロの内に見ることができる。彼は悲しみを経験した人物であり、その事実を隠そうとしていない。パウロは並はずれた信仰の持ち主であり、主イエスとの交わりにおいてもすばらしい体験をしていたが、それでも依然として生身の人間であった。このように、いくつかの相反すると見える要素が同時に認められる場合がある。クリスチャンは、自分が自然な感情と無縁なものであると見なすべきでない。クリスチャンはそれらの悲嘆を乗り越える道を知っているが、信仰生活のすばらしさは、それらを感じ取ったうえで乗り越えていけるという点にある。感情を放棄してしまったわけではない。このことは非常に大切な基準である。

以上の前提条件を踏まえたうえで、次には、なぜクリスチャンが悲しむのか、なぜ悲嘆の情況に陥るのかを考えてみよう。答えはもちろん「様々な試練」のためである。このことばは「誘惑」

と訳せる場合もあるが、ここでの真義は「試練」である。手紙を受け取る人々が悲しんでいるのは、様々な試練のただ中にいるからである。

ここで「様々な」と訳出されているギリシア語はおもしろい単語である。これは明らかに使徒ペテロが好んで用いた単語であり、後の箇所では神の恵みを形容するのに使用している。それは「色とりどりの」という意味であり、光の中に様々な色をしたスペクトルが含まれるのに似ている。詩人シェリーは同じ概念を次のように言い表している。

人生は
純白の永遠の光を色分けする。
さながら
ステンドグラスで覆われたドームのように。

それがここで使用されている単語の意味である。つまりペテロは、人々が多種多様な試みに出会って苦しんでいる姿を描いている。試練は、様々に異なった仕方で、いろいろな形で訪れてくる。そして、その種類には際限がないように思われる。

ここで言われている試練とは、何を指しているのだろうか。この手紙の中にペテロは自分が考えている内容を明らかに記している。この時代のクリスチャンの多くは迫害のさ中にあった。「愛する者たち、私は勧めます。あなたがたは旅人、寄留者なのですから、たましいに戦いを挑む肉の欲を避けなさい。異邦人の中にあって立派にふるまいなさい。そうすれば、彼らがあなたがたを悪人呼ばわりしていても、あなたがたの立派な行いを目にして、神の訪れの日に神をあがめるようになります」と言われている（Ⅰペテロ二・一一、一二）。

クリスチャンには、キリストを信じて生きるということのために、この世にあって逃れられない試練がある。私たちは、全く新しい動機を持つ者として生まれ変わった者である。したがって世の人々に誤解されることは避けられない。クリスチャンは同化できない土地にいる旅人であり、寄留者である。そして、周囲の人たちとは異なった生活を営み、異なった思想を持ち、独特の習慣を持っている。それを見ている他の人々は違いに気づき、それを嫌う。実のところ、不快感を明らかに表出している。初代のクリスチャンたちは、そのようにしてやってくる迫害と試練とを身に受けていたのである。

聖書には試練について述べている箇所がたくさんある。また今日までずっと、神を信じる聖徒たちはこのような試みに直面してきた。使徒パウロはテモテに宛てた手紙の中で、「キリスト・イエスにあって敬虔に生きようと願う者はみな、迫害を受けます」（Ⅱテモテ三・一二）。それは一種の法則である。聖書によれば、日常生活において信仰者が主イエス・キリストの姿に近付けば近付くほど、この世で苦悩を経験する機会はますます多くなる。キリストの生涯を見るがよい。悪を行うこともなく、その口には偽りがなかった。病人を癒やし、善を行い、みことばを宣べ伝えることに生涯を費やされたが、その主イエスが直面された反対、また身に受けられた試練を見るがよい。なぜだろうか。それは、イエスが神に従って生きられたからである。この世は心の奥底からキリストを憎み、またクリスチャンを嫌悪している。なぜなら、信仰者のきよい生き方によって、この世は非難されているからである。世の人が信仰者を毛嫌いするのは、彼によって偽りの平安がかき乱されるからである。

使徒ペテロはクリスチャンたちが悪を行う人の手によってどんな目に遭わされているのかを知っていた。そこで手紙の四章までくると、それをさらに具体的に述べている。「あなたがたは異邦人たちがしたいと思っていることを行い、好色、欲望、泥酔、遊興、宴会騒ぎ、律法に反する偶像礼拝などにふけりましたが、それは過ぎ去った時で十分です。異邦人たちは、あなたがたが一緒に、度を越した同じ放蕩に走らないので不審に思い、中傷しますが……」（Iペテロ四・三、四）。この世の人々にとってクリスチャンは腹立たしくなる存在である。なぜなら、世が望むような生活を放棄し、キリストに従って生きるからである。キリスト信仰に入るやいなや、信者たちは世とのかかわりに悩むようになる。それまでは友好的であった人々が彼らに冷たい視線を浴びせ始め、批判し、不遜な語りかけをするようになり、さらに悪いことには他の人々に偽りを吹聴するようにさえなるからである。

そのことが彼らを悲しませた原因の一つであった。そのために悩んでいたが、それは何世紀にもわたってクリスチャンが耐え忍ばなければならなかった試練である。他の人々に誤解されることほどつらい経験はない。それが自分の近くにいる親しい家族や友人などである場合には、さらに耐えがたいものとなる。家族の中で自分だけがクリスチャンであるとすれば、どれほど苦しいことだろうか。このような試練が一度も訪れず、それに類するような試みに一度も出会ったことがないとすれば、その信仰はかなりゆがんでいるとみてよい。使徒パウロは絶え間なくこのことを体験していた。「デマスは今の世を愛し、私を見捨てて……行ってしまいました」と述べた時のつらさは、どれほどであったろう（Ⅱテモテ四・一〇）。パウロにとってそれは小さな出来事ではなかった。そのために彼は苦しんだに違いない。たった一人で試練に立ち向かわなければならない状態になった。あてにできると考えていた人々が突然に離れ去っていき、一人残されてしまったのだ。「私のかたわらには、だれもいなくなった」という情況である。時としてクリスチャンはこのような悲しい経験をすることがある。

今は亡き信仰者たちの自伝を読むならば、しばしばこのような経験をしていたことが分かるに違いない。たとえばジョン・ウェスレーの日記を読んでみるがよい。そうすれば、彼がしばしば誤解のために窮地に追いやられたことが分かるだろう。これはまた、チャールズ・H・スポルジョンの生涯において、特によく知られた「ダウングレード〔格下げ〕論争」〔訳者注・聖書のことばを、神のことばではないとして、その霊感性を否定し、聖書の権威を格下げ〔ダウングレード〕していると批判したスポルジョンの記事によって引き起こされた教会内の論争〕とのかかわりで典型的に認められる。スポルジョンが親友と見なした人々――その中には自分が費用を負担して大学で訓練した人々もいた――が、突然に離れ去っていった。それについての記録を読むならば、彼がどんなに傷つき、悲しんでいたかが手に取るように伝わってくる。彼が苦しんだのは、信頼できると考えていた人たちが突然に彼を見捨てたためである。そのことでスポルジョンの死期が早まったことは疑いがない。

私は最近読んだジョージ・ホィットフィールドの日記の中に同じことが述べられているのに気づいた。ホィットフィールドが、キリストが特別に身近に感じられて、それを喜んでいた時期のことである。だが彼は、奇妙なことにこのような歓喜の後には悲しい試練が訪れてくることが多いものだと、日記に明記して自戒している。彼は、「私は必ずそのことを再び味わうことになるに違いない」と明言している。彼はそのことを知っており、また今までにも体験していた。これは罪の世にある信仰者の生涯において、ほとんど避けられない法則であると言ってよい。

さて、ここで問題にしているのは、様々な試練で苦しんでいるクリスチャンの姿である。「試練」という単語は意味の広いことばであり、この世にあって人を苦しめるものすべてを意味している。人間の最も感受性の豊かなデリケートな部分、つまり心や思いに影響を与え、人を失望させるもののことである。ペテロはこの状態をどのように述べているだろうか。最も関心があるのはそのことであり、それこそ信仰生活の二つの側面のバランスを保つために実践すべき事柄である。もしも悲しみを生じさせるような出来事の中でも喜びを失わないで生き抜きたいと願うならば、ここで使徒ペテロが教えているような方法で対処し、試練に立ち向かわなければならない。

ペテロはどう教えているだろうか。第一のポイントは、その試練が身に振りかかった理由を理解しなければならないという大原則である。それが出発点であり、自分自身に対して、またお互いに確認しなければならない事柄である。時として私は、正しい信仰生活を送る秘訣は正しい問題意識を持つことであると考える。身に起こる出来事に翻弄されてしまい、嘆きと不平とつぶやきのほかは何も思いつかないで右往左往しているだけではいけない。できることならば、それらが起こってきた理由を解明するように努めなければならない。原因を突き止める努力が大切である。

このことに関連してペテロは次のような表現を用いている。「そういうわけで、あなたがたは大いに喜んでいます。今しばらくの間、様々な試練の中で悲しまなければならないのですが……。」この「悲しまなければならない」という表現の中に秘密がある。この句によってペテロは何が言いたかったのだろうか。それに対する答えは非常に明確なものである。これは仮定的な言い方であり、そのことを考慮に入れて訳すと、「たとい、今しばらくの間は、様々な試練の中で悲しむ必要があるとしても……」となる。つまり、「試練は必要なものである」というニュアンスが含まれているのである。これは、ただ漠然と、この世には多くの試練や悲しみがあるものだと述べていることばではない。それよりずっと強い表現である。あるいは、「あなたがたは再臨の希望によって大いに喜んでいるが、この世では様々な苦しみを体験しなければならないかもしれない」と言うのでもない。このことばには間違いがなく、実際にそのとおりなのである。

しかし、使徒ペテロはそれ以上のことを述べている。彼の主張はもっと積極的である。「今悲しみを体験しているのは、それがあなたがたに必要なことだからである」とペテロは訴えている。つまり、すべての出来事には、必ず明白な目的がある。試練は偶然に起こってくるのではなく、また人生の宿命として訪れてくるものでもない。試練は人生において必ず経験されるものであるが、それが最大の理由ではない。使徒ペテロによれば、様々な試練が訪れてくるのは、私たち信仰者に益をもたらすためであり、地上の生涯における自己訓練の機会の一つとしてである。さらに端的に言えば、神がそれを定められたのである。

以上が使徒ペテロの教えであり、新約聖書の教理であり、また確かに幾世紀にもわたる信仰者の教訓である。だから私たちは、この視点から信仰生活をとらえなければならない。私たちは天の父に見守られながら、この世を生きている。それが基本である。クリスチャンは神と特別な関係にあることを忘れてはならない。信仰を持たない人は、そうではない。クリスチャンの生涯には、はっきりとした計画と目的とがある。神はいつも見守り、信仰者を神の子どもとし、その群れの一員とされた。何のためだろうか。その者を完全な人とするためである。それが神の意図である。「神は、あらかじめ知っている人たちを、御子のかたちと同じ姿に（近付けようと）あらかじめ定められた」と言われている（ローマ八・二九）。今神が行っておられるのは、そのことである。主イエス・キリストは多くの神の子どもたちを神のもとに導いてゆき、「ご覧ください。あなたがわたしに与えられた人々がここにいます」と神に告げる。もし自分たちが神に召されたクリスチャンであるという根本的な認識から出発しないならば、私たちは必ず横道にそれてしまい、試練の意味を誤解してしまうだろう。

聖書の教えによれば、最も控え目な表現をすれば、神は試練が私たちの身に及ぶことを許容しておられる。さらに言えば、時として神は益をもたらすために試練の到来を命じられることもある。ある場合に、それは信仰者を矯正するためである。神はそのようにして怠惰や気の緩みを懲らしめることがある。自己訓練に失敗しているクリスチャンの姿については前章で取り扱った。ペテロはクリスチャンに自己訓練を勧め、信仰に徳を加えてより堅固なものとし、ただ最低限の信仰に甘んじることなく、十分に整えられた信仰者に成長するようにと命じている。この勧告に耳を貸さず、怠惰で活気のない生活を続けていく者がいるかもしれない。私が聖書の教えを理解するところによれば、もしその態度でいるならば、試練や困難が起こってきても不思議ではない。神が懲罰を与えられたとしても、別段、驚く必要はない。

ヘブル人への手紙一二章六節には、「主はその愛する者を訓練し、受け入れるすべての子に、むちを加えられるのだから」という驚くべきみことばがある。もし神の懲らしめを一度も経験したことがないとすれば、その人が本当にクリスチャンであるかどうか疑わしいものである。もしも信仰に入った時から今日まで苦悩を感じたことが全くないと言う人がいるとすれば、その信仰はおそらく単に情緒的なものにすぎず、真に霊的なものではないのである。キリスト信仰は現実的な信仰である。これまでにも述べたように、もし聖書の勧めと命令を心に留めないならば、その人の益のために神は懲らしめを送られると教えられている。もちろん別な方法を用いられる場合もある。神との交わりのない人々には、神はそのような処置はなさらない。神の子どもであるからこそ、そのためを思って懲らしめるのである。そういうわけで、神の懲らしめの一部として私たちはいろいろな試練を受ける場合がある。苦しみのすべてがそうだと言うのでなく、そういう場合があると言っているのである。

あるいは場合によって、将来の働きに備えさせるために神が私たちに試練を与えられることがある。これも聖書の原則の一つであり、長い教会の歴史と信仰者たちの生涯によって立証され、実証された法則である。ある者に神が特別な使命を遂行させようとされる時、まず初めに試みを与えられるのが普通である。どんな人の生涯を取り上げるのかは問題でない。神によって顕著に用いられた人物の伝記を読んでみるならば、神はどの人であれ、ある時期には厳しい試練と試みとを経験させていることが分かるだろう。あたかも神は、その者が信用できると確かめられないかぎり、あえて用いようとはなさらないように見える。つまり、将来の重大な働きのためにつらい経験を通させる場合があるのだ。

たとえばヨセフの身に起こった出来事を見てみよう。彼以上に悲惨で劇的な生涯を送った人が、この世にいるだろうか。彼には、すべての人が自分に敵対しているように思えたであろう。自分の兄弟までもが彼を嫉妬し、奴隷に売り飛ばしてしまった。彼はエジプトに連れて行かれたが、その人々も彼を歓迎しなかった。何も悪いことをしなかったのに、信仰深く敬虔に生きているために、逆境の連続であった。しかし、これらすべての出来事を通して神は、彼に与えようと考えておられた重大な使命に備えて訓練しておられたのである。聖書に出てくる偉大な信仰者すべてについて同じことが言える。一例として、ダビデの苦節の生涯を見るがよい。このような人々の姿を見るならば、彼らの人生には多くの試練や困難があったと気づくに違いない。使徒パウロも例外ではない。コリント人への手紙第二、一一、一二章に記された苦難と試練の体験記を見るがよい。彼にとっては一生涯が試練の連続だったようである。

聖書の教えと偉大な信仰者の実例を見ると、人を将来の重大な試練に対して心備えさせるために神が試みを与えられるという場合もあることが分かる。つまり、前もっていくぶん乗り越えやすい試練を与えて、未来の過酷な試練に心備えをさせるわけである。私が特に神の愛が輝いていると感じるのは、この点においてである。人生には何回か、重大な試練がある。もし人々が何の支障もない平穏無事な生活から突然、過酷な試練の場に投げ出されるとすれば、それは恐ろしいことである。そこで神は愛といつくしみのゆえに、時として小さな試練を与え、私たちの心をより大きな試みに対して備えさせられるのである。「悲しまなければならない」と言われている。もし、それが必要ならば、つまり霊の父として見守ってくださる神が、今の私たちに必要なものだと見ておられるならば、それを避けてはならない。そういうわけで、神は私たちにとって最善で必要なものを知っておられるという大原則から出発することにしよう。私たちにはその意味が分からない場合があるが、神は全知のお方である。天の父なる神は、信仰者に必要なものを見抜き、必ず益となるような適切な試練をお与えになる。

次に第二の原則を見ることにしよう。それは信仰の尊さを知ることである。ペテロは様々な試みが起こってくることを認め、さらに七節において、「試練で試されたあなたがたの信仰は、火で精錬されてもなお朽ちていく金よりも高価であり、イエス・キリストが現れるとき、称賛と栄光と誉れをもたらします」（Ⅰペテロ一・七）と述べている。ここには信仰の絶大な価値が語られている。ペテロは、それを精錬された金と比較しながら述べている。金を見るがよい。それは高価なものではあるが、信仰の価値とは比べ物にならない、と言い切っている。どうして、そのように断言できるのだろうか。ペテロは、金は究極的に消え去ってしまうものだと言っている。それは一時的なものである。たしかにすばらしい高価な品物ではあるが、恒久的な価値を持つものではない。しかし、信仰は永遠である。金は消滅するが、信仰は決して滅びない。信仰は、いつまでも永遠に存続するものである。クリスチャンが生きているのは信仰によってであり、信仰生活で本当に価値があるのはそれである。

使徒ペテロはそう主張している。ことばを換えて言えば、あなたがたは信仰に入っていながら、それがどんなにすばらしい驚くべき祝福であるかに気づいていない、と訴えているのである。私たちは信仰によって歩んでおり、生涯全体がその信仰にかかわっている。この信仰が神の目にどれほど高価なものと映っているかを悟るがよい、とペテロは言っている。信仰はすばらしい賜物であり、神はそれがきよく純粋なものであるようにと望んでおられる。

金を精錬するには炉が用いられる。いろいろな不純物の入り混じった金を含む鉱石を、るつぼの中に入れ、それに高熱を加える。そして不純物を取り除くと、純粋な金が得られる。したがって、消滅していく金についてさえそうするならば、信仰についてはそれ以上の純化が必要ではないかとペテロは論じている。信仰とは人間を神に結び付けている比類のない原則である。信仰は人間を地獄から救い出し、天国に結び付けているもの、また、この世と来るべき永遠の世界とを結ぶきずなである。信仰は、罪と咎《とが》とのうちに死んでいる人間をよみがえらせ、キリスト・イエスにあって全く新しい存在に造り変える神秘的で驚くべき力である。だからこそ、高価なのである。それが価値あるものだからこそ、神はそれが不純物を含まない完全なものであることを望んでおられる。以上がペテロの論述である。つまり、クリスチャンが様々な試練に出会うのは信仰の純化のためである。

以上の事柄を少し異なった視点から述べてみたい。私たちの信仰はより完全なものとされる必要があるということが分かった。そうであるとすれば、信仰には様々な程度の差があるに違いない。信仰にも質の良いものと悪いものとがある。それには様々な要素がある。一般的に言って、信仰に入って間もない時には、信仰と呼ぶものの中に混ざり物がかなりある。自分では気づかないが、かなり肉的な要素が含まれているのである。そして、信仰の深みを学び始め、そのプロセスを踏むにしたがって、神は試練の時期を通過させられる。あたかも金が火によって精錬されるように、信仰の本質に属さないものを取り除くため、試練によって私たちは試みられる。自分の信仰は完全であって、どんなことにも耐えることができると思っているが、突然に試練がやってくると、だめになってしまう。なぜだろうか。それは、信仰の中の「神への信頼」という要素が十分に養われていないことをはっきりと示している。そこで神は信仰生活における「神への信頼」の要素を強化するために、試練によって私たちを試みられる。試練を体験すればするほど、ますます私たちは神に信頼することを学ぶようになる。
人は、神が微笑をたたえておられる時に信頼することは苦もなくできるが、暗雲が空を覆うような日が訪れてくると、神はもはや自分たちを愛しておられないのではないかと疑い始め、またクリスチャン生活は本当にこんなものだろうかと疑惑を抱くようになる。まことに信仰生活を続けていながら、信頼の要素を十分に育てられないでいる。そこで神は、全く光が見えない暗やみの中でも神に信頼できるようにするため、私たちを訓練される。そのような境遇にあっても確信を持って次のように告白できるところまで、鍛練してくださるのである。

すべてのことが思うにまかせず
絶望の淵に追い詰められる時、
私たちは思い起こそう
一つの門が開かれてあり、
祈りを聞き届ける耳があることを。

これこそ真の信仰、まことの神への信頼である。アブラハムの姿を見てみよう。神が訓練されたので、彼は「望み得ない時に望みを抱いて信じ……ました」と言われている（ローマ四・一八）。

周囲の情況が全く絶望的だった時でさえ、彼は神に信頼した。それと同じように、私たちの中でも信頼の心が養われる必要がある。最初からそうであるわけではない。試練を経験するさ中にあって、「眉をひそめたくなるような摂理の背後に、神は父としての顔を潜ませておられる」ということが分かるようになる。そして、再びそのような試みに出会った時には、冷静さを失わず、落ち着いて対処することができるようになる。「今太陽は見えないが、雲のかなたで輝き続けていると知っている。神の御顔は暗雲の向こうから私に向けられていると確信する」と言うことができる。神への信頼の心が強められるのは、このような試練を通してなのである。

忍耐力、つまり耐え抜く力についても同様である。忍耐力とは、失望させられるような情況の中でも前進し、活動できる能力のことである。クリスチャンに課せられる最大の試みの一つがこれである。人間は生まれながらに忍耐深い存在ではない。信仰生活を始めた時は赤ん坊のようであり、一瞬のうちに、すべてが与えられるように願っている。もし、手に入らないものがあると、いら立ち、不平をもらし始める。子どものように文句を言い、不機嫌になる。それは、忍耐力がなく、耐え抜く力に乏しいからである。

新約聖書の手紙において最も強調されている資質は、物事が自分の思うように進まなくても前向きに生きることができるという、この忍耐力である。信仰者は、「神は私にとって何が最善であるかを知っておられる。その神に信頼し続けるのだ」と告白すべきである。「たとい私は死に渡されても、神に信頼し続けよう」と言うべきである。それが忍耐力、耐え抜く力である。信仰をより確かなものにする要素すべてが強化され、完全なものとされるのは、私たちが試練に遭遇し、試みられている時である。

最後の一般原則を次のように言い表したいと思う。様々な試練は私たちの信仰が本物であることをあかしする機会として必要不可欠であるとペテロは述べている。七節冒頭に「試練で試された……信仰」(Iペテロ一・七)という一句があるが、ここでの「試練」とは「信仰の純粋さを証明するもの」という意味である。ペテロが考えていたのは、品物を十分に点検し、評価する様子である。詳細に調べられた後に、それを認定する保証書が付けられる。たとえば指輪の認定証には「認定、十八金」などと記されている。ここでの試練には、そのような意味が込められている。ペテロが関心を寄せているのは、試練の過程よりむしろ、試練は信仰の純粋さを認定する保証書であるという点である。それによって信仰の真正さが明らかになる。私たちが試練に遭遇するのは、そのためである。

確かに次のことは明白である。信仰が本当の意味で評価されるのは、私たちが様々な試練に耐え抜く姿によってである。イエスが種蒔く人のたとえ話の中で語られた、岩地や茨の間に落ちた種のことを覚えているだろう(参照マタイ一三章)。すばらしい収穫が得られるものと期待されていたが、そうはならなかった。日が上り、あるいは茨が伸びて、種の成長を妨げたためである。主イエスはこのたとえを用いて、いろいろな試練や誘惑がやってきてみことばをふさいだために実を結ばなくなった人の姿を説明された。最初は順調にいくように思われるが、途中で挫折してしまう人の様子である。試練によって、その信仰が見せかけであったことが判明する。本物の信仰、真の信仰でなかったわけである。信仰の真正さを最もよく証明するのは、その人の忍耐力と耐え忍ぶ力である。何事が起こっても平静に対処できること以上にすぐれた資質はどこにもない。それが主イエスの教えであり、聖書全体を貫く教えである。

偉大な聖徒たちの生涯を見て、最もすばらしいと感じるのは、他の人たちが周囲で挫折していった時でさえ、岩のように敢然と立ち続けた姿である。殉教者や宗教改革者たちの実話は、依然として光を放っている。彼らは試練に直面したが、神の真理と確信したところに踏みとどまり、それに伴う迫害にもひるまなかった。そして、信仰の光を掲げ続けたのである。このように試練が身に振りかかってくるとペテロは述べている。それは、信仰が本物であることがすべての人に明らかになるためである。途中で挫折するクリスチャンは、信仰を推薦するにふさわしい者にはなれない。正しく出発しても、それを全うしない人々は、信仰を汚す者である。見せかけだけの信仰と本物の信仰との違いは、試練に耐えられるかどうかで明らかになる。

「輝くものすべてが金とはかぎらない。」では、どうやって、それを判別するのだろうか。その金属のかたまりをるつぼに入れ、火にかけてみればよい。そうすれば金くずは取り除かれ、正真正銘の金が残る。それは以前にも増して純粋なものとなる。様々な試練に出会うのは、私たちの信仰が本物であることが明らかにされるためである。それこそが最も重要なポイントである。

ペテロが信仰者たちを勇気づけるために述べている内容について、もう一言補足して説明しておきたい。大切な点を見逃さないでほしい。ここに、どんな慰めがあるだろうか。いろいろな困難が訪れてくるが、それらは「しばらくの間」のことと言われる。「あなたがたは大いに喜んでいます。今しばらくの間、様々な試練の中で悲しまなければならないのですが……」とある。これらの試練はクリスチャンの永久的な状態であると教えられているのだなどという印象を持ってはならない。そうではない。困難は、神が定められた時に到来し、また去っていく。究極的に私たちの益となる場合のほかは決して試みられたり、試練に出会ったりはしない。神が意図された教訓に人が応答しさえすれば、試練は取り去られるであろう。神は私たちを、永遠に試みのもとに置くようなことはなさらない。

ホィットフィールドが言ったように、事態はつねに変化しており、神は試練を送るべき時期とその程度を十分に見きわめておられる。だから私たちは使徒パウロと共に確信を持って次のように言うことができる。「あなたがたが経験した試練はみな、人の知らないものではありません。神は真実な方です。あなたがたを耐えられない試練にあわせることはなさいません。むしろ、耐えられるように、試練とともに脱出の道も備えていてくださいます」（Ⅰコリント一〇・一三）。神は、あなたを愛しておられる天の父である。あなたがどれほどの忍耐力を持ち、どこまで耐えられるかを十分に承知しておられる。神は厳しすぎる試練を送られることは決してない。神は程度を知り、適切な試練を与えられる方である。そこに意図された教訓を悟るならば、神は試みを取り除かれるだろう。それは「しばらくの間」のものである。

これらのことばは、重荷を負って失望しているクリスチャンにむなしく響くだろうか。すべては真っ暗やみで暗黒だと感じるだろうか。かつて祈りの中で経験したような自由を喪失してしまったのだろうか。かつての信仰を失ってしまったのだろうか。試練に当惑する必要はない。あなたは父なる神の御手の内にある。すばらしい祝福の時が近付いているかもしれない。神は特別な恵みを備えておられるのかもしれない。あなたが遂行すべき重大な使命に備えさせておられるのかもしれないのだ。絶望してはならない。試練は「しばらくの間」で過ぎ去るものである。あなたは、あなたを愛される父なる神の御手の中にある。だから神に信頼して、歩み続けるがよい。今の困難な時期を耐え抜き、こう言うがよい。「神よ。私はあなたの御手の中にあることだけで十分です。私の望みは、ただあなたの御旨を行うことだけです。」

また次のことも大切である。苦境のさ中にあっても「大いに喜ぶ」ことができることを思い起こす必要がある。私たちが努力しなければならないのは、その点である。試練にでくわすと、その試練だけに目を奪われてしまい、暗雲のほかは何も見えなくなるところに問題がある。そのような際には、この手紙の一章三節に立ち返るがよい。全く途方に暮れてしまったならば、聖書を開き、この聖句を読むがよい。その瞬間には暗やみのほかは何も見えなかったとしても、このみことばを読んで、「私たちの主イエス・キリストの父なる神がほめたたえられますように。これは私の心からのことばです」と告白するがよい。

これに続いて、「神は、ご自分の大きなあわれみのゆえに、イエス・キリストが死者の中からよみがえられたことによって、私たちを新しく生まれさせ、生ける望みを持たせてくださいました。また、朽ちることも、汚れることも、消えて行くこともない資産を受け継ぐようにしてくださいました。これらは、あなたがたのために天に蓄えられています。あなたがたは、信仰により、神の御力によって守られており、終わりの時に現されるように用意されている救いをいただくのです」とある（Iペテロ一・三〜五）。

このことを思い起こして次のように言うがよい。「確かに試練があり、それは私のまわりを分厚い暗雲のように取り囲んでいる。それらは四方八方から押し寄せてくるが、私はそれに打ち負かされて、『ああ。もう絶望だ』などと言って意気消沈はしない。むしろ心を引き締めて、こう言おう。『私は、神が恵み深いお方であることを知っている。キリストは私のために死なれた。私は神のものとなった。私の受くべき分は天にある。今それを見ることはできないが、天に備えられていることを知っている。神はそれを確保していてくださり、だれも力強い神の手からそれを奪い去ることはできないのだ。』」自分にそう言い聞かせるがよい。今しばらくの間は、様々な試練のために悩まされるかもしれないが、それにもかかわらず、大いに喜ぶことができることを思い出すべきである。

いよいよ結びの段階であるが、次のように言われている。「試練で試されたあなたがたの信仰は、火で精錬されてもなお朽ちていく金よりも高価であり、イエス・キリストが現れるとき、称賛と栄光と誉れをもたらします」（一・七）。イエス・キリストの再臨の日が近付いている。それがいつであるかは分からないが、近付いていることは確実である。そして、その日の到来が信仰者の最大の望みである。つまり、この地上の生涯において身に起こるすべてのことには究極的な目標があることが分かる。すべては「終わりの日」に向かって進んでいる。

コリント人への手紙第一、三章でパウロが、自分自身やアポロやその他の宣教者たちについて述べているくだりで、それぞれは土台の上に建物を建てているのだと比喩的に語っているのを思い出してほしい。ある者は、木、草、わらなどで家を建て、また他の者は慎重に、燃えない材料を用いて建て上げていく。さらにパウロは、「それぞれの働きは明らかになります。『その日』がそれを明るみに出すのです」と述べている（三・一三）。すべての人の働きは火によって徹底的に試みられることになる。そこで多くのものが煙となって消えてしまう。「『その日』がそれを明るみに出す」のである。「その日」には、堅固な建て方をした者と、燃え尽きる材料で軽率に建てた者とが判定される。この確信に立ってパウロは、「私にとっては、あなたがたによる判定、あるいは、およそ人間による判決を受けることは、非常に小さなことです。事実、私は自分で自分をさばくことさえしません」と言うことができた。彼は、さばきを神にゆだねていた。イエス・キリストの再臨の日に判定が下されることを知っていたからである（参照Ｉコリント四・一〜五）。

それこそ待ち望むべきことだと、ペテロも述べている。その日がくれば、信仰の純粋さが明らかにされる。そこには称賛と栄光と誉れとがある。小さな信仰であっても、また自分では取るに足りないと思う信仰であっても、本物でさえあれば、すばらしい光を放つものとなる。試練に耐え抜いた信仰は、「称賛と栄光と誉れ」を得るにふさわしいものと評価されている。では、だれの称賛と栄光と誉れとなるのだろうか。第一に、神にとっての栄光、誉れ、賛美である。すでに参照した聖句だが、主イエス・キリストは信仰者たちを「神が世から選び出して与えてくださった人たち」と呼ばれる（参照ヨハネ一七・六）。キリストは終わりの日に来臨し、自分が召し集めたクリスチャンたちを満足をもってご覧になるだろう。それは、過酷な試練に出会いながらも、その苦境を耐え抜き、挫折しなかった者たちである。イエスは彼らを見回し、その人たちを誇りに思われるだろう。まことの信仰者たちは来るべき日に神の栄光、賛美、誉れとなるのである。

それだけでなく、このことは私たち自身にとっても「称賛と栄光と誉れ」となるであろう。私たちもその栄光にあずかる者となり、次のような、神からの賛辞を得るであろう。「よくやった。

良い忠実なしもべだ。……主人の喜びをともに喜んでくれ」（マタイ二五・二一）。主はご自身の栄光をまとわせてくださり、私たちはそれを喜びながら、永遠に生きるものとされる。信仰が本物である度合いにしたがって、私たちの栄光も大いなるものとなる。「私たちはみな、善であれ悪であれ、それぞれ肉体においてした行いに応じて報いを受けるために、キリストのさばきの座の前に現れなければならないのです」（Ⅱコリント五・一〇）。それは報いが決定される日である。そしてその報いは信仰の実践にしたがって与えられ、試練に耐え抜いた度合いによって定められるのである。

今まさに、多くの試練や試みに出会って苦しんでいる人がいるかもしれない。そして、涙を流しているかもしれない。しかし、それはたいした問題ではない。私たちには「御座の中央におられる子羊が彼らを牧し、いのちの水の泉に導かれる」という約束が与えられており、また神ご自身が「目から涙をことごとくぬぐい取ってくださる」と確約されている（黙示七・一七）。そして神と共に永遠の栄光の内に住むことになるのである。

以上が、クリスチャンが試練に立ち向かう方法である。私たちが神の御手の内に置かれていることを感謝しよう。救いは神の力によるのであって、私たちの能力によるのではない。神に従順な者となり、御手の内にあることを平安の基とし、次のように神に申し上げよう。「神よ。あなたの御旨を行ってください。私たちの最大の関心は、あなたの目に喜ばれる者となることです。」

一七　訓練のための懲らしめ

そして、あなたがたに向かって子どもたちに対するように語られた、この励ましのことばを忘れています。

「わが子よ、主の訓練を軽んじてはならない。
主に叱られて気落ちしてはならない。
主はその愛する者を訓練し、
受け入れるすべての子に、
むちを加えられるのだから。」

訓練として耐え忍びなさい。神はあなたがたを子として扱っておられるのです。父が訓練しない子がいるでしょうか。

もしあなたがたが、すべての子が受けている訓練を受けていないとしたら、私生児であって、本当の子ではありません。さらに、私たちには肉の父がいて、私たちを訓練しましたが、私たちはその父たちを尊敬していました。それなら、なおのこと、私たちは霊の父に服従して生きるべきではないでしょうか。肉の父はわずかの間、自分が良いと思うことにしたがって私たちを訓練しましたが、霊の父は私たちの益のために、私たちをご自分の聖さにあずからせようとして訓練されるのです。すべての訓練は、そのときは喜ばしいものではなく、かえって苦しく思われるものですが、後になると、これによって鍛えられた人々に、義という平安の実を結ばせます。

（ヘブル一二・五～一一）

今学んでいる霊的なスランプ状態の原因の内で最も多いのは、私たちを聖化する過程において神が様々な手段をお用いになるのを知らないことである。神は、永遠に変わらない愛をもってクリスチャンを愛し通される天の父である。そして、信仰者に対する神の意図は、聖化である。「神のみこころは、あなたがたが聖なる者となることです」とあり（Ⅰテサロニケ四・三）、「神は……私たちを選び、御前に聖なる、傷のない者にしようとされたのです」とも言われている（エペソ一・四）。神の関心の中心は、私たちが幸福感に浸ることでなく、むしろ聖化である。神は深い愛をもって私たちを聖なる者としようと計画し、その目的のために種々の手段を講じられる。

この点をわきまえていないと、しばしばつまずきの原因となり、時には神が与えられた処置を自分の罪と愚かさによって完全に誤解してしまうことにもなりかねない。愚かな子どものように、天の父なる神は自分に対して不親切であると感じ、自己憐憫《れんびん》に陥ってしまう。また自分の不運を嘆き、不当な取り扱いだとさえ思ってしまう。このような気持ちは必ずスランプ状態をもたらすが、それは、私たちに対する神の良い意図を悟れないでいることが原因なのである。

この問題はヘブル人への手紙一二章において詳細に論じられている。この章の主題は、神が信仰者の聖化を促進するために「懲らしめ」という手段を用いられる場合があり、その懲らしめの意義を理解するように仕向けられる場合がある、ということである。それが、ここから注目していくテーマである。聖化は神のみわざであるということを理解するのに、この懲らしめという主題の研究ほど適切な方法は、おそらくないだろう。「今自分が経験している苦しみを再点検するがよい」と、ヘブル人への手紙の著者は勧めている。「それらを経験するのはなぜなのか。」この問いに対して、苦しみを受けるのは自分が神の子どもだからだと答えることができる。神が懲らしめを与えられるのは、信仰者の益のためだ、と語られている。「主はその愛する者を訓練し、受け入れるすべての子に、むちを加えられるのだから」(六節)。著者はこう言うだけでなく、同じことを否定面からも言及している。「訓練として耐え忍びなさい。神はあなたがたを子として扱っておられるのです。父が訓練しない子がいるでしょうか。もしあなたがたが、すべての子が受けている訓練を受けていないとしたら、私生児であって、本当の子ではありません」(七、八節)。つまり、まことの家庭の一員ではなく、息子ではないという意味である。

これは非常に含蓄のある言明である。同じ内容を次のように法則の形で言い換えてみたい。この著者が述べているのは、実のところ、救いは最初から最後まで神のみわざであり、神はそれを独自の方法で成し遂げられるということである。一度着手した働きを、神は行い続けられる。「あなたがたの間で良い働きを始められた方は、キリスト・イエスの日が来るまでにそれを完成させてくださる」ということばがある（ピリピ一・六）。神には、働きを始めながら、後でそれを放棄したり、不完全なままに放置したりすることはない。神がその民に対してみわざを始められたならば、必ずそれを完成される。神はその民に対して究極的な意図と目的とを持っておられるが、それは彼らが神と共に栄光の内に永遠に生きることである。この世界で私たちの身に起こる多くの出来事は、この線に沿って理解され、また解釈されなければならない。このことと同様、ヘブル人への手紙の著者が主張するように、私たちをその状態に至らせてくださるのは神であり、その永遠の御国に入るのを妨げるものは何もないということは確かである。

さて、それを成し遂げるのに、神はいくつかの方法を用いられる。その一つは、聖書に教えられている教理や原則によって私たちに命令を与えられることである。神は聖書を与えてくださった。信仰者への訓戒とするために、聖霊によって人々に神のことばを記させた。それは私たちが十分に整えられた完全な者となるためである。しかし、もし人が心をかたくなにし、聖書の中に明確に示されている教えを進んで学ぼうとしないならば、神は父なる神の視点から、私たちを完全な者とし、栄光を受けるにふさわしい者に整えるという重大な目的を持って、別な手段を講じられる。神がそのために用いられる手段の一つが、この「懲らしめ」である。まことに「親」という名に値する人物は、懲らしめを実行する。ところが、現代は締まりのない腰砕けの時代であり、この著者のような主張ができる者は、きわめてまれになっている。まことの親はわが子のためを思って注意を与え、また訓戒する。しかし、もしことばで言い聞かせても正しい行動に努めないならば、罰を加えなければならない。懲らしめを与えなければならない。苦痛を伴うだろうが、それは必要である。まことの親であれば、その必要性を軽んじることはない。この手紙の著者は、神がそのようなお方であると描いている。神は無限にすぐれた私たちの父である。

そういうわけで、もし聖書の明らかな教えと勧告に対して従順でないならば、困難が起こってきても驚くことはない。非常な苦痛を伴う出来事を経験するようになっても、不思議ではない。それらは聖化の過程の一部として神が意図的に備えられたものであると、この著者は語っている。その表現がどんなに強い響きを含んでいるかを感じ取ることができよう。だから自分を吟味して、今経験しているのは結局これではないかと見きわめる必要がある。

ここで著者がはっきり断言しているように、もしこれまでに、このような痛みを一度も経験したことがないとすれば、その人が真に神の子どもであるかどうか疑わしいものである。このような過程を一度も通ったことがないとすれば、まことの神の子どもではない。神の家族の一員ではない。なぜなら、「主はその愛する者を訓練する」からである。だから、ある意味では、自分について最も絶望的な人物とは、このような神の取り扱いを一度も味わったことのないクリスチャン、あるいは自称クリスチャンである、と言うことができる。これは覚えておかなければならない点である。この過程を腹立たしく思うのでなく、かえって神に感謝しなければならない。というのは、神は私たちが神の子どもであるという保証を与えておられるのであり、神のものとして取り扱ってくださっているからである。神が懲らしめや懲罰を与えられるのは、私たちを主の似姿に造り上げるためであり、また父なる神の子どもにふさわしい者に整えるためなのである。

これは信仰者の日常生活において絶え間なく起こっていることである。また聖書の至るところで教えられている原則でもある。それについて引用できる参照聖句や例証はたくさんある。詩篇七三篇の最も大切な教訓はそれである。ヨブ記の中心メッセージも同じである。パウロはローマ人への手紙五章でそれに言及し、「苦難さえも喜んでいます」（五・三）と述べている。同書八章の論述の中にもある。コリント人への手紙第一、一一章で聖餐式について記している段落の中にも認められる。そこで使徒パウロは、正しい信仰生活を送ろうとしなかったために病気になった教会員がいると指摘し、「あなたがたの中に弱い者や病人が多く……いるのは、そのためです」と記している。そのために死んだ者さえもあった。「死んだ者たちもかなりいる」と言われている（一一・三〇）。さらにコリント人への手紙第二、一章を読むと、パウロは自分の身に起こった事柄を述べている。そして、「それは、私たちが自分自身に頼らず……神に頼る者となるためだった」と告白している（一・九）。

この教えのもう一つの典型的な言明は、同じ手紙の一二章に認められる。そのところでパウロは自分に与えられた「肉体のとげ」について語り、それについての信仰的な理由付けを述べている。その究極の目的は自分を正しい霊的な状態に保つためであり、それがなければ高慢になったに違いない、と回顧している。彼の肉体に一つの「とげ」が与えられた。パウロはその除去を熱心に祈り求めたが、神はそうされなかった。そこで彼はついに、その教訓を学び取った。そして彼の聖化が促進されたのである。ヤコブの手紙一章二節には、「私の兄弟たち。様々な試練にあうときはいつでも、この上もない喜びと思いなさい」とある。それは喜ぶべき出来事である。さらに黙示録三章一九節を見るならば、復活された主イエスご自身のことばの中に、それが端的に示されている。「わたしは愛する者をみな、叱ったり懲らしめたりする。」

以上のように、この大切な教えは聖書全体を貫いていることが分かる。旧約時代に神がイスラエル民族を取り扱われた仕方は、まことに、このことを詳しく例証している。神がイスラエルの民を懲らしめられたのは、彼らが神の民だったからである。「わたしは、地のすべての種族の中から、あなたがただけを選び出した。それゆえ、あなたがたのすべての咎のゆえにわたしはあなたがたを罰する」とある(アモス三・二)。神がそのように処遇されたのは、彼らが神の子どもだったからである。

そこで次に持ち上がってくる問いは、懲らしめとは何か、その意義は何か、ということである。

その元来の意味は「訓練」である。それがこのことばの基本的な語義である。子どもに課せられる訓練、子どもを鍛える方法のことである。これはしばしば「刑罰」ということばと混乱してしまいやすい。「懲らしめ」には矯正の意味が含まれる。また勧告とか叱責というニュアンスもある。確かに「刑罰」という意味合いを含む場合もあるが、「懲らしめ」の本質的な意図は、子どもを訓練し鍛えて、立派な人格者に育て上げることにある。さて、それが懲らしめの意味であるとすれば、次には、神がどのような方法で懲らしめられるのかを考察しよう。

どのようにして神は、その子らを懲らしめられるのだろうか。最も頻繁に用いられるのは、周囲の情況、つまり、あらゆる種類の環境的な要素である。クリスチャン生活においてとても大事なのは、身に起こるすべての出来事には意味があるということを悟り、それを見抜くことである。偶然に起こることは何もない。一羽の雀さえもが「あなたがたの父の許しなしに地に落ちることはありません」と、主イエスは教えられた（マタイ一〇・二九）。もしも雀についてそう言えるとすれば、私たち信仰者についてはなおのことである。父なる神の許容されないことは、決して起こらない。周囲の情況はつねに何らかの影響をもたらし続けているが、その目的はクリスチャンの聖化を促進することにある。喜ばしい出来事も、不快な事件もそうである。だから私たちは目を見開いて、心をすませ、自問自答し、その教訓を学び取るために探究しなければならない。

このことを具体的に述べてみたい。聖書には、神がそのために用いられる情況の一つは、経済的な損失、物的な環境の変化、品物や所有物や金銭の喪失である、と明白に教えられている。神はしばしば、このような事柄をお用いになる。旧約聖書にはそれを示す記事がある。また、それに続くキリスト教会の中でも同様なことが頻繁に起こっている。神は一時的な物の喪失を契機として、人が他の手段では学び得なかった教訓を与えられる。

次に、健康という問題を取り上げよう。コリント人への手紙第一、一一章についてはすでにふれた。神がある人々を訓練し、また教えようとして病気や一時的な肉体の弱さを経験させたことに、パウロは言及している。「だれでも、自分自身を吟味して、そのうえでパンを食べ、杯を飲みなさい。みからだをわきまえないで食べ、また飲む者は、自分自身に対するさばきを食べ、また飲むことになるのです。あなたがたの中に弱い者や病人が多く、死んだ者たちもかなりいるのは、そのためです」(一一・二八〜三〇)。これは神がしばしば用いられる手段である。だから、病気や弱さを経験することは神の御旨ではあり得ないと主張する人々は、みことばを否定していることになる。

これを曲解して、「すべての病気が神から送られたものだと教えるのか」と反論する人が起こらないように注意しよう。私が述べているのは、もちろん、そういうことではない。ただ、神は時として信仰者を懲らしめるために、この方法を用いられる場合があると言っているだけである。もし「弱い者や病人」が多いことが「そのため」であるとすれば、それは神の働きである。神は彼らの益のために、そうなるのを許容された。あるいは、神がそれを引き起こされたのだと言ってもよい。神の御旨は、人間のからだの健康よりも重要である。もしみことばの明らかな教えに聞き従おうとせず、不従順であり続けるならば、神は必ずその者を取り扱われるだろう。そして彼に考える機会を与えるために病気を送り、その人を床に伏させる場合がある。

あの偉大なトーマス・チャーマズ博士〈訳者注・スコットランドの神学者。一七八〇～一八四七年〉のことを思い出してほしい。彼が本当の意味で福音を理解できるようになったのは、神の摂理によって一年近くも病室に縛り付けられていた病気を通してであると、彼は口癖のようにあかししていた。若い頃から「科学的」また「知的」で、有能な説教者であったが、この闘病生活の後は真に福音の宣教者となった。彼は、病気になったことを神に感謝すると語っている。

これに似たことばがコリント人への手紙第二にある。パウロは一章九節において、「死刑の宣告を受けた思いでした……」と述べている。さらに一二章には「肉体のとげ」についての有名な言明がある。神はそのとげを取り除かれなかったが、それは使徒パウロが「私が弱いときにこそ、私は強い」と告白できるようになり、神の栄光のためには健康よりも病気をさえ喜べるように訓練するためであった。神がこの状態を許容されたことは疑いがない。おそらく神がその方法によって神のしもべを懲らしめ、訓練するために起こされた情況であったと思われる。

同じように神は迫害さえも許容される。ヘブル人への手紙を受け取ったクリスチャンたちは迫害のさ中にあった。彼らが苦しんでいたのは、そのためである。持ち物が略奪され、家々が破壊された。それは彼らがキリストを信じていたためである。そこで、「なぜ、このような目に遭うのだろうか」という疑問が生じていた。「福音を信じ受け入れるならば、すべてが順調にいくものと考えていたが、現実には多くの悩みに取り囲まれている。他方、キリストを信じない人々は幸福そうであり、何をしても成功するように見える。なぜだろうか。」このような問いに対する答えが、一二章にある。

しかしながら、聖書の教えはさらに徹底しており、神は時として死をも用いられる場合があるとさえ述べている。「あなたがたの中に弱い者や病人が多く、死んだ者たちもかなりいるのは、そのためです」と言われている。これは一つの神秘であり、完全に理解できる人は一人もいない。しかし、明らかな聖書の教えである。だからこそ、すべての出来事には意義があることを悟らなければならないと言うのである。環境という手段によって、毎日の生活や社会生活において経験する事柄や、試験に合格したり落第したり、からだの調子や病気などの出来事すべてを通して、神は私たちに対する目的を成し遂げていかれる。もし神の子どもであるならば、すべての出来事には意味がある。信仰者はそのメッセージを発見するために、それを探求するすべを会得しなければならない。それによって信仰者の聖化が促進されるのである。

神が懲らしめを与える、もう一つの様式がある。それを特異なものとして区別し、次のように叙述すべきであろう。時として神は、重大な意図のために、ご自身の臨在を隠し、御顔を背けられる場合があることは疑えない。ヨブ記の中心テーマはこれである。ホセア書五、六章も同様である。そのところで神は民に向かって、「わたしは自分のところに戻っていよう。彼らが罰を受け、わたしの顔を慕い求めるまで。彼らは苦しみながら、わたしを捜し求める」と告げられた（五・一五）。神はその民を悔い改めさせるために身を引き、ご臨在を隠し、御顔を背けられた。悔い改めは、聖化の一部なのである。

さらに、信仰生活には感情の起伏が伴い、様々な失意に見舞われることに気づかされる。これもまた、しばしば神の民を悩ませ、当惑させる事柄である。すべての信仰者が、情緒的な起伏を少しは知っているだろう。喜ばしい生活経験が何らかの理由で突然に終わり、「ああ、私はどこへ行けば神にお会いできるのだろうか」と嘆いたヨブのようになってしまう（参照ヨブ二三・八）。自分には悪いことをした覚えがないのに、神は身を引かれたように思われ、自分が見捨てられたように感じる。時としてでくわすこのような霊的な絶望感もまた、神がその子らを懲らしめられる方法の一つである。それは、神が私たち信仰者に対して持っておられるすばらしい目的のために訓練し、身を整えさせる摂理的な過程の一部なのである。

ここまで学んでくると次に、なぜ神は懲らしめを与えられるのかという疑問が生まれてくる。これまで私たちは、懲らしめとは何かを学び、どのようにして神が懲らしめを与えられるのかを見てきた。次に取り組むのは、何ゆえ神は懲らしめをお与えになるのかという重大な問いである。この質問に対する十分な答えが、このテキストにある。ヘブル人への手紙一二章五～一五節は、実に、この問いに対する詳細な解答にほかならない。懲らしめは、神が私たちを愛しておられるからこそ与えられるものである。「主はその愛する者を訓練し、受け入れるすべての子に、むちを加えられるのだから」と言われている。これが根本的な答えである。すべての懲らしめは神の愛のゆえである。神が時として「不親切、無慈悲」に感じられるのは、私たちを愛しておられるからである。すべては信仰者の益のためである。この点をまず認識しなければならない。つまり、懲らしめはつねに私たちの益となる。

七節を見てほしい。英欽定訳には、「もし懲らしめを耐え忍んでいるならば、神はあなたがたを子として扱っておられるのです」とあるが、この箇所について言えば、もっと好ましい訳が可能である。ここでの意味は、「もし懲らしめを耐え忍んでいるならば」ではなく、「あなたがたが耐え忍ぶのは、懲らしめのためである」という意味に理解すべきであろう。なぜ苦難に耐えなければならないのか――それが中心主題である。その時代のヘブル人クリスチャンが疑問に感じていたのも、この点である。クリスチャンである私たちは、なぜ耐え忍ばなければならないのだろう。それに対する答えは、自分がクリスチャンだから、懲らしめのために耐えるのである。別のことばで言えば、苦難に耐える目的は、自分の成長と鍛練と成熟のためである。今耐え忍んでいるのは、懲らしめの一部である。懲らしめとは何だろう。それは訓練である。だから、私たちはこのことをしっかりと心に刻み付けなければならない。すべての苦悩と忍耐と苦しみにはすばらしい結末と目的が伴っている。つまり、信仰者を整え、訓練することである。

ヘブル人への手紙の著者はこの点について一〇節でも述べている。どう繰り返しているかを見てほしい。「肉の父はわずかの間、自分が良いと思うことにしたがって私たちを訓練しましたが、霊の父は私たちの益のために、私たちをご自分の聖さにあずからせようとして訓練されるのです。」神が訓練されるのは、私たち信仰者を神のきよさにあずかる者とし、聖化するためであるという教えが、ここに明確に述べられている。すべては「私たちの益のため」であると語っているが、その「益」とは聖化のことである。神は私たちに様々な懲らしめを与え、真理によってきよくし、さらにご自身の計画をみことばを通して明らかにしてくださる。

それが懲らしめの背後にある神の究極目的であるとすれば、次に、神がそうされる具体的な理由のいくつかを取り上げてみよう。その一つは、私たちにいろいろな欠点があるということである。すべての者は、矯正されなければならない欠点を持っている。信仰生活において私たちすべてが直面している落とし穴がある。その危険から身を守らなければならない。人がキリストを信じる者となったとしても、それだけでは完全な者になったことを意味しない。残念なことに、主イエス・キリストを信じても、すぐに完全無欠の状態になるというのではない。この世にあっては、そのような状態に到達することは決してあり得ない。不完全さは残り、「古い人」は残っている。その結果、一つ一つの矯正しなければならない点が残っている。このような個々の問題を取り扱うために神がどのように懲らしめをお用いになるかが、聖書中にはっきりと教えられている。個々の問題とは、どういうものだろうか。その一つは、霊的な高慢さ、重大で間違った誇りである。

このことを完璧に示している、全く説明を必要としない典型的なことばを思い出してほしい。使徒パウロはコリント人への手紙第二、一二章で次のように述べている。「私はこのような人を知っています。肉体のままであったのか、肉体を離れてであったのか、私は知りません。神がご存じです。彼はパラダイスに引き上げられて、言い表すこともできない、人間が語ることを許されていないことばを聞きました。このような人のことを私は誇ります。しかし、私自身については、弱さ以外は誇りません。たとえ私が誇りたいと思ったとしても、愚か者とはならないでしょう。本当のことを語るからです。しかし、その啓示があまりにもすばらしいために、私について見ること、私から聞くこと以上に、だれかが私を過大に評価するといけないので、私は誇ることを控えましょう」(三～六節)。

次のことばに注意してほしい。「その啓示のすばらしさのため高慢にならないように、私は肉体に一つのとげを与えられました。それは私が高慢にならないように、私を打つためのサタンの使いです」（七節）。まことに、そのとおりであった。パウロは、たぐいまれな、例外的な、特別な経験をした。第三の天にまで引き上げられて、すばらしいことを見聞きした。そして、そこには霊的に高慢になり、自分を過大に評価する危険があった。そこで肉体にとげが与えられたが、それは彼を守るために意図的に送られたものである、と述懐されている。霊的な傲慢は恐ろしい罪であり、容易に解消できない過ちである。神が愛とあわれみの心をもって特別な祝福を与えてくださる時、私たちは悪魔の攻撃に屈しやすい状態になる。そこで、このような経験を与えられた人々は、正しい敬虔な信仰から逸脱しないために、しばしば懲らしめが必要となるのである。

もう一つの問題は、自己過信という過ちである。神が賜物をお与えになると、人は自分自身とその賜物自体に依存するようになり、心のすみで、神は必要でないと感じる危険が生じてくる。高慢とうぬぼれとは、つねにつきまとう危険である。それらは肉体的な罪ではなく、霊的な罪であり、したがって、より危険で狡猾なものである。

さらに、いつも心に留めておくべき危険として、この世的な見栄や虚飾に心を引かれるという傾向がある。聖書には、それらが非常に巧妙に仕掛けられていると、明らかに告げられている。人は、熟考した後、この世に逆戻りしようと意識的に決心するわけではない。自分でも気づかないうちに、そうなってしまうのである。この世の誘惑と落とし穴はつねに身近なところにあり、人はそれと知らずに滑り込んでしまう。だから、この世的なものを愛するようにならないために懲らしめられる必要がある。

あるいは、現状に安住するという過ちがある。信仰生活において自分が到達した所に安んじるという危険、向上心の喪失、自己満足という落とし穴がある。そこに陥ると、自分たちは軽率な新し物好きではなく、今日多くの人たちが信奉するようなものを追い求めてもいない、伝統を重んじており、自分が間違いだと知っている事柄は行っていない、自分たちの信仰は完全であり、非の打ち所のない生活をしている、と思うようになる。そこで自己満足という過ちに陥り、向上心を失ってしまう。現状に安住してしまい、成長が止まってしまうのである。十年前の姿と今の自分を比較してみても、ほとんど違いが認められない。神をより親密に知るようになったわけでもないし、何の向上もしていない。「イエス・キリストの恵みと知識において」成長していないのだ（参照Ⅱペテロ三・一八）。そして自己満足の状態に安んじてしまっている。

一言で要約すれば、これは神を忘れ、神との交わりを求めようとしない恐るべき過ちである。絶えず神の知恵を求め、神とのかかわりという視点から考えることをせず、ただ表面的な生活様式だけを問題にするのは大きな過ちである。クリスチャンとなり年を経るにしたがって、前にも増して神を身近に知るようになったと言えるようにならなければならない。信仰生活の年数を加えるにしたがって、神をより深く愛するようになったと告白できなければならない。人は、尊敬する人物を知れば知るほど、その人物に似るようになり、その人をより深く愛するようになる。その意味においても、神との交わりを限りなく深めていく必要がある。それが神との関係のあり方である。

私たちは神をより身近に知るようになっただろうか。より熱心に神を求めるように努力しているだろうか。私たちは自分の姿と日常生活とに目を奪われて、神を忘れてしまう危険がある。そのような時、神は限りない愛によって私たちに懲らしめを与えられる。それは、落ち度や過ちを認めさせ、神のみもとに立ち返らせ、つねに私たちを脅かし包囲している恐るべき危険から守るためである。以上のことを自分の生活に当てはめて考えてほしい。あなたは自分の意向にそぐわない出来事について神に感謝すると言えるだろうか。それこそ信仰を吟味するための適切な問いである。それが身に起こった時に不快で悲しい思いをした出来事の意味を、今理解できるだろうか。それらを振り返ってみて、詩篇一一九篇七一節を記した人物と共に、「苦しみにあったことは私にとって幸せでした」と言えるだろうか。

これまで、神は様々の具体的な理由のために私たち信仰者を懲らしめられると述べてきた。ここから、その積極的な意義を説明していきたい。聖化にあずかるとは、好ましい資質を身につけるという意味である。八福の教えや山上の説教を自分の生活の中に具体化できる者となることである。愛、喜び、平安などの聖霊の実を身につける者となることである。それが聖化の意味である。聖化の過程において神は私たちを少しずつその状態に近付けてくださる。そのためには、聖書の教えが明示されるだけでは十分でなく、明らかに具体的な懲らしめや訓練も必要である。みことばは「イエスから、目を離さないでいなさい」と勧めている。ヘブル人への手紙のこの章でも、懲らしめという主題について語る前に、同じように勧められている。この著者は、イエスの模範にならって「自分の前に置かれている競走を、忍耐をもって走り続けようではありませんか」と訴えている。もしつねにそうしているならば、他のものは必要ではない。主イエスを仰ぎ続け、一歩でも主に近付こうとつねに努めているならば、すべては正しい状態にある。しかし、そうでないならば、懲らしめが必要になってくる。それが必要なのは、クリスチャンの内に好ましい資質が形造られるためである。

そのいくつかの資質をあげてみよう。第一に、謙遜である。これは様々な意味合いにおいて最高の美徳である。謙遜――それはいかなる宝石よりも尊く、すべての御霊の実の中で最もすばらしい資質の一つである。主イエスご自身のきわだった特長は、この資質であった。イエスは柔和で、謙遜な心を持っておられた。「傷んだ葦《あし》を折ることもなく、くすぶる灯芯を消すこと」もなかった（イザヤ四二・三）。それは私たちが目指す最終的な目標である。謙遜を身につけるには、だれであれ、高慢さが打ち砕かれなければならないことを、神はご存じである。何らかの失敗がそのために有益な場合がある。もし、いつも成功に次ぐ成功であるならば、謙遜を会得することは非常に難しい。そこで神は、私たちの高ぶりを打ち砕くために、時として失敗によって懲らしめを与えられる。謙遜な心を失わせないためである。各自、自分の生活を吟味し、このことが起こっていないかどうか反省すべきである。

第二は、神の国を慕う心である。クリスチャンは天の富を思う心を持つべきである。最大の関心は神の国に向けられるべきであり、地上のものに向けてはならない。だが、神の国を慕い「上にあるもの」を求め続け、「地上のものに心を奪われない」でいることは、何と困難なことだろうか。私たちが天上のことを思うようになるために、何としばしば神に懲らしめていただく必要があることだろうか。私たちがあまりにもこの世にしがみ付きすぎているために、そして人が執着している世のものは壊れやすく、瞬時に奪い去られてしまうことを明らかに悟らせるために、神は必ず何事かを行われる。それによって人は自分がこの世の寄留者にすぎないことを突然に気づかされ、神の国と永遠とについて思いめぐらすように仕向けられるのである。

次には、柔和である。隣人に対する態度や人々との関係において柔和であり、隣人を愛し、人々に同情する心を保つことは、とても難しい。自分が同じような体験をしたことがないかぎり、心から同情することはほとんど不可能ではないかと私は感じている。牧師という立場にある私は、人々に同情することが決して容易でないことをよく承知している。自分自身が同じような経験を通ったことがないかぎり、その人たちの問題を十分に理解することはできないであろう。神は時として忍耐の必要性を悟らせるために、私たちを取り扱われる。そして、「わたしがあなたに対して、どんなに忍耐しているかを悟るがよい。そして行って、あの人物に対して同じように忍耐深くあるように」とさとされるのである。

以上のような事柄によって、懲らしめの必要性が明らかに教えられている。神は、私たちを愛しておられるゆえに、また私たちが神の子どもであるからこそ、「平安な義の実」というすばらしい資質が少しずつ形造られるために、懲らしめをお与えになるのである。

この章で学んできたのは、原則論である。次の章においては、同じテキストを学びながら、それをどのように自分自身に当てはめるべきかを示したいと思う。大切な原則は、神が懲らしめを与えられるのは私たち信仰者が神の子どもだからだということである。したがって、もしこのような取り扱いを受けた覚えが一度もないとするならば、冷静に自分を吟味し、本当にクリスチャンであるかどうかを確認するようにとお勧めする。なぜなら、「主はその愛する者を訓練し、受け入れるすべての子に、むちを加えられるのだから」（ヘブル一二・六）。救いと完全な償いを保証し、一度始めた働きを必ず成し遂げられる神を、ほめたたえようではないか。神は私たちを愛してくださるがゆえに、もしも自分から進んで神の教えに従わない場合には、懲らしめを与え、私たちを御子イエスの姿に近付けようとなさるのである。

一八　神の訓練場において

そして、あなたがたに向かって子どもたちに対するように語られた、この励ましのことばを忘れています。

「わが子よ、主の訓練を軽んじてはならない。
主に叱られて気落ちしてはならない。
主はその愛する者を訓練し、
受け入れるすべての子に、
むちを加えられるのだから。」

訓練として耐え忍びなさい。神はあなたがたを子として扱っておられるのです。父が訓練しない子がいるでしょうか。もしあなたがたが、すべての子が受けている訓練を受けていないとしたら、私生児であって、本当の子ではありません。さらに、私たちには肉の父がいて、私たちを訓練しましたが、私たちはその父たちを尊敬していました。それなら、なおのこと、私たちは霊の父に服従して生きるべきではないでしょうか。肉の父はわずかの間、自分が良いと思うことにしたがって私たちを訓練しましたが、霊の父は私たちの益のために、私たちをご自分の聖さにあずからせようとして訓練されるのです。すべての訓練は、そのときは喜ばしいものではなく、かえって苦しく思われるものですが、後になると、これによって鍛えられた人々に、義という平安の実を結ばせます。（ヘブル一二・五〜一一）

神は様々な経験を通して、私たちクリスチャンの聖化を促進されるという聖書の教えについて、さらに考察を深めていかなければならない。神は、聖書の中に明白な戒めを与えておられるが、その他にも、種々の方法で信仰者を訓練される。もし神の教えに従おうとしないならば、神の民に対して懲らしめが与えられる。もし神の民の一員であるならば、私たちも同じである。このこととの関連において、聖書の至るところにこの教理が述べられており、はっきりと教えられていることをすでに学んできた。だが、このヘブル人への手紙一二章、ことに五〜一五節よりも適切なテキストはほかにないということに、ほとんどの者が同意するだろう。実のところヘブル人への手紙全体が、クリスチャンに対する神の意図は懲らしめの中にも啓示されているという大切な教えを詳しく論じた手紙にほかならない。

すでに前章における全般的な考察で見たように、神が懲らしめという手段をお用いになることは疑いがない。このテキストの主張の中心は、もしもこの取り扱いを経験しているならば、私たちが神の子どもであることが立証されているということである。もしそうでないならば、最も控え目な言い方をすれば、本当に神の子どもであるかという深刻な疑問が持ち上がってくる。続いて神が懲らしめを与えられる理由についても学び、神がそうなさるのはつねに脅威を与えている誘惑から私たちを守るためであるという結論に立ち至った。この地上の生活には身のまわりに様々な危険が潜んでおり、それらから守られる必要がある。つまり、高慢、自己満足、向上心の喪失、知らない間に押し流されて世的になる危険などである。このような恐るべき危険が、世にあって生きるクリスチャンを絶え間なく脅かしている。また積極的な側面として、神は懲らしめを与えて私たちの内にある御霊の実の成長を促進してくださることを学んだ。

謙遜を教えるのに、懲らしめほど適切な手段はほかにない。私たちが謙遜と柔和を保ち、高ぶらないために、それが必要である。神は霊的な父として、無限の愛とあわれみのゆえに、懲らしめによって訓練をお与えになる、と教えられている。というのは、「主はその愛する者を訓練し、受け入れるすべての子に、むちを加えられるのだから」。以上が教理的な原則であり、聖書の教えである。

その原則を覚えながら、冒頭のテキストの学びを続けなければならない。というのは、それだけでは不十分だからである。ヘブル人への手紙一二章における著者の主張を私が理解するところによれば、次のように言うことができる。懲らしめは、神による懲らしめであったとしても、私たちの内で自動的に機能するのではない。神に懲らしめられているとしても、必ずしも意図された益を得るとはかぎらない。この著者の議論によれば、懲らしめによって益が得られるのは、私たちが懲らしめに関する教えを正しく理解し、それを適切に真実に自分に当てはめる時だけである。この点は明らかに、最も重要なポイントの一つである。というのは、自分たちの聖化は自動的に起こることであると考え、全く受動的な状態にとどまるならば、この著者の訴えの本質と主張の中心点を否定することになるからである。

懲らしめは自動的に働くものではない。それは最後には「みことばによって」益をもたらすが、機械的なものではない。聖化のすべては、イエスがヨハネの福音書一七章一七節で述べておられるように、「真理によって」という一言にかかっている。つまり、神のみことばを一歩一歩の歩みに適用し、生活のすべての局面に当てはめることにかかっている。そして、このことは懲らしめという課題については特に真実である。

さらに、ここに含まれている主張を次のように言い換えてみたい。懲らしめについての間違ったとらえ方があり、懲らしめに対する間違った応答の仕方がある。神からの懲らしめが様々な形で訪れてくることは、すでに学んだところである。周囲の情況の変化によって与えられる場合もあれば、仕事や職場における金銭的な損失やトラブルという形をとることもある。私たちを失望させたり、悩みや当惑の原因として訪れることもあれば、友人の裏切りや、人生に思い描いていた希望が打ち砕かれるという人格的な挫折感による場合もある。病気という形でくることもある。
ここで繰り返して強調しておくが、それらのいっさいがつねに神によって引き起こされたものだと言っているのではない。私が言うのは、そのようなことではない。聖書は、すべての人が経験する苦しみ全部が神から送られたものであるとは教えていない。そうでなく、病気の中には神が送られたものがあり、時として神は病気とかそのほか様々な苦境を手段として懲らしめを与えられる場合がある、と教えているのである。この点については十分に明確でなければならない。神がそれらの出来事の一つをお用いになる場合がある。だが、このような事柄はすべての人に起こることは明白である。それゆえ、好ましくない出来事すべてがつねに、神が与えられた懲らしめであるとは決して言えない。

試練や苦難や懲らしめに対する間違った対処の仕方がある。どのような応答のことだろうか。ヘブル人への手紙の著者はここに三つの点をあげている。第一は、それを無視する誤りである。五節に、「わが子よ、主の訓練を軽んじてはならない」と言われている。懲らしめに対する間違った対処の方法の第一は、それである。懲らしめを軽く見ること、全く注意を払わないこと、あたかも重要でない事柄であるかのように一笑に付し、真剣に取り合わないこと、ずうずうしくも、その教訓に全く従おうとしない態度である。私たちが分別を欠いた歩みをしていると、何らかの懲らしめが与えられる。しかし、その意義を悟らず、熟考もせず、そのさとしに従おうともしない。

何とかしてそこから脱却し、それを取り除き、それを一笑に付そうとして懸命になっている。

　確かにそれは、取り立てて推奨する必要がない対処法である。というのは、試練や苦難への応答について今日最も一般的なのは、それだからである。私たちは真実の感情を直視したがらない時代に生きている。現代は、とても感傷的な時代である。しかし、感傷的であることと感性を大切にすることの間には決定的な違いがある。今日、生活の中に無感覚がはびこり始めている。現代人は自分の敏感な感受性と感情とを「鋼鉄」のように冷たいものにしようと努めており、物事を感じ取るなどということは古めかしい手法であると見なしている。世界全体が無感覚になってきている。今日の生活を振り返ってみるならば、はっきりとそれが分かる。もし人々が隣人をもう少し思いやる感覚を持ってさえいれば、またほんの少しの感受性を発揮するならば、日常生活を不快なものにしている出来事の多くは起こらないで済むだろう。しかし、現代人は心を固く閉ざし、鋼鉄の仮面をかぶっている。その結果、間違った歩みをしていて神が懲らしめを与えられたとしても、それに注意を払おうとしない。それを軽んじ、気に留めず、また故意に無視しようとする。また、それによって煩わされるのを嫌がる。

　聖書はこのような態度に対して明白に、そして厳粛に警告している。信仰生活において、このような非人道的な態度を助長することほど危険なことはない。だが今日、それはあまりにも蔓延している。人が自分の夫や妻との結び付きを顧みず、家族に対する責任を軽んじるようになったのは、このためである。自分の使命から逸脱し、神に対する義務を踏みにじることができるのは、このためである。この人生に対する非人道的な態度は、臆面もなく教えられ、また推奨されている。そして、それが本当の紳士淑女のトレードマークのように見なされている。つまり、鋼鉄のような殻を持ち、決して感情を表に出さず、真実な感受性を全く備えていないように思われる人物が、賞賛されているのだ。そして、その態度が信仰生活にまで入り込んできて、神の懲らしめさえも軽んじる原因となる場合がある。また、それを投げ捨て、無視し、心に留めようとしない人さえいるのである。

懲らしめに対する第二の間違った対応は、同じく五節に述べられている。「主に叱られて気落ちしてはならない」とある。ここに旧約聖書の箴言三章一一、一二節が参照されている。ここに言われているのは、懲らしめによって失望してしまう危険、意気消沈してしまう過ち、捨てばちになり、絶望感に陥ってしまう危険である。すべての者がこれを経験する。何か事が起こると、「私には耐えることができない」と、あきらめてしまう。心がなえ、その出来事に圧倒されてしまう。すべてを投げ出し、降参し、志気をくじかれ、勇気を失ってしまう。そこで、なぜこのようなことが起こるのかという疑惑と、神の公正さに対する疑いが生じてくる。そして、不平不満をもらし始め、苦々しい思いを抱くようになる。

この手紙を受け取ったヘブル人クリスチャンたちの状態は、まさにそれであった。彼らは、「クリスチャンになればすばらしい生活が始まるものと考えていたが、今身に起こっている出来事はどうだ。なぜこんな事が起こるのだろうか。キリスト教信仰は正当だろうか。本当に真理なのだろうか」と疑うようになっていた。そればかりでなく、昔の信仰に逆戻りする者が出始めていた。この著者が手紙を書き送ったのは、そのような理由からである。遭遇した試練によって彼らが勇気を失っていたためである。彼らは意気消沈していたが、それは、主が試みを与えられたためである。「気落ちしてはならない」「主に叱られて意気消沈してはならない」と勧められている。

このような失望の念が入り込んでくると、「実際、私には過酷すぎる試練だ。とうてい耐え抜くことはできない。鳩のように翼を持ちたいものだ。そうすれば飛んで行って、どこかで安楽に生きられるものを」と言いたくなる。すべての者が、このような経験をしたことがあるだろう。すると、この著者が勧めているように神の懲らしめに正面から取り組む代わりに、意気阻喪してしまうことがあまりにも多い。しばしば両手をあげて降参し、「私には耐えられない。あまりにも過酷すぎる。なぜ私は、このような処遇を受けるのだろうか」と言ってあきらめてしまいやすい。そのように感じるのは、私たちが最初ではない。詩篇を読んでみるならば、そのようなところを通った作者がたくさんいたことが分かる。しかしながらそれは、神の叱責と懲らしめ、また神が父としてお与えになる処置に対する間違った、大変好ましくない対処の仕方である。

第三の間違った応答の仕方は、一五節に述べられているものである。「また、苦い根が生え出て悩ませたり、これによって多くの人が汚されたりしないように」とある（ヘブル一二・五）。残念なことに、私たちにはこの意味がよく分かる。ある人たちは人生の試練や苦悩や懲らしめに対して、苦々しい思いを抱いて対処する。人生においてこれほど悲しい経験はないと私は思う。確かに、神に仕える牧師としての私の生活と働きと経験の中で、人々の人生に振りかかる試練や苦悩の与える悪影響を見ることほど悲しいことはない。不幸に遭遇する以前にはとても友好的で好感の持てる人物であったが、試練に出会ってから苦々しい思いを抱くようになり、自己中心で近寄りがたくなってしまった人を知っている。彼らを助けたいと願い、そのように努める人々に対してさえも、気難しい難物となる。そして自分の小さな殻に閉じこもり、世界全体から攻撃されているように感じている。

このような人を助けるのは容易ではない。苦々しい思いが心の奥底に入り込んでおり、それが顔や身ぶりに現れてくる。決定的な変化が起こったと感じられる。しばしば人は無意識のうちに、自分の身に起こる出来事への反応の仕方によって己の本性をさらけ出すものである。身に振りかかる試練や出来事によって私たちは試みられ、心の中までも吟味される。そして、それによって本当に神の子どもであるか否かが明らかになる。一般的に言って、神の子どもでない者は不幸に出会うと苦々しい思いを抱く。時には神の子どもであっても一時的にそうなる場合がある。だから、懲らしめや苦悩に対する応答の仕方について警告される必要がある。苦々しい怨恨の根がはびこらないためである。

これまで述べた三つの反応のうち一つでも犯していると、様々な出来事を経験しても、何の益も得られない。そのような態度で対処するならば、神からの懲らしめであっても、何の益にもならない。それを軽んじたり、その下で意気阻喪したり、苦々しい思いを抱くようになるならば、決して益は得られない。神によって与えられ、神ご自身が送られた懲らしめだったとしても、私たちに有益なものとはならないのである。

このような理由から、この著者は手紙を受け取る人々に対して、正しい方法で苦境に対処するようにと勧めている。それではどうすることが正しい対処の仕方なのだろうか。この点を積極的な目で考察していこう。彼が勧める最初のことは、赤ん坊のようでなく、成人した息子らしい行動を会得することである。これは重要なポイントである。「あなたがたに向かって子どもたちに対するように語られた、この励ましのことばを忘れています」とある（ヘブル一二・五）。息子も子どもと呼ばれるのだから、「子ども」という訳語も間違いではないであろうが、この章で著者が用いているのは、むしろ「息子」と訳すべき単語であり、実際にそう訳出したものもある。

著者が言おうとしているのは、「成長した息子に対するように語られた勧めを、あなたがたは忘れてしまっている。あなたはもはや赤ん坊ではない。もはや幼児でもない」ということである。幼子や子どもは懲らしめの意味を十分に理解していない。子どもは、自分が過酷な取り扱いを受けたと感じ、両親は不公平だ、自分はこのような罰を受けるようなことはしていないのに、と考えるのが常である。それが子どもの反応である。そして、私たちの間には信仰的に子どもの段階にとどまっている者がいる。しかし著者は、「あなたはもはや幼児ではないことを思い起こすがよい。すでに大人だ。成長した息子だ。一人前の成人なのだ」と語っている。そして、「身を引き締めるがよい。赤ん坊のように振る舞ってはならない」とさとしている。みことばの健全さと、私たちが大人として取り扱われていることを悟るがよい。あなたは成人した大人だ、と聖書は述べている。だから、意気消沈せず、泣きごとを言わず、赤ん坊のような行動やふくれつらはやめるがよい。自分は一人前だと言っているが、実際の振る舞いを見れば、まだ幼児にすぎないことがありありと分かるではないか。

一人前の者であるならば、何をすべきだろうか。五節に一連の勧めが記されている。最初は叱責の形で禁止の命令がある。「あなたがたに向かって……語られた、この励ましのことばを忘れています」と著者は述べている。明らかに、なすべきことは勧めのことばを忘れず、思い出すことなのである。つまり、次のように訴えられているのである。「あなたがたヘブル人クリスチャンよ。自分たちと、同じような人々の姿を見るがよい。あなたがたは悪魔のわなに落ち込んでいる。だが、言いわけの余地は全くない。もし異邦人クリスチャンがその状態になったのであれば、いくらかの弁解も許されるかもしれない。しかし、あなたがたに言い逃れの道はない。旧約聖書を持っているからだ。もし箴言だけでも読み、黙想し、それを実生活に生かしてさえいれば、今のような行動には決して走らなかっただろう。その勧めのことばを思い出すがよい。」

これを私たち自身に当てはめるならば、この世の生活において試練となるような出来事が起こる時はいつでも、出来事そのものに決して目を奪われてはならない、という意味になる。私たちクリスチャンは、いっさいのことをすぐに聖書の内容に照らして受け止め、考えるべきである。「聖書の勧めを思い起こすこと」が大切である。ある意味において、これは未信者とクリスチャンとの決定的な違いである。人生が思うように運ばなくなった時、信仰を持たない人は何に頼るだろうか。この世的な知恵と、世の人々がとるような対処法にほかならない。そして、それは助けにはならない。しかしながら、クリスチャンは全く異なった立場にある。聖書が与えられているのだから、すべての事柄はその中において考えるべきである。クリスチャンは世の人々が右往左往するような出来事にも動じない。いつでも、「これについて聖書にはどう述べられているだろうか」と自問する。「聖書の勧め」が大切である。信仰のある者はみことばに照らし合わせ、それを実践する。すべてをその内容に照らして考えるのである。

だが、私たちは何と愚かな者だろうか。何としばしばクリスチャンらしくない振る舞いをし、世の人々と同じように行動してしまうことだろうか。自分たちは成人であり、神の子であり、神のことばが与えられていることを想起するように心がけよう。そして、すべての事柄を聖書のことばに照らして考えよう。

次に著者は、何と言っているだろう。同じく五節に、みことばの論理に耳を傾け、それに聞き従うべきだと勧めている。「あなたがたに向かって子どもたちに対するように語られた、この励ましのことばを忘れています」とある。この「語られた」と訳されていることばであるが、この箇所はむしろ、「成長した息子に筋道を立てて説得する時のように語られた、この勧めを忘れている」というふうに訳すとよいだろう。この表現もまた興味深いものであり、心が熱くなる感じがする。みことばによって私たちに与えられるのは、通りいっぺんの慰めではない。そこに提示されるのは、つねに筋道の通った論理である。

私が最も嫌悪し、忌み嫌うのは、感傷的な聖書の読み方である。ただ情緒的な慰めだけを求めて聖書を読んでいる人たちが多くいる。たとえば、問題に出くわし、どうしてよいか分からなくなる。そこで、「詩篇でも読んでみよう。心の痛みがやわらぐかもしれない」と考えて、「主は私の羊飼い。私は乏しいことがありません」というような聖句を開く。聖書を一種のまじないのように取り扱い、他の人たちが麻薬を用いるように、詩篇に陶酔する。これは聖書の正しい読み方ではない。「筋道を立てて説得された勧めのことば」の論理が大切である。そして私たちは、その論理に従い、知性を動員して聖書に接しなければならない。聖書を読むのに、知性はいくら用いても用いすぎるということはない。聖書は、一般的な慰めや、心の痛みをやわらげるためだけのものではない。だから、聖書の論法に従い、その筋道の通った論理を理解すべきである。

次のステップは、明らかに、論理の内容である。これについてはこまごまと述べる必要はない。なぜならこれは、ある意味ではすでに論じたところだからである。最も大切な論点は、試練をお与えになるのは神であり、懲らしめを身に受けるのは神の子どもだという点である。このことは様々な言い回しで述べられているが、最も明確に語られているのは九節と一〇節である。「さらに、私たちには肉の父がいて、私たちを訓練しましたが、私たちはその父たちを尊敬していました。それなら、なおのこと、私たちは霊の父に服従して生きるべきではないでしょうか」(ヘブル一二・九～一〇)。神は私たちの霊的な父親であり、内に宿る新しいいのちの父である。それはもはや、この世的で肉的な生命でなく、霊的ないのちである。そういうわけで、懲らしめをお与えになるのは神であり、そうされるのは、あなたが神の子どもだからである。神の子どもだからこそ、神はあなたの益となるようにと懲らしめを与えられる。

以上が要点であり、しっかりと把握しなければならない真理である。だから、漠然とそれに対処してはならない。弱音を吐いたり、すぐに逃れようともがいてはならない。その態度は根底から変えられなければならない。そうすれば、「このことの内にも神はおられる。神がこの試練を与えられたのは、私が神の子どもだからであり、この世のものではないからである。それはまた、私のために御子を遣わして死に至らせ、私を神の国に入れてくださったことからも分かる。このことの内にも神はおられる。このすべてが起こったのは、私の益のためだ」と告白できるようになる。

そのためには、これまで述べたように、神が私たちを取り扱われる方法についての論理の主張に従うことが、ぜひとも必要である。そのことは一一節に述べられている。「すべての訓練は、そのときは喜ばしいものではなく、かえって苦しく思われるものです」と、著者は述べている。しかし、そこでやめず、だが「後になると、これによって鍛えられた人々に、義という平安の実を結ばせます」と続けている。「これによって鍛えられた人々」という句がかぎである。神の懲らしめによって益を得るのは、その訓練に耐え抜いた人たちだけである、と著者は述べている。つまり、それによって鍛練され、神の取り扱いに従順に従った人々だけである。もし、それを軽んじたなら、懲らしめの益はもたらされない。もし、その下で意気消沈してしまうならば、益は得られない。苦々しく思うならば、益はない。益を得ることができるのは、その過程に快く従う時だけである。

では、どのような過程が必要だろうか。この著者が用いていることばを見ると、神は私たちを訓練場で鍛練されると語っている。それが「鍛えられた」と訳されている単語の元来の意味である。それは実に適切な言い回しである。この鍛えられたという単語は、「裸にされる」という意味のことばから派生したものだと言われる。つまり、ここにあるのは訓練場に置かれた姿の描写であり、そこでは裸になることが求められている。

なぜ裸になるよう命じられるのだろうか。大きく言って、それには二つの理由がある。第一に、十分な体操をするには衣服をたくさんつけたままでは無理である。「私たちも、一切の重荷とまとわりつく罪を捨てて……走り続けようではありませんか」とも勧められている（ヘブル一二・一）。

しかし、裸になる理由はもう一つある。訓練場に入るのは、自分の好き勝手な運動をするためではない。訓練するコーチが私たちを受け入れ、からだを調べ、点検する。そして、そのからだが均衡がとれ、バランスが保たれているかどうかを見る。ギリシア人はことのほかからだの均整に大きな関心を持っていた。からだの文化を追求し、体形の美しさを大切にした。それと同じように、訓練教師である神は、ふさわしくない部分を矯正するため、また筋肉を強化する必要があるのはどこかを知るために、私たちを裸にされる。ここに描かれているのは、そのような場面である。今私たちは、からだを点検し、どうすべきかを指示し、必要な運動を指導する教官と共に訓練場の中にいるのである。

ここには二重の意味があるように思われる。この情景は、少なくとも二つの仕方で理解することができる。一つは、単純に、運動を必要としている人物の姿と見られる。彼は自分のからだを軽んじており、肉体的な面において怠惰で、怠けぐせがついていた。そこで教官は、一定の訓練を指示する。健全な人間らしい体形を取り戻させるためである。

しかしさらに、文脈の流れからすると、もう一つの意味があると感じさせられる。一二、一三節を読んでほしい。「ですから、弱った手と衰えた膝をまっすぐにしなさい。また、あなたがたは自分の足のために、まっすぐな道を作りなさい。足の不自由な人が踏み外すことなく、むしろ癒やされるためです。」ここに見るのが、関節の病気で苦しんでいる人の姿であるのは間違いない。膝が弱り、また足の不自由な人が登場する。この人は関節の病にかかり、それで苦しむようになった。このような場合には、一般的に言って、膝自体が弱くなるだけでなく、そのまわりの筋肉にも異常が生じてくるものである。つまり、ここにある描写は、物理療法と呼ばれるものにほかならない。そこでは関節の病を治療するだけでなく、患者にいろいろな運動や体操をさせなければならない。マッサージだけでは十分でない。加えて、本人にいろいろな身体的な動きをやらせてみる必要がある。

以上のような二つの概念を心に留めながら、ここにある教えを詳しく解明していくことにしよう。この著者は次のように述べている。今神があなたにこのような事柄を経験させられるのは、あたかも信仰の修練場に置かれたようなものだ。神はあなたを裸にし、いろいろと点検し、何が必要なのかを知られた。だから今なすべきことは、ただ神に従い、その指示どおりに行うことである。訓練教師に従って、その課題を消化するがよい。そうするなら、「義という平安の実」を結ぶようになるだろう。

これはいったいどういう意味だろうか。説明すれば、次のようになる。私たちがなすべき第一のことは、自分を吟味することである。つまり、みことばに照らして自分自身を点検すべきである。困難にでくわしたならば、「私は訓練場に入れられた。どこかに問題があるに違いない。どこが悪かったのだろうか。問題の原因は何だろうか」と反省しなければならない。それこそクリスチャンが試練に遭遇した時の正しい対処の仕方である。それは病気かもしれないし、突然の事故かもしれない。失敗や失望や親しい人の死かもしれない。それが何であれ、この原則に立って自己に問いかけるべき最初の質問は、「なぜ、私はこのような出来事に遭遇したのだろう。どこか間違った方向に進んでいたのだろうか」というものである。

詩篇一一九篇には、その作者が「苦しみにあったことは　私にとって幸せでした」と述べている箇所がある（七一節）。また、「苦しみにあう前には　私は迷い出ていました。しかし今は　あなたのみことばを守ります」とも言っている（六七節）。かつて作者は自分が横道にそれていることに気づかなかったが、苦しみに遭遇したことによって考えさせられ、そして「私はこのことを神に感謝する。それは私にとって益であった。そのために正しい道に戻れたのだから。私は間違った方角に進んでいこうとしていた」と告白することができた。

このように私たちは、まず最初に自分を吟味し、「これまでの信仰生活は怠慢ではなかったか。神を忘れていたのではないか。どこかで高慢になり、自己満足し、罪を犯し、間違ったことを行っていたのではなかろうか」と自問しなければならない。自分を点検し、努めてその原因を突き止め、徹底的に究明すべきである。ヘブル人への手紙の著者が言うように、それは決して「喜ばしいもの」ではない。だが、どれほど痛々しいことであろうとも、自分の生活を振り返り、心の奥底までも吟味すべきである。それは、自分でも気づかないうちに間違った方向に進んでいる点がないかどうかを知るためである。私たちは誠実にその問いに答えなければならない。

第二に、その間違いを認め、神に告白しなければならない。罪に気づいたならば、落ち度を発見し、間違いや足りない点を見出したならば、すぐに神のもとへ行き、正直に、包み隠さず告白すべきである。それは信仰訓練の内できわめて重要な要素である。それを実行しないうちは、決して霊的な健全さを回復することはできない。神は悔い改めを命じておられる。だから、そうすべきである。ただちに神のもとに行くべきである。また、それに関係した人のところへ行き、謝罪し、罪を告白しなければならない場合もある。つねにそうだと言うのではないが、神が命じられるのであれば、そうしなければならない。私たちの良心に語りかける声、訓練場における教官の指示、私たちに語りかける神の声に聞き従うがよい。自分を吟味する時は、神の声に心を傾け、「どんな犠牲が必要であっても、それを実行します」と言わなければならない。この訓練を細部にわたって実践すべきである。過ちや落ち度や神に対する罪を認め、告白しなければならない。

次には、何をすべきだろうか。言わばよぶんなぜい肉を落とす過程が終わったならば、今度は必要な筋肉をつけるための訓練を始めることになる。一二節を見てほしい。「ですから」と理路整然とした叙述が続いている。「弱った手と衰えた膝をまっすぐにしなさい。」この言い回しによって神は、私たちが身を引き締め、元気を出し、雄々しく立ち、志気を高めるようにと命じておられる。この点について、関節炎にかかった私の経験から示唆が得られる。これまでに何らかの形のリューマチで苦しんだことがある人は、その痛みのある部分を本能的にかばい、保護しようとする傾向があることを知っている。もしも膝に痛みがあるならば、努めて曲げまいとする。痛いところを保護し、かばおうとするのだ。

信仰生活においても同じようなことがある。そこで、この著者が命じているのは、自分が痛みを感じる部分をかばうな、ということである。ある段階においては、それに対する最良の処置は軽い運動である。「ですから、弱った手と衰えた膝をまっすぐにしなさい」と勧められている。だが、ある者は、「私には、その力がない」と言うかもしれない。教官である神は次のように命じておられる。「手足をまっすぐに伸ばし、雄々しく立ち、運動を始める準備をせよ。痛みのある部分を動かせば動かすほど、だんだん良くなるからだ。」

このことはリューマチについては文字どおり真実であり、治療法を知っている者からそのような指示を受けるのが常である。からだを動かし続けよ、身をこわばらせるな。関節を動かし続けるがよい、できるかぎり柔軟にしておくがよい、と命じられている。これは信仰の世界でも同じように真理である。試練が訪れてきた時、身動きしなくなる人々の姿を見たことがないだろうか。彼らは自己憐憫に陥り、周囲の人すべてが同情してくれることを期待する。「そのような態度はやめるがよい」と、この著者は勧めている。「うつ気分を追い払い、だらしなく垂らした手をしゃんと伸ばし、弱々しい膝をまっすぐにし、身を引き締めるがよい。自分が一人前の者であることを思い出し、気を取り直すがよい。」今こそ、そうすべき時である。最初からそうするのではない。神から命令を与えられた後に、神のことばによって自己を吟味した後で、行動するのである。

その次には、どうすべきだろうか。一三節にその答えがある。「また、あなたがたは自分の足のために、まっすぐな道を作りなさい。足の不自由な人が踏み外すことなく、むしろ癒やされるためです」「自分の足のために、まっすぐな道を作りなさい」とある。なぜだろうか。この勧めもまた理にかなっている。もし道が、平坦でまっすぐでないならば、病気にかかった関節は脱臼してしまうだろう。だが、もし足の弱い人にも歩けるように平坦でまっすぐな道をつくるならば、その回復を助けることができる。

まっすぐな道の大切さが訴えられている。それは信仰生活に、どのように適用できるだろうか。これまでに学んだすべてのことを行った後、自分に対して、「確かに私は違った方向に進んでいた。みことばに示されるように、まっすぐで狭い道に戻らなければならない」と言うべきである。つまり、もう一度、きよい信仰の道を思い出して、神の道に立ち返る必要がある。ここで再び、自己訓練の必要が明らかになる。正しくない事柄を行わない決心をし、自分の歩みのために道をまっすぐにすべきである。この聖なる道に沿って歩き始めるならば、自分の弱々しい膝がしだいに強められ、からだ全体が調子を取り戻し、元気を回復していくのを感じるだろう。

最後の勧めは一四節にある。「すべての人との平和を追い求め、また、聖さを追い求めなさい。聖さがなければ、だれも主を見ることができません。」英欽定訳の「平和と聖とに付き従いなさい」という訳は、もとの語調を弱めていると思われる。著者が実際に言おうとしたのは、「平和を追い求めよ。聖化を追求せよ」ということである。さらに言えば、獲物をねらう時のように、平和を「模索し」、聖化を「探求せよ」「一生懸命に追求せよ」と勧めている。

聖化の手段について言えば、聖書を読んだことのある人がどうして受動的な態度を受け入れ、それを信奉できるのか、私には理解できない。ヘブル人への手紙の著者はここで、完全な聖化が得られるまで全力を尽くしてそれを追い求め、模索し、探求し、追求せよと勧めている。つまり、平和と聖化のため、すべての隣人との和合、私たちがきよい者となり、神に似た者となるために可能ないっさいのことを努めなければならない。以上が、神が信仰の鍛練場で私たちに課せられる訓練である。それが、私たちを名実共に神の子どもとする神の手段である。

励ましのことばをもって、この章を締めくくりたいと思う。「すべての訓練は、そのときは喜ばしいものではなく、かえって苦しく思われるものですが、後になると……義という平安の実を結ばせます」という約束を覚えておきたい（一二・一一）。少しぐらいの痛みは気にしないでこわばった筋肉を動かし続けるがよい。そうすれば、間もなく柔軟になってくるのが分かるだろう。訓練を続けるがよい。「後になると……義という平安の実を結ばせる」からである。霊的な鍛練場で訓練を積めば積むほど、その実りは豊かなものとなる。なぜなら、神はこの世だけでなく、永遠の御国のために私たちを整えておられるからである。肉体的な訓練は、ほんのしばらくの間であり、地上の親が与える懲らしめは、私たちがこの世にいるわずかの間だけである。しかし、信仰者の地上の生涯は、永遠への準備にほかならない。本当に大切なのは、この世ではなく、来るべき世界である。重要なのは、この地上と今のひとときでなく、永遠の御国である。神は永遠の祝福と栄光のために、私たちをこの生涯において整えてくださるのである。

このこととの関連において、私たちが近付いているお方のことも忘れてはならない。もし神にお会いすることを望むならば、この訓練場で徹底的に鍛錬しておく必要がある。「聖さがなければ、だれも主を見ることができません」と一四節に言われている。神が様々な訓練を与えられるのは、私たちをきよくするためである。したがって、もし神が課しておられる処置に注意を払っていないとすれば、それは、自分がどのような存在なのかを悟っていないのである。つまり、神の子どもになっていないことを意味している。もし本当に神のおられる天の御国に行きたいのであれば、神の指示に従い、その命令を誠実に実行しなければならない。なぜなら、神がこのような取り扱いをなさるのは、私たちの聖化を促進させようとしてのことだからである。すべては信仰者の益のため、すなわち私たちが神ご自身のきよさにあずかり、その共同の相続人となるためである。

最後に、最も大いなる励ましとして、ご自身にはその必要がなかったにもかかわらず、身をもって試練を耐え忍ばれたお方のことを思い出すがよい。「信仰の創始者であり完成者であるイエスから、目を離さないでいなさい。この方は、ご自分の前に置かれた喜びのために、辱めをものともせずに十字架を忍び、神の御座の右に着座されたのです」(一二・二)。イエスは試練の苦しみを体験された。そして、「わが父よ、できることなら、この杯をわたしから過ぎ去らせてください。しかし、わたしが望むようにではなく、あなたが望まれるままに、なさってください」と祈られた(マタイ二六・三九)。主イエスがすべての苦難を耐え抜かれたのは、ご自身の前に置かれていた喜びのためであり、私たち信仰者の救いのためであった。

だから、神の懲らしめが厳しすぎると感じ、非常な苦痛を覚える時には、これまで学んだすべての事柄を思い起こすとともに、主イエスを見上げるがよい。イエスから目を離さず、主に従うがよい。もしそうするなら、確実に、しばらくの間は苦痛と悲しみである試練の経験が、後には——つまり、この地上の生涯において、またさらに栄光の御国において——実を結ぶということが確信できるであろう。健康、義、平和、神にある喜びというすばらしい実が約束されている。

今読者がどのように感じているのか、私には分からない。しかし、うそ偽りなく神の御前で告白するが、私はこの重大なテキストについて黙想していた時、自分自身が神の摂理の御手の中にあり、この上もなく神に愛されていること、また神は私にきよさをまとわせて天の御国へ導き入れてくださるに違いないと知り、これ以上の慰めと励ましの源はどこにもないと確信した。また、もしも神のことばに従順に聞き従わないならば、神は別の方法で取り扱われるだろう。そして、正しい道に立ち返らせてくださるに違いない。それは警鐘であるとともに、祝福でもある。「どんな被造物も、私たちの主キリスト・イエスにある神の愛から、私たちを引き離すことはできません」とも言われている（ローマ八・三九）。

友よ。神の訓練を受けるがよい。急いで訓練の場におもむき、神の指示を仰ぐのだ。どれほどの代価が必要であっても、どんな苦痛が伴おうとも、みことばのすべてを実行するがよい。そして、主の喜びにあずかる者となってほしい。

一九　神の平安

何も思い煩わないで、あらゆる場合に、感謝をもってささげる祈りと願いによって、あなたがたの願い事を神に知っていただきなさい。そうすれば、すべての理解を超えた神の平安が、あなたがたの心と思いをキリスト・イエスにあって守ってくれます。（ピリピ四・六、七）

この箇所が、現存する文学の内に認められる最も高貴で、最も偉大で、最も大きな慰めを与える言明の一つであることは、疑う余地がない。同じことは聖書中の多くの箇所について言えるだろうが、この世界における個人の生活と実際的な体験という見地からすれば、この二つの節ほど神の民への慰めとなるものはない。

ここで使徒パウロが述べているのは、ピリピ人への手紙四章の中心テーマであるとともに、この手紙全体の主題でもある。彼はピリピの教会員たちの幸福と喜びとを気づかっている。「いつも主にあって喜びなさい」という有名な勧めのことばを書き記した後に、もう一度「喜びなさい」

と繰り返している（四・四）。人々が主にあって喜びを保ち続けるようにという強い願望を抱きながら、パウロは、時としてクリスチャンからその喜びを奪い去り、生気のない信仰生活に追いやる様々な要素や原因について言及している。「あなたがたの寛容な心が（つまり苦しみが続いていたことが暗示されている）、すべての人に知られるようにしなさい。主は近いのです」と語っているが（五節）、ここで彼は、不安や、自分の都合だけを優先させようとする焦りによって、私たちがしばしば喜びを奪われてしまうことを指摘している。

冒頭の二つの節においてパウロは、主にある喜びを奪い去る要因の内で多分最も問題となりやすい要素を取り上げている。つまり、私たちが経験する出来事や周囲の情況に対する思い煩いである。それは何と数多く、また何と頻繁に起こってくるものであろうか。ここで使徒パウロは、この問題に対して決定的な解決を示している。

聖書を読み通すと、この問題が至るところで取り扱われているのに気づく。新約聖書の手紙のすべてにおいてこの問題への言及があり、すべての手紙は初代のクリスチャンたちが情勢の変化に対する思い煩いを解決するのを助けるために記されたと主張するのに十分な論拠を示すことができる。彼らは非常に困難の多い世界に生きており、たくさんの苦難に耐えなければならなかった。そこで、彼らに苦難をどのようにして克服すべきかを教えるために、神に召された著者たちが手紙を書き送ったのである。

思い煩いは新約聖書の重要なテーマの一つであるが、旧約聖書の中にも言及されている。たとえば、詩篇三篇と四篇とを見てほしい。詩篇作者は劇的にそれを描き出している。ある意味において、人生の最大の課題は、どのようにして身を横たえて休息し、また眠ることができるかである。「私は身を横たえて眠りにつきます」と作者は述べている（参照詩篇三・五、四・八）。身を横たえることはすべての者にできるが、問題は、安らかに眠れるかどうかである。この詩篇作者は、自分が敵によって、また苦難や試練によって取り囲まれていると述べる。にもかかわらず、主を信頼するゆえに、身を横たえて安心して眠ることができたとあかししている。翌朝には平安な心で、気分爽快に目覚めた。なぜ、そうできたのだろう。主が共におられ、彼を見守っておられたからである。

これは旧約聖書全体を貫く主題であり、明らかに、とても大切な主題である。時として私は、この件ほど私たちの信仰とクリスチャンの立場を徹底的に試みるような要素はないと感じる。自分がキリスト教に賛同していると告白することもある。聖書を読み、その教理を漠然と受け入れ、「私はそのすべてを信じている。その信仰によって私は生きている」と言うこともある。しかし、それは必ずしもまことの勝利をもたらす信仰とはかぎらず、いっさいが思うように運ばないで絶望に追いやられそうな時にあっても喜びを失わない信仰であるとはかぎらない。それは微妙でデリケートな、信仰の吟味法である。なぜなら、非常に実際的だからである。まことの信仰とは、単に口先だけの理論とは全く違ったものである。問題は、試練のさ中にあって、苦難が持ち上がってくる状態のさ中にあって、そこで信仰にどんな価値があるか、である。その時、信仰を持たない人々との違いが認められるだろうか。

明らかにこの点は、私たち自身の平安と慰めのためだけでなく、特に今日のような時代にあっては、信仰のあかしという視点全体からして非常に重要である。現代人は現実主義者であり、実践家であると自称している。教理にはそれほど関心を示さず、私たちのことばはあまり聞きたがらない。しかし、勝利の生活を送る秘訣を心得ていると思われる人々を見かけるならば、彼らはすぐに関心を寄せる。その理由は、彼らには幸福感がなく、欲求不満ぎみで、平安がなく、不安を抱いているからである。そのような状態にあって、もしも平安と平静さと落ち着きを失わない人々を見るならば、彼らはその人々に注目し、その人たちの語ることばに耳を傾ける。そういうわけで、自分の個人的な幸福感と主にある喜びを保ち続けるという視点から、また困難の多い現代における伝道とあかしという視点からして、使徒パウロが周囲の情況と情勢についての思い煩いをどのように克服するかについて述べているこの名言を、注意深く考察するべきである。

このテキストは、おのずと二つの要素に分類できる。第一にパウロは、私たちが避けるべき事柄を教えている。回避しなければならないことがいくつかある、と述べている。「何も思い煩わないで」――これは禁止命令、つまり避けるべき事柄である。ここにある「思い煩う」ということばに注目しよう。ある訳では「何事も心配しすぎてはならない」となっている。「何事も思い煩ってはならない」と訳すものもある。「思い煩い」とは「心配の種がたくさんある状態」のことである。つまり、不安、心配事があり、過度に心をつかい、物事について考え込み、思案することを意味している。これはイエスが山上の説教で用いられたのと同じことばである。マタイ六章に「心配したりするのはやめなさい」という勧めがあるのを覚えているだろう。それは、心配しすぎてはならない、過度に考え込み、思案にくれてはならない、あまりにも憶測しすぎてはならない、病的な憂慮は避けなさい、という意味である。それがこのことばの真意である。

少し横道にそれるが、聖書のどこを見ても、生活に必要な一般的な考慮をしてはならないとか、一般常識を捨てよというような教えはないことを理解しておくのは重要である。聖書には怠惰は奨励されていない。テサロニケの教会にあててパウロが「働きたくない者は食べるな」と命じたのを覚えているだろう（Ⅱテサロニケ三・一〇）。だから、ここで言う「思い煩い」とは賢明な予測を指すのでなく、過度の心配、心を痛め疲れさせ、精神を衰弱させる心労を指すと解釈されなければならない。それこそ使徒パウロが、努めて避けるようにと勧める事柄である。

しかし、パウロがそのような否定的な命令にとどまっていないことに注意してほしい。ここに、とても深い意味を持つ聖書的な心理学の片鱗が認められる。パウロは人がどのようにして、過度に神経質で、陰湿で、思案にくれるこの思い煩いの状態に陥るのかを指摘している。それはすべての心と思いの働きに起因することを、「神の平安が、あなたがたの心と思いをキリスト・イエスにあって守ってくれます」ということばで教えている。確かに問題は、心と思いのあり方である。思い煩い、つまり病的な思案と心配を引き起こすのは、心と思いである。

ここに聖書的な心理学が輝いている。これを強調するのは、パウロが示している解決法を自分に適用する際に、この状態についての彼の心理学的な説明を理解し把握することがどんなに重要であるかを、後で見るからである。

パウロが述べている内容を言い換えると、私たちは内外の生活における多くのものを統制できるが、自分の心と思いはコントロールできないということである。「この思い煩うという状態は、ある意味において、人間の統制力の及ばないものであり、人の望みや意志とは全く別のところで生じている」と、彼は語っている。経験に照らしてみると、それはまことに真理である。自分が思い煩いの状態にあった時のことを思い出すがよい。どんなにしても統制できなかったことを思い起こしてほしい。身を横たえながら、もしも平安な心で眠ることができるものならば、どんな代価も惜しくないと感じたことがあるだろう。しかし、思い乱れて寝つかれず、心が不安にさいなまれて眠れないのだ。心と思いは、私たち人間の統制力が及ばないところにある。心と思いとが好き勝手に動き回るのを静め、考えが堂々巡りして眠れない状態を解消できるのであれば、私たちはどんな代価も惜しまないだろう。

これは確かに深遠な心理学である。パウロはそれをためらわずに用いている。ここで私たちはもう一度、聖書のすばらしい現実主義を目にする。つまり、その誠実さ、ありのままの人間を認める態度である。そこでパウロは次のように教えている。心と思い――人格の最も奥深いところと呼んでもよい――が、思い煩いの源である。ここで言う「心」とは単に感情が生じる場所でなく、人間の人格の中心を意味している。「思い」ということばは「考え、思考」とも翻訳できる。悲しいことに私たちは一人残らずこの状態を経験したことがあり、パウロが言おうとすることを十分に承知している。心は感情と情緒の源である。もしも愛する者が病気になると、心は活発に動き始める。その人物に対する関心、つまり愛情そのものが心配の原因となる。もし、その人について何も考えないならば、思い煩うことはない。それは感情や愛情が生じてくるところである。

それればかりでなく、想像力も備わっている。多くの思い煩いの原因は、想像力である。ある苦境に立った時、その事実だけならば、横になって眠ることができるだろう。しかし想像力が働き始め、次のような考えが浮かんでくる。「もし、あれやこれやが起こったらどうしようか。今夕はすべてが順調に保たれているが、夜半に熱が上がり始めたらどうしよう。状態が悪化し、最悪の事態にでもなったらどうしようか。」このような想像によって動揺しながら何時間も思案にくれる。そして心が思い乱れて眠れなくなるのである。

あるいは、想像の領域においてでなく、むしろ思いと純粋な思考の領域において様々な可能性を思い巡らし、分析することがある。そして、「もしもこうなったら、あの処置をとらなければならない。あるいは別の手段を講じなければならなくなる」と考える。それがどのように働いているかに気づいてほしい。心や思いのほうが支配権を握っており、私たちはそのえじきになっている。思い煩いの状態にあって、私たちは犠牲となっている。支配権を握り、私たちを圧倒しているのは、心と思いである。私たちの内にありながら、統制のきかないこれらの力である。これこそどんな代価を払っても避けなければならない状態である、と使徒パウロは教えている。

その理由をとやかく論じる必要はないだろう。すべての者が経験によってそれを知っているに違いない。思い煩いの状態に陥ると、人は想像上の事柄について原因を究明し、あれこれと論じ、その解決を追い求めることに時間を費やしてしまう。そして、この状態に陥ると有益な働きができなくなる。他の人々と会話をしたくなくなる。話の中では人々が語るのに耳を傾けているようなふりをしているが、その思いは別のところで様々な可能性を模索し続けている。そのため、残念なことに、信仰のあかしが無益なものとなる。そして、他の人々に何の益ももたらすことができず、さらに悪いことに信仰の喜びを失ってしまう。

手短に、第二の原則について述べよう。この心の乱れを静めるには、どうしたらよいだろうか。ここで使徒パウロはどう教えているだろうか。

次に述べるのは、特にキリスト教的な視点からの主張である。何はさておき、思い煩いに対する信仰的な克服法と、心理学的あるいは一般常識による解決法との決定的な違いを明らかにしたいと思う。読者の内には私が心理学について偏狭すぎると感じる人がいるかもしれないが、少しの弁明を許してほしい。心理学はキリスト信仰とのかかわりにおける最も微妙な落とし穴の一つであると私は考えている。時として人は、自分が受けたのは純粋に心理学的な処置である場合であっても、キリスト信仰によって回復させられたと考える。それは危機的な経験に見舞われると崩壊してしまう。私たちが宣べ伝えているのは心理学でなく、キリスト信仰なのである。

ここで思い煩いの信仰的な解決法と、他の方法との違いを明らかにしたい。パウロは、思い煩いに脅かされる時にはどうしたらよいと教えているだろうか。ただ「心配するのをやめよ」とだけ勧めているのではない。「心配するのをやめ、心を引き締めよ」というのは、常識と心理学から出たことばである。パウロがそう言わないのは、十分な理由があってのことである。現に思い煩っている人に向かって「思い煩うのをやめよ」と勧めるのは意味がない。ついでに言えば、それは心理学的に見ても間違っている。それは抑圧にほかならない。もし意志の強い人物であるならば、その苦悶を意識の世界から追い出すことができる。だがその結果、それらは無意識の中で作用し続ける。これが抑圧状態と呼ばれるものである。抑圧状態は思い煩いよりももっと深刻な問題である。しかし、この理由からだけでなく、普通の人に、心配するのはやめなさいと命令するのは、全く愚かなことである。だからこそパウロの「心理学」がとても重要だと主張したのである。

人は思い煩わないで過ごすことができない。思い煩いたくないと思ってはいるが、不可能である。それはあたかもアルコール中毒者にいきなり禁酒を命じるようなものである。それは不可能である。なぜなら、その強い欲望と中毒症状に襲われると、無防備になってしまうからである。同じ理由から聖書には、「心配しなくてもよい。そんなことは決して起こらないだろう」とは述べられていない。これは広く知られた心理学的なスローガンであり、実にすばらしいことばだと人々は考えている。しかし私がその状態にある時、だれかが「なぜ思い煩うのか。そんなことは決して起こらないだろう」と言うならば、私は「確かにそうかもしれないが、ひょっとすると起こるかもしれない」と答えるだろう。それが問題である。もし万一、起こったらどうするのか――それが問題の核心である。だから、決して起こらないだろうということばは、全く助けにはならない。

第三の禁止命令はこれである。心配と思い煩いで心を乱している者に向かって人々は、「思い煩ってはならない。心配するのは間違っている。どれほど思い悩んだとしても、少しも問題の解決にはならないだろう」と言う傾向にある。それは全く真理であり、健全な常識である。心理学者もまた、「自分のエネルギーをむだにしてはならない。あなたが心配しても、事態は全く好転しないだろう」と言うだろう。だが私は次のように言わざるを得ない。「確かにそのとおりだ。そのことばに誤りはない。しかし、それは私の悩みの原因に対して十分な解決にはならない。問題は、起こるかもしれない事柄である。思い煩いが情況を好転させるものではないということに同意はするが、悩みは依然として残っている。私を思い煩いのとりこにしているのは、この状態そのものである。あなたの言う内容は全く正しいが、今の私の情況を少しも解決してくれない。」

別のことばで言えば、これまで述べたような手段では、事態は全く改善されないということである。というのは、以上の方法は、パウロが「心」また「思い」と呼んでおり、私たちを苦しめているものの力を十分認識していないからである。心理学的な方法や常識から出た解決法のすべてが結局のところ役に立たないのは、そのためである。

では、使徒パウロは何と言っているだろうか。彼は積極的な命令の形で解決法を示している。「あなたがたの願い事を神に知っていただきなさい」――これが答えである。しかしここで、問題をどのように取り扱えばよいかを正しく詳細に知ることが、決定的に重要である。パウロは、「願い事を神に知っていただきなさい」と勧めている。だが、悩んでいる人の多くは次のように嘆いている。「ああ。私は何度もそうしたのだ。一生懸命に祈ったのに、言われるような平安が得られなかった。解決方法が与えられなかった。私に今さら祈りを勧めてもむだだ。」

幸いなことにパウロはそのような現実もわきまえていて、その命令を実行するための具体的な方法を指示している。「何も思い煩わないで、あらゆる場合に、感謝をもってささげる祈りと願いによって、あなたがたの願い事を神に知っていただきなさい」(四・六)。ここで彼は、ただことばを羅列しているだけだろうか。それとも熟考したうえで語っているのだろうか。確かに彼はことばを選んで語り、どのようにして自分の願望を神に知っていただくべきかを示していると、私は断言することができる。

そのためには、いったいどうすべきだろうか。第一にパウロは祈りを勧めている。祈りと願いと感謝とを区別して述べている。祈りとは、どういうものだろうか。これは非常に意味の広い用語であるが、一言で言えば、礼拝と崇敬を表している。すぐには解決できそうもない問題が持ち上がり、心配の重圧に耐えられないと感じる時、だれかが祈るようにと勧めても、嘆願だけを持って神のもとへ走ってはならない。それは正しい方法ではない。自分の願望を神に告げる前に、まず礼拝と崇敬の祈りをすべきである。神の前に静まり、しばらくの間、自分の問題のことを忘れるがよい。嘆願に終始してはならない。まず自分が神と人格的に向かい合っていることを知る必要がある。

この「祈り」ということば自体の中に、一対一で向き合うという概念が含まれている。まず神の前に静まり、主の臨在を認め、神の臨在を思い起こすべきである。それをつねに最初のステップとしなければならない。願いごとを神に申し上げる前に、神と人格的に向き合っていることを悟り、自分が神の臨在される場にいることを知って、崇敬の心を注ぎ出すのである。それが第一歩である。

祈りの次に願いごとがくる。いよいよ嘆願を始めることができる。神を神として拝し、礼拝と崇敬の心を言い表した後で、個々の問題に移るのである。パウロはここで願いごとを述べるようにと勧めている。私たちは神に具体的な問題を告げることができる。また嘆願は祈りの中に含めてよい要素であると教えている。そのように自分の願いを告げ、今心に重荷となっている事柄を具体的に祈ることができる。

自分の願いごとを神に告げようとする時、もう一つの要素を忘れてはならない。「感謝をもってささげる祈りと願いによって……」とある。この句の中で欠いてならないのは、感謝である。パウロが解決を与えようとしている問題の状態の内にある人々の多くが見落としているのは、この点である。これらの要素に言及する時、パウロが単に祈りの形式だけに興味を持っていたのでないことは、わざわざ指摘する必要がないと思う。礼拝の形式や儀式のやり方だけに関心を持つ人々がいるとすれば、悲しいことである。パウロが言うのは、そんなことではない。彼は形式主義者ではない。関心があるのは神への礼拝そのものであり、その理由から、感謝を絶対に欠くことができないと述べているのである。

神に祈る時、もしも心の内に神に対する苦々しい思いがあるならば、神の平安が心と思いを守ってくれるようになると期待する権利はない。神が自分に敵対しておられると感じながら祈っているとすれば、その祈りはむだである。そうでなく、「感謝をもって」神に接しなければならない。

神のいつくしみに関して心に疑いがあってはならない。疑惑や疑念があってはならない。神に感謝する積極的な理由を持つべきである。困難や苦悩は確かに存在するが、祈る時には、「私は何について神に感謝できるだろうか」と自問しなければならない。意志的にそうすべきである。それは私たちに可能な事柄である。神のみわざを想起して、次のように告白しなければならない。「今は悩みのうちにあるが、救いについては神に感謝することができる。神は御子を遣わし、私の罪のために十字架上で死に渡されたからである。今恐るべき問題が身に振りかかっているが、キリストのみわざは私のためであった。神が主イエス・キリストを世に遣わされたことについて私は神に感謝している。十字架の上で私の罪を身に負われたイエスに感謝しよう。私を義とするために復活されたイエスをほめたたえよう。そのために感謝を持って心を注ぎ出そう。これまでに与えられた数多くの祝福について、神に感謝をささげよう。」

思いを集中し、すべてのエネルギーを動員して、神に感謝し、神をたたえる理由を探さなければならない。神こそ、まことの父であり、頭の毛さえも数えられているほどに私たちを愛しておられることを思い出すべきである。そして、それらを想起しながら、感謝を持って心を注ぎ出さなければならない。そして神との正しい関係を保たなければならない。神についての真理を悟る必要がある。

このように神の御前で愛と賛美と礼拝と崇敬と信仰の確信とを言い表し、その後で自分の願いごとを神に申し上げるがよい。別な言い方をすれば、パウロの勧める祈りとは暗やみの中での絶望的な叫びでなく、常軌を逸した狂気じみた訴えではない。そうでなく、まず初めに自分が礼拝しているのは尊い栄光の神であることを思い起こし、黙想するのである。まず礼拝し、その後で自分の願いを神に申し上げるがよい。

三番目の大原則に言及したい。これまで述べたことを実行する人すべてに対する神のすばらしい約束についてである。すでに、思い煩いにどう対処すべきか、どうすればそれを克服できるかを学んだ。これから、使徒パウロが勧めたことを実行する人々に対するすばらしい約束について述べよう。それが祝福であるのは当然だが、それを見出す方法を会得しなければならない。どんな約束のことばがあるだろうか。それは、どのような質のものだろうか。

ここに思い煩いの原因について述べられていないのに気づいただろうか。それこそ、思い煩いについての信仰的な取り組み方の特徴である。心配事のある「あらゆる場合に……あなたがたの願い事を神に知っていただきなさい」とパウロは勧めているが、しかし、「そうすれば神は思い煩いのすべてを取り去り、除いてくださる」とは言っていない。そうは語っていない。そのようには述べておらず、思い煩い自体については何も言っていない。

この点は私にとって、信仰生活で最も感動を覚える要素の一つである。福音のすばらしさは、それが私たち自身に関することであり、周囲の情況についてではないという点にある。福音の究極的な勝利は、ここにある。つまり、周囲の情況がどうであれ、私たち自身は義とされ、正しく守られる。外的な情勢については何も述べられておらず、心配と当惑の原因については語られていない。それに関しては一言も記されていない。心配した事柄は起こるかもしれないし、起こらないかもしれない。それは分からない。恐れているようなことは決して起きない、とはパウロは言っていない。ただ、それが起こっても起こらなくても、私たちは守られると述べているのである。神に感謝せよ。それこそ勝利である。信仰者は周囲の情勢に押し流されないで、それらを乗り越えて勝利するのである。

これが大原則である。すべての者が環境の変化によってうろたえるが、それは環境に依存しすぎているからである。人はそれらを統制し、コントロールしようと望むが、それは聖書に述べられる対処法ではない。使徒パウロは、「あなたがたの願い事を神に知っていただきなさい。そうすれば、すべての理解を超えた神の平安が、あなたがたの心と思いをキリスト・イエスにあって守ってくれます」と述べている（四・六～七）。今眠りを妨げ、安心して床につけなくしている思い煩いの種から完全に守ってくださるのは、神ご自身である。心配は静められ、それを神にゆだねて平安のうちに休むことができるようになる。

もう一度、ここで繰り返しておきたい。パウロは、もし祈るならば、その祈り自体によって気分が晴れるとは決して述べていない。自分の気分を良くするために祈る人がいるとすれば、それは神への冒瀆である。それは心理学者による祈りの利用法である。彼らは、悩みを持つようになったら祈りが有益であると教える。とても響きのよい心理療法であるが、キリスト信仰からすれば完全な誤りである。祈りは決して自動的な悩みの解消法ではない。

パウロはまた、「祈りなさい。祈っている間は悩みのことを忘れ、それによって一時的な安息を経験することができるだろう」とも言っていない。心理学的にはそうかもしれないが、まことの信仰からすれば、それもまた間違っている。

さらに、「神とキリストについての瞑想で思いを満たすなら、その瞑想によって思い煩いは消えうせるだろう」とも述べていない。これもまた一つの心理療法であるが、まことのキリスト信仰とは無縁である。

あるいは、微妙な言い方をするが、「祈るがよい。祈りは事態を好転させるから」とも言っていない。この考えも間違っている。祈り自体が「事態を好転させる」のではない。パウロはそうは言っていない。これは、心理学的ではあるが、福音信仰とは全く無縁の期待である。使徒パウロが言うのは、「祈りによって自分の願いごとを神に知っていただきなさい。そうすれば神が解決を与えてくださるだろう」ということである。解決をもたらすのは、祈りそのものではない。解決をもたらすのは、あなたではなく、神ご自身である。「すべての理解を超えた神の平安」が与えられ、それによって神が「心と思いをキリスト・イエスにあって守ってくれる」のである。

心と思いを「守る」という表現について、少し注釈しなければならない。それは「守備隊を置く、護衛する」という意味であり、様々に言い換えることができる。このことばから一つの情景が思い浮かんでくる。神の平安という守備隊が、私たちの生活という塔や城壁を見回っている姿である。私たちは内側におり、心と思いとは外側からストレスや不安や思い煩いの矢を準備して動き回っている。しかし、神の平安はそれらを外に締め出し、内にいる私たちは完全な平安を与えられている。それを可能にしてくださるのは、神である。私たち自身でなく、祈り自体でもなく、心理療法でもない。自分の願いごとを神に申し上げる時、神がそれを成し遂げ、また私たちを全き平安の内に守ってくださるのである。

「すべての理解を超えた神の平安」という句は何を教えているだろうか。神の平安は人間の理解を超えた賜物だという意味である。それは推測することもできない、ある意味では、信じがたいほどのものである。しかし、それはまぎれもない現実であり、今体験し、享受されている。神の平安はキリスト・イエスの内にある。

パウロはこのことばで何を言いたいのだろうか。この神の平安は、主イエス・キリストが提示され、その方について黙想する時に機能すると教えられている。これをローマ人への手紙の論法に置き換えるなら、「敵であった私たちが、御子の死によって神と和解させていただいたのなら、和解させていただいた私たちが、御子のいのちによって救われるのは、なおいっそう確かなことです」となる（ローマ五・一〇）。「神を愛する人たち、すなわち、神のご計画にしたがって召された人たちのためには、すべてのことがともに働いて益となる」とあり、「私たちすべてのために、ご自分の御子さえも惜しむことなく死に渡された神が、どうして、御子とともにすべてのものを、私たちに恵んでくださらないことがあるでしょうか」と言われている（同八・二八、三二）。さらに、「私はこう確信しています。死も、いのちも、御使いたちも、支配者たちも、今あるものも、後に来るものも、力あるものも、高いところにあるものも、深いところにあるものも、そのほかのどんな被造物も、私たちの主キリスト・イエスにある神の愛から、私たちを引き離すことはできません」ともある（同三八、三九節）。

もし神が私たちのために御子イエスを十字架の死にまで送るほどのみわざを行われたとすれば、あたかも途中まで導いてきて放置するかのように、今見捨てられるようなことは決してない。そのようにして、人のすべての考えにまさる神の平安が、あなたの心と思いをキリスト・イエスにあって守るのである。このことばによって神は、全き平安と、思い煩いからの解放を保証してくださるのである。

最後の原則について一言述べて、この章を締めくくりたい。神の約束の包括性についてである。「何も思い煩わないで、あらゆる場合に」とある（ピリピ四・六）。どんな悩みなのかは問題でない。そこに限定条件はない。愛する方々よ。あなたを憂うつにし、思い煩いや病的な気苦労の犠牲者にしようとする原因が何であれ、また信仰生活を挫折させ、だめにするものが何であれ、そのすべてを神に告げるがよい。そうすれば、人のすべての考えにまさる神の平安が、あなたの心と思いとを守ると保証されている。心と思いの内にある大きな不安にも、冷静に対処できるようになる。そして、あの詩篇の作者のように、安心して身を横たえて眠ることができる。神の平安を十分に味わう者となれる。

あなたはこれを体験しているだろうか。この神の平安を得ているだろうか。それは机上の空論だろうか。それとも実際に起こることだろうか。二千年近くも続いたキリスト教会の歴史を見れば、それは事実であると断言できる。歴代の聖徒たち、殉教者や宗教改革者たちの伝記を読むがよい。また現代の信仰者の告白の中にも同じ事実が記されている。

最近私は、数年前まで救世軍の将校であったジョン・G・カーペンター氏の記した体験記を読んだが、そこには彼と妻が、愛する自分の娘と死別しなければならなかった時の様子が語られている。夫妻は娘を心から愛し、また誇らしく思っていたが、彼女は若くして献身し、宣教師となってアジアに赴任していった。ところがそこで突然、高熱を伴う腸チフスにかかった。もちろんカーペンター夫妻は祈り始めた。ところが奇妙なことに、ある時点から娘の健康の回復を祈り求めることがみこころでないと感じるようになった。祈りは続けられたが、その内容は「御旨であれば、神よ、あなたは娘の病気を癒やすことが可能です」ということばに変わっていった。がむしゃらに彼女の癒やしを祈ることができなくなり、「みこころならば、癒やしてください」とだけ祈るようになった。それ以上のことばが出なかったのである。その状態が六週間ほど続き、この美しい娘は息を引き取った。彼女が死んだ朝、カーペンター氏は妻に、「私の心の中に奇妙な、ことばに表せないような平安が与えられたのだが」と打ち明けた。すると妻も答えて、「私も同じような気持ちでした」と告白した。そして、「これは神の平安に違いありません」と付け加えた。

確かに、神の平安であった。神の平安によって彼らの心と思いとが静められたので、狼狽しなかったのである。そのような試練の中で、彼らは正しい方法で自分たちの願いを祈った。そして自分たちも驚き不思議に思うほどに、人間的な感傷を克服していた。それは、神が与えられた驚くべき平安と落ち着きのゆえである。なぜなのかは、彼らにも理解できなかった。「これは神の平安に違いありません」というのが精一杯の説明であった。まさしくそのとおりであった。

神から与えられる平安のゆえに、神に感謝しよう。どうしてそうなるのか、私たちには説明できない。力や考えが及ばない出来事がたくさんあるが、全知全能の神がおられる。だから、祈りと願いと感謝をもって、あなたの願うことを神に知っていただくがよい。そうすれば、神はキリストにある平安によって心と思いとを守り、平安と安らぎとを与えてくださるに違いない。

二〇　満ち足りることを学ぶ

私を案じてくれるあなたがたの心が、今ついによみがえってきたことを、私は主にあって大いに喜んでいます。あなたがたは案じてくれていたのですが、それを示す機会がなかったのです。乏しいからこう言うのではありません。私は、どんな境遇にあっても満足することを学びました。私は、貧しくあることも知っており、富むことも知っています。満ち足りることにも飢えることにも、富むことにも乏しいことにも、ありとあらゆる境遇に対処する秘訣を心得ています。

（ピリピ四・一〇〜一二）

ピリピ人への手紙四章一〇〜一二節は、それを読んだ後になすべきことはただ祝禱だけだと、いつも感じさせられるみことばの一つである。このような崇高で気高いテキストに接すると身震いしそうになるが、それは、異邦人への大使徒パウロの信仰経験から出た最も深遠なことばがここにあると思うからである。しかし、それらを分析し、説明することが求められている。だから、恐れおののきながら学ぶ必要がある。

この章の九節までで、使徒パウロはピリピの教会員たちに語ろうとした勧めを完了している。事実、教理的なことばは終えたが、まだ手紙を閉じることができなかった。もう一言、言い残したことがあった。つまり、教会員の一人であったエパフロディトの手に託して、ローマの獄中にいるパウロのもとに届けられたピリピの教会員たちからの個人的な贈り物について、厚い感謝の気持ちを伝える必要があった。

ある意味では、それこそパウロがこの手紙を書き送った理由であったとも言える。ピリピの教会から彼のもとに贈り物が届けられた。それが何であったかは、具体的に記されていない。金銭かもしれず、品物だったかもしれない。ともかく、何らかの贈り物がエパフロディトを使者として送られてきた。今エパフロディトは母教会に帰ろうとしている。そこでパウロは手紙を託したのである。教理的な言明を終えた後でパウロは、獄中で苦しんでいる者への彼らの愛と心づかいに対して感謝を述べている。一〇～二〇節の間に記しているのは、それである。

常々私は、この大切な手紙を詳細に調べることは、とても興味深いことだと感じている。パウロのことばづかいや、ピリピの教会員たちに感謝を述べているくだりに、示唆に富む興味深い内容が含まれているからである。贈り物と好意に対してピリピの人々に感謝をどのように言い表したらよいか、明らかにパウロは心を砕いていた。親切で心の温かい人々に御礼を述べることに問題があるはずがない、と思うかもしれない。だが明らかに、パウロにとっては問題に感じられた。そのために彼は十節を費やしている。重大な教理を一、二節で述べてしまうこともあるのに、ピリピの教会員たちの善意と親切に感謝を言い表す段になると、十節を費やしている。また、自分の気持ちをことさらに繰り返して述べていることが分かる。「乏しいからこう言うのではありません」と言い、また「私は贈り物を求めているのではありません」と語っている（四・一七）。これは一種の論述であり、適切な言い回しを用いるのに気をつかっている様子が伝わってくる。

パウロのとまどいは次のようなものであった。確かに彼は、ピリピ教会の好意に対して感謝を述べたがっている。だが同時に、感謝以上ではないにしても、自分が彼らの親切を首を長くして待っていたのではないこと、また人々の善意と好意に決して依存してはいないことを示そうと願っている。そのために、問題を感じたのである。その二つのことを一度に、同時にしなければならなかった。ピリピの教会員たちに感謝の気持ちを伝えなければならないが、そうするのに、神に依存しているクリスチャンとしての立場を少しも損なわず、傷つけないような仕方でしなければならない。

このような理由から十節も費やしたのである。それは他人の感情に敏感で、キリストを信じる紳士が二つのことを同時に行おうとした時の課題であった。パウロは、何と偉大な紳士だろうか。何と他の人の気持ちを気づかっていることだろう。紳士として彼は深い感謝を言い表したいと願っており、彼らの親切によってとても感動したことを伝えたいと思っている。だが他方では、もう一つの点も正しく理解してほしいと願っている。つまり、人々が彼の必要を考慮しなかった事情を詮索したり、獄中にいる彼のもとに何も送られてこなかったための苦しみを嘆いたり、教会が救済の物資を送らなかった理由をあれこれ考えてはいなかったということである。全く、そんな状態にはなかったということを明白に伝えたいと欲していた。この十節に見るのは、それに対する使徒パウロの結論である。

ここで把握しなければならないキリスト教的な真理は、信仰生活全体を貫く原則である。福音は、クリスチャンの全生涯に影響を与える。八節に見るように、それは知性を統制し、また九節に見るように、行動を統制する。さらに、この段階においては、親切に対して感謝を申し述べるというような卑近な事柄についても、クリスチャンは信仰のない人の方法とは異なる仕方で表現するものであることを教えられる。クリスチャンは、このような事柄についても真に信仰的なやり方で対処する。

パウロはここで友人たちへの感謝を表明するとともに、もっと大きな主への感謝を言い表している。彼はつねに主の栄光を目指していた。そこで、ピリピ人からの贈り物に御礼を述べるだけでは、主が十分なものを備えておられなかったという印象を与えるかもしれないと恐れたのである。その点を明示する必要があった。パウロは心からピリピの人々を愛しており、彼らに深く感謝していた。しかし、主への愛はそれ以上であり、彼らへの感謝に終始すれば、主の恵みは十分でないという印象を与えるかもしれず、パウロは究極的にピリピの信者に依存していると誤解されるかもしれないと心配したのである。

そこで、この大切な段落において、まどろっこしく、ぶしつけとも思われるような言い回しによって、主の卓越性と恵み深さを訴え、同時に、彼に対するピリピ人たちの個人的な配慮と心づかいに対する感謝と御礼と愛とを表出するのである。その内容の中心点は、一一、一二節にある。ここに大切な教えがある。「乏しいからこう言うのではありません。私は、どんな境遇にあっても満足することを学びました。私は、貧しくあることも知っており、富むことも知っています。満ち足りることにも飢えることにも、富むことにも乏しいことにも、ありとあらゆる境遇に対処する秘訣を心得ています。」

さて、パウロがこのことばで言い表している大切な教えを学ばなければならない。ここには二つの大原則が含まれている。第一は、パウロが到達した境地である。第二は、その境地に至るまでの過程である。これらの二点が、この驚くべき言明の核心であると言える。

まず最初に、使徒パウロが会得した心境に注目しよう。それは、「私は、どんな境遇にあっても満足することを学びました」という文の中の「満足すること」と訳されたことばによって表されている。このことばの正確な意味を知ることが、大切である。「満足する」という語では、もとの意味が十分に伝えられていない。その真義は、パウロが「自己充足」の状態にあり、周囲の情況や環境の変化などに依存しておらず、「自分の内に充足感を持っている」ということである。「満足する」と訳されていることばの本来の意味は、それである。つまり、「私は、どんな境遇に置かれても充足感を失わず、情勢の変化や身のまわりの出来事によってうろたえずに生きる秘訣を会得しました」と解することができる。この言明は、パウロが自分の立場や環境や情勢の移り変わりや身に振りかかる出来事に対して動揺しないと、心から言うことのできる状態にあることを示している。

これが口先だけのことばでなかったことは、新約聖書のほかの箇所にあるパウロの言明や別の人の記録などからも明白である。たとえば、使徒一六章に興味深い実話が記されている。それは、この手紙を受け取る人々が住んでいるピリピを、パウロが初めて訪れた際の情景である。パウロとシラスがどのように捕らえられ、むち打たれ、投獄されたかを覚えているだろう。その両足には、しっかりと足かせがつけられた。察するところ、彼らの肉体はひどい状態にあったと思われるが、それはパウロとシラスにとっては大きな問題でなかった。そこで「真夜中ごろ、パウロとシラスは祈りつつ、神を賛美する歌を歌っていた」とある（使徒一六・二五）。周囲の情況にあわてず、「どんな境遇にあっても満足し」、充足感を持ち、平静に行動している。

よく知られたコリント人への手紙第二、一二章でも同様である。そのところでパウロは、どうやって「肉体のとげ」を克服したか、その弱さを持ったままでいかに充足感を持つことができたかを語っている。またテモテに対して、この原則を見失わないようにと勧め、次のように語っている。「しかし、満ち足りる心を伴う敬虔こそが、大きな利益を得る道です」（Ⅰテモテ六・六）。これほど尊いものはない。それさえあれば、すべてを持っているのも同然だ、とパウロは訴えている。この時、パウロはすでに老年に達しており、年若いテモテにあてて述べている。周囲の情勢や環境に左右されないこと、つまり「満ち足りる心を伴う敬虔」をまず学ばなければならない。ここに引用したのは、たくさんの注目すべきテキストの一部である。

新約聖書には、これがパウロの境地であったばかりでなく、私たちクリスチャンすべてが到達すべき状態であると明白に教えられている。マタイの福音書六章でイエスがこの点に言及されたのを覚えているだろう。「明日のことまで心配しなくてよいのです」（六・三四）。何を食べるか、何を着るかなどについて心を痛め、心配しすぎてはならない。自分の身に振りかかる出来事にうろたえさせられないというすばらしい資質を、すべての者が身につけ、会得する必要がある。それは良い意味での自己充足感である。

しかし、このことばが何を意味するのかについて、理性的に、十分に理解しておくことが大切である。「満ち足りる心」という表現は、パウロの教えている内容を誤解させる可能性がある。このパウロの言明は、キリスト信仰は人を麻痺させるアヘンにほかならないという福音への挑戦が正しいことを示していると解釈される場合がある。キリスト教の教理は人類の進歩を妨げるもの、発展に対する障害であり、麻薬のようなものだと感じている人々が多いが、それは現代の特徴である。人々は、キリスト教とはいかなる情況をも、またどれほど非人道的で不当な処遇をも甘受するようにと教える宗教だと考えている。イエス・キリストの福音に反対する政治的な圧力が繰り返されてきたのは、人々が先ほどのような聖句を誤解したためである。次のことばはその誤解を象徴的に伝えている。

金持ちは宮殿に住み、
貧しい者は門のかたわらにはべる。
神は、ある者を高く、ある者を低く造り、
おのおのの身分を定められた。

このような見解は、パウロがこのところで教えている教えを愚弄し、あからさまに否定するものである。だが、そのように誤解されたことが何と多いことだろうか。この「遠くに緑の丘がある」と題する歌が作られたのは、とても残念なことである。その作者は「金持ちは宮殿に住み、貧しい者は門のかたわらにはべる」ということばによって聖書の教えを汚している。本当に人間はそのようなものとして創造され、永遠にその姿にとどまるようにと意図されているのだろうか。聖書には決してそのような教理はない。人は貧しい状態に甘んじるべきだとか、決して自分を「向上させる」努力をしてはならないという命令はない。すべての人間は神の前に平等であり、すべての者に同じ権利が保証されているという大前提を覆すようなことばは、聖書の中に一つもない。キリスト教会に対して耐えがたい中傷が続けられるのは、今取り扱っているようなテキストが誤解されているためである。

聖書はまた、周囲の情勢に無関心でいることも勧めていない。そのような考えは、異教的な禁欲主義が主張する「あきらめ、忍従」にほかならず、キリスト信仰とは全くかけ離れたものである。ではいったい、このテキストは何を意図するのだろうか。

積極的な意味において、パウロはここで、環境に支配されず、またうろたえることのない姿を表出している。もしも合法的な正しい方法で自分の置かれている情況を改善できるのであれば、懸命にその努力をするがよい。しかし、もしそれが不可能な場合には、もし自分がどうにもできない苦境にとどまらなければならないとしても、それに圧倒されてはならない。そのために憂うつになったり、自制心を失ったり、それによって喜びや悲しみを決定してはならない。「周囲の情況がどうあろうとも、それらに振り回されない平静さを保つべきである」と、パウロは命じている。

また自分のことについて同じことを述べ、こう言い切っている。「周囲の情況がどうなろうとも、私は平静でいられる。まわりの情勢に動揺させられることはなく、振り回されることもない。私は自由であり、主体的に行動することができる。身に起こる出来事によって喜びを奪われることもない。私の生活、幸福、喜び、生涯は、周囲で起こる出来事に依存しておらず、また自分に振りかかると予想される事件にも左右されない。」

この時パウロが獄につながれていたことを、もう一度思い出してほしい。これらのことばを記した際には、おそらく頑丈な鎖につながれており、両側には番兵が立っていたことであろう。そのような境遇にありながらも彼は、まわりの情況に決して振り回されないと言うことができた。パウロは語っている。「私の人生は、自分の身に起こってくる出来事によって支配されておらず、また振り回されることもない。今や、それらを克服した境地に立ち至っている。周囲の情勢は、生活を脅かす要素ではない。」

パウロの主張は以上のように要約できる。彼が強調しているのは、それがいっさいを包含することばだという点である。もう一度、そのことばに注目してほしい。包括的な言明をした後に、次のように解説している。「私は、貧しくあることも知っており、富むことも知っています。」さらに、「満ち足りることにも飢えることにも、富むことにも乏しいことにも、ありとあらゆる境遇に対処する秘訣を心得ています」と付け加え、自分の言明がすべての情況を想定してのものであることを明示したがっている。

ここに対照されている事柄を列挙してみよう。パウロは、貧しさに耐えるすべ、飢えや乏しさに処する方法を知っていた。また同時に、豊かさの中で生きる秘訣、飽くことや富むことに対する身の処し方を会得していた。これら二つのうち、どちらがより困難かは、興味深い問題である。貧しい状態にあって満足感を失わないのと、豊かな状態で敬虔さを失わないこととでは、どちらが難しいだろうか。この質問にどう答えてよいか、私には分からない。どちらも非常に困難であり、両方が同じように難しく感じられる。

貧しさの中で不平や心配や不安を持たないでいることができるだろうか。食べ物や衣服に事欠きながら、あるいは自分の職業から十分な報酬が得られなくなった時、また何らかの苦境に追いやられた時、それまでと同じ気持ちでいられるだろうか。忍従を強いられ、傷を負わされ、侮辱され、肉体に苦痛を感じながら、あるいは人々が同じように苦しんでいるのを見ながら、敬虔な信仰を貫くことは、決してやさしいことではない。貧しさ、飢え、乏しさに対する正しい身の処し方は、簡単には分からない。人生で最も大切な学びの一つは、これまで述べたような苦境に直面しながら、ねたむ心を起こさず、不平不満や苦々しい思いを抱かない秘訣を会得することである。心配や不安のとりこにならない方法を見出すことである。パウロは、その秘訣を会得したと言っている。あらゆる種類の試練や迫害を経験したが、彼はそれに打ち負かされなかったとあかししている。

次に逆の面を考察しよう。パウロはまた、「豊かさの中にいる道、飽くことや富を享受する正しい方法も知っている」と述べている。これも実に困難である。富める人が神への全き依存心を失わないことも、非常に難しい。豊かになり、自分ですべてのものをやりくりし、操作できるようになると、人は神を忘れ始める。苦しい時に神の存在を思い起こす人は多い。苦境に陥ると神に祈り始めるが、必要が満たされている時には、神を忘れてしまいやすい。だから、どちらが困難であるかという判断は、読者にお任せする。

パウロは、そのどちらの状態にある時でも信仰を貫くことができると言っている。貧困によっても意気消沈させられない。富を手にしても、神への敬虔を失ったり、信仰を弱められたりしない。そのいずれにも依存しておらず、正しい意味での自己充足感を持っていると証言している。自分の人生は周囲のものに支配されず、それらを超越したものとなったと述べている。豊かであっても乏しくあっても、それは問題ではない。

だがパウロは、それでも言い足りないと感じ、筆を進めて、「ありとあらゆる境遇に対処する秘訣を心得ています」と述べている。これは、どんなことについても、どんな情況に置かれても、どのような小さな事柄にも、どんな大事件にも、という意味である。さて、パウロがこのように細分化したことには理由がある。つまり、これらの一つ一つに関する身の処し方を完全に心得ており、「ここに列挙する事柄すべてに平静に対処できる」と述べた後、次のように付け加えている。

「以上のすべてを包括した、あらゆる境遇において、つまり何がこの身に起ころうとも、私は満足感を持ち続けており、それらに依存しないで生きている。私の人生と幸福と喜びは、それらに左右されず、また奪い去られることもない。」

使徒パウロによれば、それこそ正しい信仰生涯を全うする秘訣、クリスチャンらしい生き方である。このような力強い言明にふれるのは、良いことである。今私たちが生きているのは、不確実性の時代である。そして、すべての者が最初に会得しなければならない最大の学びは、周囲の情況によって心の平安と喜びとを奪われないで生きる秘訣である。そしておそらく、世界史すべてを通じて、今日ほどこの学びが困難な時代はなかったと思われる。現代は、自己充足感を持って信仰生活を貫くことがとても難しい生活パターンができあがってしまっている。日常生活の一こま一こまを見ると、自分のために作られる物や自分の周囲で行われる事柄に依存しきっており、独自の生活を送ることが非常に困難になっている。ラジオやテレビをつけると、しだいに、それのとりこになる。新聞、映画、娯楽についても同様である。周囲の世界は、あらゆる点について私たちの生活を拘束しており、人間はそれに依存して生きている。

これについての好例が、先の第二次世界大戦の初め頃に認められた。灯火管制が初めて実施された時の様子である。その頃「暗やみの退屈さ」とでも呼べる状態について、よく耳にした。人人は、いく晩もいく晩も何もしないで自分の家で過ごすことがとても難しいと気づいた。それまでは映画や演劇や様々な催し物に振り回されていたからである。それらが突然に奪い去られたため、「暗やみの退屈」に対して、どのように身を処したらよいのか分からなかったのである。パウロがここで述べているのは、全く正反対のことである。しかし残念なことに、現代人の生活にはその要素が急激に失われてきている。他の人々が自分のためにしてくれる事柄に依存する傾向が急テンポで強くなってきている。このテキストでパウロが教えているのは、それと全く正反対の内容である。

この問題は一般社会にあるだけでなく、残念なことに、クリスチャンの問題ともなり始めている。信仰生活とのかかわりにおいて、今私たちが直面している最も重大な危険の一つは、集会への依存度が高すぎることであると思われる。ある種の「集会マニア」が現れ始め、いつでも集会から集会へと走り回っている信徒がいる。もちろん、信仰的な集会には絶大な価値がある。この点を誤解しないでほしい。私は、日曜ごとに一回の集会に出ればよいと言っているのではない。教会の各集会はすばらしいものであり、大切にすべきである。しかし、注意していないと、集会そのものに頼りすぎてしまう。そして病気になって床に伏すようになった時、どのように身を処してよいか分からなくなる。つまり、教会の集会やキリスト教的な雰囲気に依存しすぎている場合がある。

主として青年を対象とするキリスト教のグループに属する会員たちの間に起こる「教会離れ」

について、ある時一人のスタッフと話し合ったことがある。そこには実に現実的な問題がある。その若者たちがキリスト教的な雰囲気の中にいる間は熱心に興味を持って学んでいるが、二、三年もすると教会から離れていってしまう。この教会離れの原因は、いったい何だろうか。特定の人たちとの交わりに依存しすぎていたという場合がしばしばある。そのため、実社会に入り、あるいは、それまでのような信仰者の交わりがない場所に引っ越したりすると、すぐに気落ちして教会から離れてしまう。

使徒パウロは、そのような状態に対して警告している。私たちは、教会での礼拝やあかしにさえも頼りすぎないように注意しなければならない。そのようなわけで、自分の周囲で起こっている事柄に振り回されない状態を会得するように、とパウロは勧めている。信仰者は、このようなすばらしい自己充足を習得しなければならない。

ホワイトヘッド教授は、「信仰とは、孤独感と共に生きることである」と定義しているが、それは重大な真理を言い当てている。最後の分析として、人間は一人になった時に本心が現れるという点に言及しよう。正直なところ、私には、書斎に一人で座っているよりも、講壇から説教しているほうが気が楽な一面がある。おそらく、大多数のクリスチャンにとっては、一人でいるよりも他の信仰者と交わっている時のほうが主の臨在を感じやすいであろう。パウロは自分が享受していたものを伝えたがっている。彼は、身に起こっている事柄、また起こるかもしれない事柄のいっさいを超越して生きられるようにしてくださった主イエスへの愛を持っていた。すべてのことにおいて、どんな境遇にあっても、またどこに連れて行かれ、何が起ころうとも、パウロは満ち足りる道を心得ていた。貧しくても豊かになっても、乏しくても富んでいても、問題ではない。目には見えないキリストと共にある平安、その秘訣をパウロは会得していたのである。

ここに認められる二番目の要素を少し考えてみよう。使徒パウロがこの境地に達し得た過程である。この点についても彼は興味深い言い回しをしている。「私は……学びました」と述べられているが、これは「会得しました」と訳してもよい。パウロがこう言明していることを神に感謝しよう。初めから人並はずれて、ずっとそうであったわけではない。ある時「会得した」のである。興味深いことばがもう一つある。「私は……ありとあらゆる境遇に対処する秘訣を心得ています」（一二節、傍点筆者）ここでパウロが言おうとしているのは、「奥義を知らされた」「秘儀を知った」「悟りを得た」という意味であると、多くの学者が認めている。

このような苦境の中で、どうあるべきかを悟った、とパウロは告白している。それが彼にとって決して容易でなかったことは、新約聖書のあちこちに暗示されている。パウロは生来、感受性に富み、プライドが高く、加えて、とても行動的な人物であった。このような男にとって、獄に縛り付けられることほどつらいことはない。彼はローマの市民権を持つ者として成長したが、ここでは獄につながれて苦しんでいる。そして知的な上流階級の人たちの間でなく、奴隷の間で生きている。どうして彼はその苦悩を克服したのだろうか。「私は悟りを得た。秘訣を会得した。秘儀を習得できた」とパウロは言っている。

どのようにして、それを会得したのだろうか。その問いに答えてみよう。第一に、過酷な試練を経てである。その代表的な一例として、コリント人への手紙第二、一二章、特に九、一〇節にある「肉体のとげ」に関する言明に注目すれば十分であろう。パウロはそれを決して喜べなかった。その欠点と戦い、それを取り除いていただくことを三度も神に祈り求めた。だが、取り除かれなかった。彼はどうしてもそのとげを甘受できなかった。パウロは説教し続けることを切望したが、その肉体のとげによって妨げられた。しかし彼は、ある時「わたしの恵みはあなたに十分である」という神のさとしを聞いた。神の厳しい取り扱いを経験した結果、その意義を理解するに至ったのである。パウロがその秘訣を会得したように、私たちも一人一人が体験を通して学び取る必要がある。中には容易に会得できない者もおり、神は深い配慮のゆえに病床に伏させ、時には徹底的に打ちのめされる場合もある。それは私たちが、この深遠な真理を学び取り、そのすばらしい高嶺にまで導かれるためである。

しかしながら、この秘訣が分かるのは経験だけによるのではない。パウロは綿密な議論によって、その真理を悟るに至った。読者が筋道を追って考えることができるために、ここにいくつかのステップを示したい。使徒パウロの思考論理は次のように進められたと思われる。

1　周囲の情勢は絶えず変化している。だから、それらに依存してはならない。

2　最も大切で重要な問題は、たましいのあり方であり、神に対する関係である。それが第一である。

3　神は天の父として私を見守っておられる。神の計画にないことは、一つも身に起こらない。頭の髪の毛の数さえも、すべて数えられている。それを決して忘れてはならない。

4　神の御旨と神の方法は神秘である。しかし、神が定め、また許容されることは、すべて私の益のために必要である。

5　人生における出来事すべてに、何らかの神の愛といつくしみとが隠されている。だから、心を尽くして神のいつくしみと配慮とを尋ね求め、驚くべき祝福に心備えしていなければならない。なぜなら、「神の思いは、人の思いとは異なり、神の道は、人の道と異なる」からである（参照イザヤ五五・八）。たとえば、「肉体のとげ」によってパウロはどんな教訓を学んだだろうか。「私が弱いときにこそ、私は強い」という真理である（Ⅱコリント一二・一〇）。彼は肉体的な弱さを通して、神の恵みの絶大さを学び取ったのである。

6　そのようなわけで、環境や情勢そのものに目を奪われるのでなく、それらを神の取り扱いの一部と受け止め、私をきよめ、欠けのない完全なる者にしてくださる過程と見なければばならない。

7　今の時、周囲の情況がどうあろうとも、それらは一時的であり、過ぎ去っていくものである。それらは決して喜びを奪うことはできず、キリストと共に確約されている究極的な栄光を奪い去ることはできない。

パウロは以上のように考え、論理立てていたと思われる。変化する情勢や環境を見る際には、信仰の教理と福音とに照らし合わせて評価し、前述のような筋道の通った論理を持っていた。その結果、「人々が私に何が起ころうと考えようとも、私は動じない。どんなことが起こっても、私は動揺しない」と断言できたのである。

以上のことから、パウロはキリストのうちに、つねにキリストにあって喜びと満足とを見出すことを学んでいた、という大原則が明らかになる。そのような積極的な意味が込められている。クリスチャンは神に身をゆだねるということを会得する必要がある。そのためには、神を知るすべを学び取り、神と交わることを習得し、神の内に喜びを見出すことを会得しなければならない。私ははっきりと言っておきたい。神に関する本を読むことに時間をかけすぎる危険がある。しかし、いずれは本を読めなくなる日がくる。必ず、その日がやってくる。そして試練が訪れる。それでもなお幸福であり得るだろうか。自分の耳や目が不自由になったとしても、なお喜びがわきあふれるほどに神を親しく知っているだろうか。神に語りかけ、その声に耳をすまし、いつも交わりを楽しめるほどに神を知っているだろうか。神との正しい関係を重んじ、それに立脚しているゆえに、他のものは気にならないと言えるほどに、すべてが整えられているだろうか。使徒パウロの状態は、まさしくそうであった。キリストとの親密さがとても深く、直接的であったからこそ、ほかのいっさいのものに振り回されなかったのである。

最後に、パウロがこの秘訣を会得するのに最も助けになったのはキリストご自身の完全な模範にならったことだと私は確信している。「……イエスから、目を離さないでいなさい。この方は、ご自分の前に置かれた喜びのために、辱めをものともせずに十字架を忍び……」という聖句がある（ヘブル一二・二）。パウロは「イエスから目を離さず」、その姿と完全な模範とを見つめていた。そして、それを自分の生涯に当てはめた。「私たちは見えるものにではなく、見えないものに目を留めます。見えるものは一時的であり、見えないものは永遠に続くからです」と告白しているとおりである。（Ⅱコリント四・一八）。

パウロは「どんな状態にあっても喜びを失わず、周囲の情勢に振り回されない秘訣を会得した」と言っている。

クリスチャンよ。あなたもそう告白することができるか。その境地に達しているだろうか。これを第一の生活信条としようではないか。この状態を熱心に求め、心を整えて、このすばらしい状態に到達するために、できるかぎりの努力をしようではないか。生活の必要からそう強いられる場合もあるが、たとい当面の事情がそうでなくても、遅かれ早かれ、この世と地上のすべてのものが過ぎ去っていく時が必ずやってくる。その絶対的な孤独の中で私たちは一人きりになり、死と永遠とに直面することになる。人生で最も大いなることは、その時キリストご自身と共に次のように告白できることである。「しかし、父がわたしとともにおられるので、わたしは一人ではありません」（ヨハネ一六・三二）。

無限の恵みを持っておられる神が、私たちに、この大切な決定的な秘訣を学ばせてくださるように。そして終わりに、次のようなアウグストゥス・トプレディの祈りを繰り返させてくださるように。

つかの間の息を吹い込み
目を閉じて、死におもむく時、
見知らぬ世界に舞い上がる時、
さばきの座にある御姿を仰がせ
とこしえの岩を開いて
御手の内に隠してください。

二一　完全な癒やし

私を強くしてくださる方によって、私はどんなことでもできるのです。

（ピリピ四・一三）

ここに示されているのは、偉大な使徒パウロが異邦人に宛てた手紙の中に数多く認められる驚くべき言明の一つである。

使徒パウロの手紙を読む人が、パウロが実際的な用件を語り終えた時には、すでに大切で重要なことばも語り尽くしていると思うのは性急すぎる。私たちはつねに、あとがきにも目を留める必要がある。パウロは、思いがけないところでも宝石のような名言を吐露することがあるからである。手紙の書き出しに、締めくくりに、あるいは他のところにも、真理への驚くべき洞察や深遠な信仰教理の啓示が散りばめられている。

ここで見るのは、言わば手紙のあとがきの部分である。パウロは九節までで実務的な内容を語り尽くし、その後でピリピの教会員たちの善意に対して個人的な感謝を言い表している。彼らが心を込めて送った贈り物についてである。しかしすでに見たように、使徒パウロは感謝の思いを伝えるに際して、ひとこと教理的な言明を付け加えなければならないと感じた。彼らに感謝を表したいと願ったが、それとともに自分はキリストにあって満ち足りており、人々が覚えていようといまいとつねに主イエスによって支えられていることを伝え、またそれを人々に知らせたいと切望していた。この一三節は、そのような文脈にある一節である。

確かに、これは驚くべき言明である。「私を強くしてくださる方によって、私はどんなことでもできるのです」と告白している。これは勝利の言明であると同時に、謙遜の心が込められたひとことである。一度聞いただけでは傲慢なように響くが、注意してみると、自分の主であるキリストに対する最大限の栄光と賛辞が込められていることが分かる。これは使徒パウロが好んで用いた逆説的なことばの一例である。確かに、キリスト教の真理がつねに逆説的な内容を含んでいるというのは、まぎれもない事実である。聖書は、喜べと命じ、誇れと勧めているが、同時に、謙遜で柔和であれと勧めている。しかし、そこに矛盾はない。信仰者の誇りは自分自身でなく、主イエスについてだからである。

パウロは、この種の言い回しを好んで用いる。たとえば次のような言明がある。「しかし私には、私たちの主イエス・キリストの十字架以外に誇りとするものが、決してあってはなりません」（ガラテヤ六・一四)。「誇る者は主を誇れ」(Ⅱコリント一〇・一七)。一面からすると、誇れという勧めであるが、それはつねに「主イエスにあって」と命じられている。

さて、冒頭のテキストには特別な意味が含まれている。これを研究するにあたって、いろいろな翻訳を調べてみるのがよいと思われる。どの訳も間違いではないが、訳し方によって、使徒パウロが言おうとした意味合いを十分に伝えていない場合がある。たとえば英欽定訳には、「私は、私を力付けてくださるキリストを介して、いっさいのことを行うことができる」と訳されている。しかし私は、「私に力を注入し続けてくださるお方によって、私はすべての事にあたることができる」と訳すのがよいと思う。ここには「力を与えられて、すべてに対処することができる」という意味合いが含まれている。このテキストには「キリスト」という文字が使われていないと、多くの学者が指摘するが、そのこと自体を云々する必要はあるまい。字義どおりに訳せば、パウロは「私に力を注入し続けてくださるお方(つまりキリスト)によって、私はすべての事にあたることができるようにされている」と述べている。

ここでパウロが言うのは、ある事柄は自分の力でできるということではない。事にあたることができ、いっさいのことに対処できるのは、力を与えてくださるお方によってである、という意味である。つまり、これは前の節で述べたことに対する説明であり、決定的な理由付けなのである。この直前にパウロは次のように述べている。「私は、どんな境遇にあっても満足することを学びました。私は、貧しくあることも知っており、富むことも知っています。満ち足りることにも飢えることにも、富むことにも乏しいことにも、ありとあらゆる境遇に対処する秘訣を心得ています」(ピリピ四・一一、一二)。

彼はそこで「秘訣を学び取った」と述べている。初めからずっとそれが可能であったのではない。彼は、どんな状態にあっても充足感を保つ方法を習得しなければならなかった。つまり、自己充足の秘儀、環境や周囲の情勢にうろたえない秘訣を会得する必要があった。彼はことばを進めて、「その奥義を悟った」と言わんばかりである。「満足することを学びました」という表現には、そのような意味が込められている。使徒パウロがその境地に達するまでの過程については、すでに少し学んだ。つまり、この悟りに達するためには、過酷な試練、キリスト信仰の理論的な裏付け、個人的な主との出会い、イエスのすばらしい模範に従うことが必要であった。

だが、その決定的な理由は、この一三節に述べられている。これまでに発見した最大の奥義は、自分の内に力を注ぎ込み続けてくださるお方に強められて、いっさいの事にあたれるようになったことだとパウロは語っている。それが決定的な理由である。今さら指摘する必要もないかもしれないが、使徒パウロはつねにこの原点に立ち返っている。彼が論述する時には必ずこの点に戻ってくる。それがつねに主張と議論の結びであり、すべての主張はつねにキリストに関することばで締めくくられる。キリストこそが結論であり、パウロの生涯とすべての生活を解くかぎである。

ここに提示される教理も、それである。別な言い方をすれば、キリストはどんな境遇にも、どんな出来事にも、どんな事柄にも取り組むことができる力の源泉であると、彼は述べている。このことばによって、新約聖書の最大の教えが明示されている。結局のところ、クリスチャン生活とは、生き方であり、力であり、行動である。この点を私たちは忘れてしまいやすい。信仰は単なる哲学ではない。一つの物の見方でもなく、人が学んで実践する一つの道徳的な教訓でもない。それらいっさいを包含しているが、それ以上のものである。新約聖書のどの頁にも、信仰生活の本質はクリスチャンに注がれる強大な力であると教えられている。さらに言えば、躍動する生命であり、行動である。それも、神の側からの働きかけである。

この手紙の中でパウロは、すでに何度かこの点に言及している。いくつか取り上げてみよう。一章六節に、「あなたがたの間で良い働きを始められた方は、キリスト・イエスの日が来るまでにそれを完成させてくださると、私は確信しています」と述べている。つまり、「クリスチャンである自分の姿を次のように思い描いてほしい。あなたは、神がみわざを始められた対象である。神があなたの内に入って、今まさに働いておられる」と訴えている。これこそクリスチャンの現実である。クリスチャンとは、何らかの理論を受け入れ、それを実践しようと努力しているだけの者ではない。神が、その内に働き、その者を通してみわざをなさるのである。

さらに二章一二、一三節を見てほしい。「……恐れおののいて自分の救いを達成するよう努めなさい。神はみこころのままに、あなたがたのうちに働いて志を立てさせ、事を行わせてくださる方です」とある。神ご自身が御旨に従って、私たちの内に働きかけて意志を定めさせ、実行に移させてくださる。最も崇高な思想、最も高貴な望み、義を慕い求める熱意のすべては、神からのものであり、神の働きである。神ご自身によって私たちの内に生じさせられるものである。それは神の働きであって、単に私たちだけの力ではない。パウロが三章一〇節で、自分の人生の究極目標は「キリストとその復活の力を知る」ことだと語るのは、そのためである。パウロは、すべてのことにまさって、神の力と活力とに関心を持っている。

パウロは他の手紙でも同じことを述べている。エペソ人をとりなす重大な祈りの中で、何と言っているだろうか。「また、神の大能の力の働きによって私たち信じる者に働く神のすぐれた力が、どれほど偉大なものであるかを、知ることができますように。この大能の力を神はキリストのうちに働かせて、キリストを死者の中からよみがえらせ……」と祈っている（エペソ一・一九、二〇）。さらに同じ手紙の二章一〇節では、「私たちは神の作品であって、良い行いをするためにキリスト・イエスにあって造られたのです」と述べている。また、三章末尾にあるすばらしい言明を覚えているだろう。実に神は「私たちのうちに働く御力によって、私たちが願うところ、思うところのすべてをはるかに超えて行うことのできる方」である（三・二〇）。

これは新約聖書の代表的で特徴ある教えである。もしこれを理解していないとすれば、クリスチャンの力の源と特権にかかわる最もすばらしい祝福の一つを見過ごしていることになる。本質的に言って、クリスチャンとは新しい生命力を与えられた人間である。

ここに私がしばしば引用することばを紹介したい。それは、ジョン・ウェスレーが好んで用いたクリスチャンの定義である。彼はそれを、十七世紀に生きたスコットランド人ヘンリー・スクーガルの著書に、それも本の題名の中に見出した。つまり、「人間のたましいの内にある神のいのち」という一句である。人がクリスチャンになるのは、それによってである。クリスチャンとは、ただ善良で、上品で、良心的な人間のことではない。神のいのちがその者の内に注がれ、内に力と活力と生命力がみなぎっている。人がクリスチャンとなり、他と区別されるのは、そのことによってである。パウロがここで述べているのも、それにほかならない。

このことをまず否定的に述べてみたい。使徒パウロはここで、禁欲主義者になったとは言っていない。多くの自己鍛練の結果として、世とその情勢に振り回されなくなった、とは言っていない。また、自己訓練の末、その修練の結果として、やっといっさいのことが可能になり、すべてに耐えられるようになったとは述べていない。そうではない。

禁欲的なストア哲学者たちはそれを実践できたと言えよう。ストア主義は単なる理論ではなく、まさしく多くの人々の実生活であった。ストア主義者たちの伝記を読むならば、努力の結果として周囲の出来事に振り回されない一種の受動的な諦念を身につけていたことが分かる。インドの修道僧についても同じことを聞いたことがあるかもしれない。彼らは知性を鍛錬した結果、肉体の感覚をもコントロールできるようになり、瞑想によって自分の周囲に何が起こっても動じず、平静でいられる資質を身につけることができるようになった。それはまた、ヒンズー教や仏教などの多くの東洋の宗教が持つ特徴的な原則である。

それらすべては、基本的に言って、人が周囲の情況に対して無感覚になるのを促進し、周辺世界に対する諦念を訓練し、まわりの出来事に影響されないで生涯を送れるように助ける宗教である。さて私が指摘したいのは、パウロが教えているのはそのような教理ではないという点である。彼は、東洋の神秘主義者のようになることを命じてはいない。自分は禁欲的な哲学を身につけた結果、何物にも動じない境地に到達できた、とは言っていないのである。

なぜ、このような否定的な面を強調したのか。その必要があると感じたのは、前述のような教えは実は希望を失わせるものであり、それらの宗教は結局、悲観的な厭世《えんせい》主義にすぎないからである。それらの結論は、この世には望みがなく、善なるものは一つも存在せず、したがってなすべきことは、世のものに害されないように身を守って過ごすことである。東洋の宗教は悲観的な厭世主義にほかならない。物質は悪と見なされ、肉体も本質的に悪であると考えられている。彼らによればいっさいは悪であり、なすべき唯一のことは、最も苦痛の少ない生き方をすることである。そして、次の輪廻《りんね》の誕生に際しては、いっさいを統制し、ついには絶対と永遠の内に吸収され、個性を失い、独立した人格として存在しなくなることを待望するのである。

以上の思想は、消極的でなく積極的な本質を持つキリスト教の福音とは全く正反対である。キリスト教においては、物質は本来、悪ではなく、物質的世界それ自体も悪であるとは見なされない。先ほど述べた消極的な見解を拒むのは、特に、それらが主イエス・キリストに栄光と誉れとを帰していないという理由によっている。パウロが最も気にかけているのは、その点である。彼は自分の勝利がキリストとの結び付きに基づいていることを示そうとしている。つまり、もう一度初めの定義に戻ってくる。クリスチャンであるとは、ただキリストの教えを信じ、それを実行することではない。ただキリストの生涯と模範に従う努力をすることではない。そうでなく、キリストのいのちにあずかり、その活力と力とが内に働いていることである。私たちが「キリストのうちに」あり、キリストが私たちの内におられることである。「キリストにある」とか「内におられるキリスト、栄光の望み」などという句は、新約聖書特有の言い回しである。これらは新約聖書の手紙の至るところに認められる。

この教えを次のように言い換えることができる。つまりパウロは、キリストが十分な力と生命力とを注ぎ込んでくださるので、強められていっさいの事にあたることができる、と言っているのである。彼は一人で放り出されてはいない。一人で勝ち目のない戦いをむなしく続けているのではない。キリストご自身からのすばらしい力が注がれており、パウロの内に与えられている。そして、活動力の源となり、活力また生命力となっている。「このキリストの力によって、私はいっさいのことに対処することができる」と、パウロは述べている。

これは確かにパウロの最もすばらしい言明の一つである。ここに投獄中の男がいる。その半生においてすでに多くの苦汁を味わい、様々な失望を体験してきている。迫害され、嘲笑と非難の的とされ、時にはピリピ人への手紙一章に述べられているように同労者によって苦しめられ、今や獄中にある。それは不屈の心にも疑惑を生じさせて不思議でないほどの状態であり、おそらく殉教の死に直面していたと思われる。それなのに、このような大きなチャレンジを書き送ることができた。「私の内に絶え間なく活力を注ぎ込んでくださるお方によって、すべてのことに耐え抜くことができる」と言うのである。

この教理を現代において次のように言い換えてみたい。キリスト教の説教者と教会の今日的使命は、世界の動向についてのコメントを明言することであると感じている人々がいる。「信仰者は、現実の世界から目をそむけ、個人的な経験だけを問題にしている。それは現実離れしていないだろうか。新聞を読んだり、ラジオのニュースを聞いたりしたことがないのか。世界がいったいどんな状態にあるのか知らないのか。どうして世界の動向や国々の情勢について語ろうとしないのか」と訴える多くの人がいる。そのような訴えに対して次のように答えたい。私や他の多くの説教者、あるいは教会全体が世界情勢について発言しても、おそらく何の影響も及ぼさないだろう。

教会の中で政治や経済界のことについて何年間も語られてきたが、目立った変化は認められない。また、それはキリスト教宣教者の職務ではない。教会の説教者の使命は、次のことを人々に宣べ伝えることにある。つまり、すでに四半世紀の間に二つの世界大戦を経験し、さらに悪い状態や事件にでくわすかもしれない、この不確実な世界における最も深刻な問いは、それらにいったいどう対処すべきか、どのように取り組むことができるかである。

私が国際政治の問題について見解を述べたとしても、だれの助けにもならないだろう。しかし感謝なことに、私にも可能なことがある。ある事柄について語り、その道を示すことができる。もし人がそれに聞き従い、実践しさえすれば、使徒パウロと共に次のように断言できよう。「平和であれ戦争であれ、自由であれ束縛であれ、どんな変化が起ころうとも、私は自分の身に起こることに勇敢に対処することができる。心の準備はできている」と。繰り返して言うが、これは何も受動的なあきらめを意味するのではない。それは誤りである。決してそうでなく、どんなことが起こっても、それと取り組む心の準備ができている、という意味である。

使徒パウロと同じように告白できるだろうか。私たちはすでに幾多の試みや苦難を経てきたが、もっと困難な時代がくるかもしれない。どんな事件が起こっても、それに対処できる力と活力があると、パウロのように言えるだろうか。彼は、どんな事態になっても耐え抜けるだけの力を持っていた。ではどうしたら、その力を得ることができるだろうか。

この点に関して多くの混乱が認められる。だから私は、できるかぎり、その混乱を少なくしたいと思っている。

精魂を傾けてこの力を得ようと努力しながら、それを手に入れることができない人々がたくさんいる。彼らは、「この力を持っているクリスチャンを知っているが、私にはどうしても得られない」とか、「この力が得られさえすれば、全財産も惜しくはない。どうすれば、その力が与えられるだろうか」などと嘆いている。それを手に入れようと一生懸命に努力するが、どうしても得られない。なぜだろうか。最大の問題点は、使徒パウロが述べている「私」と「キリスト」との正しい関係を十分に理解せず、誤解している点にあると思われる。パウロは、「私に力を注入し続けてくださるお方によって、私はすべての事にあたることができる」と言っている。ここで最も大切なポイントは、「私」と「キリスト」との正しい関係、正しいバランスである。

この点について多くの混乱がある。一つの混乱の原因は、「私」だけを強調する誤りである。これについてはすでに言及した。それは禁欲的なストア主義者や、ヒンズー教徒、仏教徒たちのやり方であり、「精神の鍛練」を目指す人々がつねに心がけることである。これが適当でないことは、すでに学んだとおりである。それが正しくない最大の理由は、おそらく、その教えを実践できるのは並はずれた頑強な意志を持ち、その意志力を鍛練する機会に恵まれた人たちだけであることによっている。

G・K・チェスタトンは「シンプルライフ（素朴な生活）」を主張する人たちに反論して、自然で素朴な生活を始めるにはまず億万長者になる必要があると述べているが、全く同感である。それには長い時間がかかる。もし働いている者であれば、その時間もなく、機会にも恵まれない。まさに自然で素朴な生活に入るには億万長者になる必要がある、と言わなければならない。先ほどの教えも同様ではないだろうか。あるいはさらに過酷ではないか。たまたま知的にすぐれた者に生まれつき、時間的な余裕があるならば、何日でも何週間でも精神の鍛練に集中できよう。だがそれは、余暇も体力もない者にとって、特にすぐれた知性を持たない者にとっては福音とは呼べない。だから、「私」を強調しすぎてはならない。

以上は一つの誤りであるが、もう一つ、全く正反対の誤りがある。一方に「私」を強調しすぎる人がいるかと思えば、他方には「私」を全く無視する人たちがいる。つい先頃、信仰雑誌で読んだ内容を紹介しよう。クリスチャンの生き方についての間違った定義の一例である。

その記事の著者は、クリスチャンとは次のような者だと述べている。

キリストが抱かれる思い
キリストが語られる声
キリストが持つ愛の心

キリストが伸べる助けの手

今学んでいるテキストの内容からすれば、これはナンセンスであると私は答えたい。これは無意味であるだけでなく、キリスト信仰に反している。もしもクリスチャンが、キリストの抱かれる思いそのものであり、キリストが語られる声、キリストが持つ愛の心、キリストが伸べる助けの手であるとすれば、「私」はどこに位置するのか。「私」は消滅しており、「私」は抹殺され、「私」はもはや存在しないことになる。ここに引用した考えによれば、クリスチャンとは個性を全く失った人間であり、キリストがその者の能力と肢体とを用いている。人格全体が用いられるのでなく、その者の声、知性、心、手だけが用いられていることになる。

しかし、これはパウロの主張するところではない。彼は、「私を強くしてくださる方によって、私はどんなことでもできるのです」と言っている。また、「もはや私が生きているのではなく、キリストが私のうちに生きておられるのです。今私が肉において生きているいのちは……」というガラテヤ人への手紙二章二〇節のことばを覚えているだろう。この聖句の中で「私」は抹殺されているだろうか。「もはや私が生きているのではなく、キリストが私のうちに生きておられるのです。今私が肉において生きているいのちは、私を愛し、私のためにご自分を与えてくださった、神の御子に対する信仰によるのです」とあり、「私」は残っているのである。

だから、聖書の教えに立とうとするならば、正しい立場を固守しなければならない。クリスチャン生活とは、思いのままに自分の力に頼って歩む人生ではない。また逆に、個性が全く失われて、キリストがすべてを行うという人生でもない。そうでなく、「私はキリストによって、どんなことでもできる」という生き方である。この点について叙述する最もよい方法は、前世紀に名声を博した老練な説教者がこのテキストから説教した時の様子を再現することではないかと思う。かつての老練な説教者たちは、時としてドラマの中のような口調を用いて語ったものである。そして時折、講壇の上で使徒パウロと話し合っているかのような言い回しをすることがあった。さて、一人の老練な説教者はこのテキストについて次のように語り始めた。

「私を強くしてくださる方によって、私はどんなことでもできるのです。」

「パウロ。ちょっと待ってほしい。あなたはいったい、何と言ったのだ。」

「私はどんなことでもできる、と言ったのだ。」

「パウロよ。それは傲慢ではないか。あなたは自分がスーパーマンであるかのように主張している。」

「いや、そうではない。私はただ、すべてのことに対処できると言ったのだ。」

この説教者は対話を続け、パウロに質問し、またパウロがなした言明を引用した。「私は使徒の中では最も小さい者である」というようなことばである。

「パウロよ。あなたは謙遜な人間だが、今や『私はどんなことでもできる』と主張している。高慢になり始めたのではないのか。」

そこでパウロはもう一度、こう言う。

「私は、キリストによって、すべてのことにあたることができる。」

説教者は答えた。「そうだったのか。パウロよ。申しわけない。それが二人の共同作業であることが分からなかったのだ。」

この対話によって要点が明らかになったと思う。「私は、キリストによって」であり、二人の共同作業なのである。私だけでなく、キリストだけでもない。私とキリスト、キリストと私、この二人なのである。

この教理をさらに詳しく学んでいこう。この「力」という課題への正しい取り組み方は、どうであろうか。パウロが、自分の内に注ぎ込まれ、それによって強められ、すべてのことに対処し耐えることができるようになったという力は、どのようにして得られるのだろうか。一つのたとえを示したい。いくらかの不安とためらいを覚えるが、それは、この件についての完全な類比が見当たらないからである。とはいえ、次のたとえは真理を把握するのに役立つであろう。ここで決定的に重要なのは、取り組み方、対処の仕方である。軍事用語を借用すれば、作戦ないし方策が肝要である。このところで最も大切なのは「間接的な対処法」という方策である。軍事作戦においては、つねに目的地に向かって直進していくとはかぎらない。時には正反対の方向に行くようなそぶりをしながら、目的を達成する。それが間接的な対処法という作戦である。そして、ここで必要とされるのも、その方法である。

その要点を、一つの例証を用いて説明したい。信仰生活の動力という問題は、身体の健康という問題に似たところがある。この世界には健康を追い求めることに多くの時間を費やしている人人がたくさんいる。時間と財とを投じて湯治場を巡り歩き、様々な健康法を試し、医師から医師へと渡り歩いている。そして健康を追い求めている。彼らに出会うといつでも、すぐに自分の健康状態について話し始める。彼らの人生における最大の関心は、身体の健康であるが、どうしても健康になれないでいる。何が悪いのだろうか。時として、初歩的な原則を忘れていることが問題の原因となっている場合がある。その状態は食べ過ぎ、あるいは運動不足から生じていると説明できる場合がある。不自然な生活を営み、あまりにもたくさん食べ過ぎるために酸性体質となり、その体質が治療を必要とする状態を引き起こしている。このような人たちには、食事の量を減らし、もっと運動をするように、あるいはほかの必要なことを行うようにと忠告しなければならない。彼らが日常生活の基本的なルール、初歩的な原則を覚えてさえいれば、問題は決して生じなかっただろう。それを忘れたために不自然な状態が生じ、治療が必要になるのである。

私が言いたいのは、クリスチャンとして信仰生活を送るための原動力についても同じことが言えるということである。健康は正しい生活の結果である。人は健康を、直接に、一瞬のうちに手に入れることはできない。だれでも自分の健康について、そのような誤解をすべきではない。健康は正しい生活の結果であり、信仰生活における動力という点についても全く同じだと主張したいのである。

あるいは別の例を示すことができる。説教という課題を取り上げてみよう。説教の力ほどしばしば論じられる主題はあまりない。説教者は「力ある説教をしたいものだ」と願い、ひざまずいてその力を祈り求める。だが私は、この姿は好ましくないと考えている。もしその説教者がそれ以外には何もしないならば、完全に間違っている。力を得る秘訣は、自分の説教を注意深く準備することである。神のみことばを学び、それを熟考し、分析し、体系だて、最善を尽くすべきである。それこそ神が祝福してくださるメッセージである。つまりこの場合は、直接に力そのものを求めるのでなく、間接的なアプローチがふさわしい。クリスチャン生活を送るうえでの力や動力についてもまったく同じことが言える。力や活力を求める祈りに加えて、基本的なルールと原則に従わなければならないのである。

そのようなわけで、以上の教えを次のように要約することができる。力を得る秘訣は、キリストのうちにある私たちに何が可能なのかを新約聖書の中に見出し、それを習得することである。なすべきことは、キリストのもとに行くことである。主と共に時を過ごし、キリストについて黙想し、主のまことの姿を知らなければならない。「キリストをより深く知ること」――それがパウロの最大の願いであった。信仰者はキリストとの交わりと結び付きを保持し、主を知ることに思いを集中しなければならない。

そのほかに何をすべきだろうか。キリストが命じられることを実行しなければならない。有害と思われる事柄を避けなければならない。先ほどのたとえに当てはめるなら、食べ過ぎを避け、自分をだめにする場所に踏み込まないようにしなければならない。健康になりたければ、身体を冷やしすぎてはならない。同じように、霊的な原則を守らないならば、どれほど長々と祈り続けても、決して力は得られないだろう。

クリスチャン生活に近道や王道はない。もし迫害の中にあってパウロのように信仰的でありたいと願うならば、パウロと同じように生活する必要がある。神が語られることに、積極的な命令にも禁止命令にも、従わなければならない。聖書を読み、それを自分に当てはめ、信仰を生活の中で実践すべきである。生活のすべての場に信仰を生かさなければならない。つまり、パウロがピリピ人への手紙四章八、九節で教えていることを実行する必要がある。私が理解するところによれば、これが「キリストのうちにある」という新約聖書の教えにほかならない。さて、ある人々はこの「キリストのうちにある」という表現を感傷的に受け止めている。それは受動的で依存しきった状態だと考えられがちであるが、「キリストのうちにある」とは、主が命じられることを積極的に実行し、また祈りを絶やさないことである。それは実に能動的なことなのである。

使徒パウロは、「もし、これを実行するならば、神は力を注ぎ込んでくださる」と述べている。何とすばらしいことだろうか。それは霊的な輸血のようである。ここでパウロが教えているのは、それである。ここに何らかの理由で多量に出血した病人がいるとしよう。生命力が衰え、息をするのがやっとである。この時は薬を飲ませても無益である。なぜなら、薬を吸収して活用するのに十分な血液がないからである。この人に対する最良の処置は、輸血、つまり新鮮な血液を注ぎ込むことである。

パウロはここで、主イエス・キリストが彼に対してそのような処置を施されたと言っている。「私は自分の弱さに気づいた。霊的なエネルギーは衰え、時として自分の内には霊的な血液が失われてしまったと感じる。しかし、神との交わりによって、主がそれを注ぎ込んでくださる。主は私の状態と情況とをことごとく知り、何が必要かを正しく知っておられる。神が与えられるものは実に大きな力である。神が『わたしの恵みはあなたに十分である』と言われるので、『私が弱い時にこそ、私は強い』と言うことができる。私は時として大いなる力を意識する。あるいは何も望まない時もあるが、神はすべてを満たしてくださる。」

信仰生活のすばらしさがここにある。それを最も劇的に味わうのは、教会の説教壇においてである。確かに説教には不思議なことが多くある。この世で最も心が躍るのは説教壇においてであると、私はしばしば言っている。私は日曜ごとに講壇に上るが、そこで何が起こるか全く想像ができない。正直なところ、いろいろな理由で特別なことは何も期待しないでいることがあるが、突然に力が与えられる場合がある。また、十分な説教準備をしたので雄弁に語れるものと考えるが、残念なことに、そこに真の力がない時がある。そうであることを神に感謝しよう。私は最善を尽くして事を行うが、必要を満たし、力をコントロールされるのは神である。神が力を注ぎ込んでくださる。神こそが天にいます霊的な医者であり、信仰者の状態の変化すべてを知っておられる。一人一人の様子を知り、その傾向を見抜いておられる。説教の不適切な部分を知り、すべてを知っておられる。「まことにそのとおりだ」とパウロは述べている。「それゆえにこそ、私に力を注入し続けてくださるお方によって、私はすべてのことにあたることができるのである。」

以上が問題の解決法である。神に力を願い求めるだけの祈りに固執するのはやめるがよい。神が命じられる事柄を実行するがよい。祈り、そしてキリストについて黙想するがよい。主と共に時を過ごし、御姿を拝させてくださいと頼むがよい。そうしてさえいれば、後のことは神にゆだねることができる。神は力を与えてくださる。そして、いのちの日のかぎり、力強く生きることが可能になる。神は、私たち以上に、私たちのことを知っておられる。そして、必要に応じて、力を満たしてくださるだろう。その時、使徒パウロと共に次のように言うことができるようになる。「私に力を注入し続けてくださるお方によって、私はすべてのことにあたることができる」と。

解説——形骸化された生き方から真の信仰者となるために

日本長老教会牧師　中台孝雄

本書は、ニュークラシック・シリーズの一巻として刊行されるものです。ニュークラシック・シリーズとは「刊行にあたって」（五一二頁参照）にも記されていますが、過去に出版された書籍の中から今の時代になお刊行すべき価値があるものを、装いを新たに出版するものです。「クラシック」には「古典的な」という意味と同時に、「第一流の、最優秀の」といった意味もあります。スポーツの大会などで「クラシック」と銘打たれる時は後者の意味が強いでしょう。そのように、本シリーズは単に古典の再販という意義だけではなく、一流にして普遍的な価値のある信仰書を今の時代に託す役割があります。いわばエバーグリーンな書籍を現代に生かす試みです。

そのような意味で、D・M・ロイドジョンズの書籍を再出版するのは本シリーズの企画にまさに沿うものです。ロイドジョンズは、著者略歴にもありますが、二十世紀最大の説教者のひとりで、イギリス・ロンドンのウェストミンスター・チャペルの牧会者として長年にわたって語り続け、その多くが書籍として刊行されています。邦訳も数多くあります。

私がロイドジョンズの著作を特に強く意識したのは、一九八一年に西船橋キリスト教会に牧会者として招聘された頃でした。まずは伝道師として奉仕を始め、祈禱会で山上の説教を取り上げようとして、ロイドジョンズの「山上の説教」講解書を参考にしようとした際に、その時の牧師であった有賀寿先生から「ロイドジョンズの本はちょっとポレミックなので」ということで、ジョン・ストットの山上の説教講解書を紹介された時でした。「ポレミック（polemic）」（論争的）という単語があることを初めて知りました。確かに、ロイドジョンズの著作には、ある物事を明確にしようとして、誤った考え方に対する挑戦的な部分もあります。それに対して、ある意味ではロイドジョンズの後継者と呼んでもよいジョン・ストットには、本筋は決して外さないものの、できるだけ包括的に物事を捉えてさまざまな見解の中から一致点を見出そうとする方向性があるように感じます。

けれども、どちらにしても、その中心にあるのは、知的な理解だけにとどまっている、あるいは形骸化しているイギリスをはじめ西洋のキリスト教信者をなんとかして、生きた正しい信仰とそれに基づく喜びに溢れた人生に導こうとする強い意志がある点では共通しています。そしてもちろん、西洋だけではなく、世界に向けて生きたキリスト教信仰を提供して、人々の人生を真の神とともに歩むように導こうとする伝道的・牧会的な配慮にあふれています。

そうしたロイドジョンズの著作（実際の説教が文書化されたもの）は、その多くが聖書中のある書の連続講解説教集ですが、それだけではなく、何かのテーマを設定しての主題説教集もあります。『旧約聖書から福音を語る』（拙訳、いのちのことば社、二〇〇八年）などもそうですが、本書も私たちが誰しも陥りやすいスランプとその原因や対処法について語られている一連の説教集です。とはいえ、その土台は、毎回取り上げている聖書箇所の厳密な解釈に基づく講解説教であるという点では、ロイドジョンズの説教にブレがあるわけではありません。

ロイドジョンズは元々医師でした。医師として人々の身体や精神の状態や問題に熟知していました。そうした背景をもって、神のことばである聖書に取り組み、そこで語られている神のメッセージを過不足なく人々に説き明かし、それぞれの人生に正しく適応するメッセージを伝える生涯を送ってきました。そうしたロイドジョンズにとって、人生のスランプ、特に霊的スランプについて語ることは必然であったのでしょう。身体と精神と霊性とは切り離すことのできない密接なつながりを持つものであり、そのどれかを単独で取り上げて済ませることのできるようなものではないからです。

本書においては、そうした身体や精神との関わりに触れつつ、特に霊的なスランプについて取り上げ、聖書のふさわしい箇所を土台としてスランプの原因、状態、解決法を提示します。霊的なスランプの問題点は、キリスト信者でありながら、その人生において幸福感や喜びが喪失してしまっていることで、本人の内面的な課題でもありますが、同時に、世に対する証しという点でも問題となることです。信仰者は世に対して、キリスト教信仰の素晴らしさを知ってもらうためにふさわしい生き方をすることが必要なのです。

とはいえ、もちろん、証しや伝道という、ある意味では実利的な目的のためにスランプへの対処法が語られているわけではありません。信仰者が形骸化された生き方から真に喜びと幸福感(たとえ外部の状況が変わらないにしても)を回復させるための道筋が聖書から説き明かされています。

クリスチャンは皆が判で押したような一律の生き方をしているわけではありませんし、それが必要なわけでもありません。ロイドジョンズは、信仰者であっても一人一人性格や気質が違うこと、また救われる以前と救われたのちでも人の気質は変わらないことを繰り返し強調します。クリスチャンになっても、それまでの自分と別人になるわけではなく、個性的な人格であり続けます。その上で、キリストにあり、キリストの恵みによって生かされるのです。

本書の中では、聖書の中心的な教理である信仰義認や一般的に通用するカウンセリング的な課題も取り上げられます。これらの説教が語られた一九六〇年代初期から長い歳月が経過しました。現代は、信仰義認についてもカウンセリングについても、さまざまな新しい事柄が語られます。アップデートされている面もあるでしょう。けれども、ロイドジョンズが医師として説教者として説き明かす内容は決して古びることがありません。今こそ、聖書が教える普遍にして基本的な事柄を私たちは再確認すべきでしょう。

本書を翻訳してくださったのは石黒則年氏で、初版は一九八三年に出版されました。今回の出版（改訂版での再版）にあたって編集部で引用聖書を『聖書　新改訳２０１７』の本文に変え、また多少の古い表現を新しくしました。それにしても、翻訳の文体がまったく古さを感じさせることなく、今訳されたかのように生き生きとしていることに、石黒氏の訳業の素晴らしさを再確認させられます。

広く本書が用いられ、身体や精神の面も含んだ霊的なスランプ状態の実態と原因、そして聖書に基づく対処法とを知り、生き生きとした人生を送る方々が多く起こされますように。

著者

D・M・ロイドジョンズ（D. Martyn Lloyd-Jones）

20世紀最大の説教者の一人。1899年、英国ウェールズに生まれる。ロンドンで内科医として働いていたが、神の召命を受け、27歳で牧師となる。1938年、ウェストミンスター・チャペルの副牧師に就任、1943年より1968年に引退するまで同教会主任牧師を務める。以後、文筆活動や講演を通して、世界のキリスト教界に広く大きな影響を及ぼした。1981年召天。著作に『山上の説教』『説教と説教者』『働くことの意味』（以上、いのちのことば社）他多数。

霊的スランプ　信仰の回復

1983年９月20日　初版発行

ニュークラッシック・シリーズ
2024年５月25日　発行

著　者　D・M・ロイドジョンズ

訳　者　石黒則年

印　刷　日本ハイコム株式会社

発　行　いのちのことば社

〒164-0001 東京都中野区中野2-1-5
TEL03-5341-6923／FAX03-5341-6925
e-mail:support@wlpm.or.jp
http://www.wlpm.or.jp

ISBN 978-4-264-04488-8

ニュークラシック・シリーズの刊行にあたって

いのちのことば社は創立以来今日まで、人々を信仰の決心に導くための書籍、信仰の養いに役立つ書籍の出版を続けてきました。このたび創立七十周年を迎えるにあたり、過去に出版された書籍の中から、「古典」と目されるものや、将来的に「古典」となると思われるものを、読者の皆様のご意見を参考にしながら厳選し、シリーズ化して順次刊行することにいたしました。聖句は原則として「聖書 新改訳２０１７」に差し替え、本文も必要に応じて修正します。

今の時代の人々に読んでいただきたい、今後も読み継がれていってほしいとの願いを込めて、珠玉のメッセージをお届けします。

二〇二〇年